AF824199

Perlawanan POLITIK & PUITIK Petani Tembakau Temanggung

Undang-Undang Republik Indonesia
Nomor 28 Tahun 2014 tentang Hak Cipta
Lingkup Hak Cipta
Pasal 1
Hak Cipta adalah hak eksklusif pencipta yang timbul secara otomatis berdasarkan prinsip deklaratif setelah suatu ciptaan diwujudkan dalam bentuk nyata tanpa mengurangi pembatasan sesuai dengan ketentuan peraturan perundang-undangan.

Ketentuan Pidana
Pasal 113
(1) Setiap Orang yang dengan tanpa hak melakukan pelanggaran hak ekonomi sebagaimana dimaksud dalam Pasal 9 ayat (1) huruf i untuk Penggunaan Secara Komersial dipidana dengan pidana penjara paling lama 1 (satu) tahun dan/atau pidana denda paling banyak Rp100.000.000 (seratus juta rupiah).

(2) Setiap Orang yang dengan tanpa hak dan/atau tanpa izin Pencipta atau pemegang Hak Cipta melakukan pelanggaran hak ekonomi Pencipta sebagaimana dimaksud dalam Pasal 9 ayat (1) huruf c, huruf d, huruf f, dan/atau huruf h untuk Penggunaan Secara Komersial dipidana dengan pidana penjara paling lama 3 (tiga) tahun dan/atau pidana denda paling banyak Rp500.000.000,00 (lima ratus juta rupiah).

(3) Setiap Orang yang dengan tanpa hak dan/atau tanpa izin Pencipta atau pemegang Hak Cipta melakukan pelanggaran hak ekonomi Pencipta sebagaimana dimaksud dalam Pasal 9 ayat (1) huruf a, huruf b, huruf e, dan/atau huruf g untuk Penggunaan Secara Komersial dipidana dengan pidana penjara paling lama 4 (empat) tahun dan/atau pidana denda paling banyak Rp1.000.000.000,00 (satu miliar rupiah).

(4) Setiap Orang yang memenuhi unsur sebagaimana dimaksud pada ayat (3) yang dilakukan dalam bentuk pembajakan, dipidana dengan pidana penjara paling lama 10 (sepuluh) tahun dan/atau pidana denda paling banyak Rp4.000.000.000,00 (empat miliar rupiah).

Perlawanan POLITIK & PUITIK Petani Tembakau Temanggung

Mohamad Sobary

Jakarta:
KPG (Kepustakaan Populer Gramedia)

Perlawanan Politik dan Puitik Petani Tembakau Temanggung
© Mohamad Sobary

KPG 59 16 01219

Cetakan Pertama, Juli 2016

Penyunting
Candra Gautama

Perancang Sampul
Mujib Zentha

Penata Letak
Dadang Kusmana

SOBARY, Mohamad
Perlawanan Politik dan Puitik Petani Tembakau Temanggung
Jakarta: Kepustakaan Populer Gramedia, 2016
xiv + 348 hlm.; 13,5 cm x 20 cm
ISBN: 978-602-424-075-2

Dicetak oleh PT Gramedia, Jakarta.
Isi di luar tanggung jawab percetakan.

DAFTAR ISI

PERSEMBAHAN BIASA

Buku ini lahir dari suatu dalil tentang mengubah yang tak mungkin menjadi mungkin. Ini hasil dorongan yang tak mengenal lelah, dengan ketulusan yang *sepi ing pamrih.* Pada mulanya sukar menemukan alasan mengenai apa gunanya menulis disertasi bagi orang yang sudah memutuskan pensiun dini dan tak lagi ingin mengembangkan karier akademik.

Maka dorongan yang muncul sejak lama untuk mengerjakan disertasi ini tidak menggerakkan minat untuk bergegas menyambutnya. Namun pada akhirnya, pelan-pelan timbul niat untuk memenuhinya.

Alasannya bukan karena kehendak untuk memperoleh manfaat akademik atau kebanggaan yang tak begitu penting, melainkan untuk membuktikan bahwa dia salah. Dia terkejut mendengar alasan itu. Kelihatannya sulit baginya untuk menyembunyikan kekecewaan itu.

Maka, pada 2011, ketika usia sudah enam puluh tahun, dimulailah proses agak panjang itu dari langkah pertama: ujian saringan. Dua tahun kemudian pelan-pelan mulai mengolah data lapangan, membaca kembali seluruhnya, membuat interpretasi, dan menuliskan draf awal, mengedit, dan menuliskannya lagi.

Sesudah makin lama makin menikmati kebahagiaan, terutama setelah menemukan rumusan *The Politics and the Poetics of Peasant Resistance* ini, saya baru menyadari bahwa ternyata dia benar. Jadi sudah selayaknya karya ini dikembalikan kepadanya, sebagai persembahan biasa, karena hakikatnya memang dia yang empunya.

PENGANTAR PENULIS

BUKU ini diangkat dari disertasi tentang perlawanan politik dan puitik petani tembakau Temanggung yang dibuat resah oleh kebijakan pemerintah yang mengancam kelestarian dunia pertanian mereka. Kebijakan tersebut juga telah membuat masa depan kehidupan petani menjadi pertaruhan di atas meja birokrasi pemerintah yang tak terlatih belajar mendengar suara lain, selain suara mereka sendiri.

Kebijakan tersebut dianggap memiliki cacat bawaan, yang tampak pada aspek *legal drafting* yang bersifat sepihak. Dengan kata lain, kebijakan itu dibuat sendiri oleh pemerintah tanpa melibatkan petani sebagai bagian dari banyak pihak yang terkena dampak kebijakan tersebut. Maka petani pun bangkit melawan.

Setelah bertahun-tahun melawan demi mempertahankan hak-hak hidup mereka, pintu perlawanan tertutup rapat dengan diterbitkannya PP No. 109 Tahun 2012. Petani merasa pipi kirinya ditampar keras, dan menjadi frustrasi sesudah perlawanan mereka sejenak mereda. Namun semangat perlawanan bangkit kembali bersama timbulnya kesadaran bahwa perlawanan lebih penting daripada hasilnya.

Perlawanan mereka itu dapat disebut sebagai panggilan dharma dalam hidup: sesuatu yang tak mungkin dielakkan. Mereka tahu bahwa kebijakan resmi itu tidak akan berhenti pada kebijakan itu sendiri. Diperlukan pelaksanaan, dan dalam pelaksanaan tersebut petani melihat celah-celah terbuka untuk melakukan suatu manuver di lapangan. Bagi petani, perang belum selesai sehingga belum tiba waktunya membuat kalkulasi, adakah mereka kalah atau menang.

Dalam suasana kehidupan yang diliputi gejolak perlawanan itu, kita menemukan perlawanan politik yang diekspresikan dalam ungkapan puitik. Ini bukan sekadar gaya, bukan pula sengaja dipuitik-puitikkan. Ekspresi puitik itu memiliki akar yang panjang di dalam tradisi mereka. Dengan kata lain, pada hakikatnya perlawanan itu merupakan ungkapan kekayaan tradisi yang tumbuh subur dalam kebudayaan mereka. Ekspresi seni tari, bagi mereka, juga medium perlawanan. Di sini jelas, mereka melawan dengan menari.

Ritus-ritus adat mereka mengandung mantra yang juga diungkapkan sebagai corak perlawanan. Ada pula ritus-ritus adat yang diselenggarakan dengan khidmat, yang jelas dimaksudkan pula sebagi ekspresi perlawanan. Mereka juga berkidung di atas panggung kesenian. Maka, mereka pun berkidung sebagai bentuk perlawanan. Begitu pula dalam doa, ketika mereka melakukan ziarah kubur, yang membuat doa mereka memiliki konten dan semangat perlawanan.

Dalam menuliskan ini semua, saya merasa berutang sangat besar kepada promotor, Prof. Dr Bambang Shergi Laksmono. Berkat kesabaran dan pendekatannya yang begitu rupa, saya sadari sepenuhnya bahwa itu semata untuk menjaga perasaan saya. Setiap saat beliau juga memberikan saran-saran penting dalam bentuk pertanyaan, dan membiarkan saya mengolahnya sendiri.

Prof. Dr Paulus Tangdilintin, guru SMA saya di Jakarta, dosen yang mengasuh Jurusan Kesejahteraan Sosial dalam program S1 dulu, sebagai ko-promotor tetap menjadi seorang guru yang patut *digugu lan ditiru*, didengar dan diteladani, dengan penuh kehormatan. Saya sampaikan terima kasih, yang mungkin tak akan pernah cukup untuk membalas jasanya. Mungkin ini yang disebut dalam pepatah "utang budi dibawa mati" itu.

Guru lain, Prof. Dr Taufik Abdullah, telah memberikan begitu banyak hal penting di bidang akademik, yang sungguh memperkaya wawasan. Beliau juga menjadi *external examiner* ketika saya mengambil program master di Universitas Monash. Dan sekarang, dalam peran barunya sebagai penguji, saya menyadari betapa besar jasa beliau, dan betapa kecil balasan saya.

Prof. Dr Mitsuo Nakamura, dengan caranya sendiri, selalu membantu urusan-urusan akademik saya sejak 1995-an. Dalam penulisan disertasi, keterlibatan akademiknya membuat saya merasa utang saya kepada beliau makin bertambah dan itu menjadi pertanyaan penting bagaimana membalasnya.

Dua penguji, Prof. Dr Ahmad Fedyani Saefuddin dan Prof. Dr Mudji Sutrisno, membuat saya menyadari bahwa dalam hidup saya ada begitu banyak orang yang memberikan kontribusi tak terduga, yang membuat saya berterima kasih. Saya, dengan ketulusan sebagai seorang kakek dari dua cucu, yang sudah melewati masa belajar memahami apa arti sebuah jasa dan persahabatan hangat di balik itu semua.

Salam khusus buat tiga serangkai di jurusan. Mas Cece, yang selalu gembira menyelesaikan urusan-urusan teknis di fakultas dan mencarikan buku-buku penting. Perjuangan dan segenap jerih payahnya saya sambut dengan persahabatan yang tulus. Mas Arief dan Mas Sofyan, terima kasih, diskusi-diskusi kita membuat saya mampu menjaga momentum kreatif sampai tulisan ini kelar.

Salam perjuangan dan penuh rasa hormat kepada petani tembakau di Temanggung, para kepala desa, para seniman, para penulis lagu, penulis tembang-tembang, lakon-lakon, maupun sutradara, para tokoh rohani, juga "simbah" dan para ibu, "Ratu

Drupadi", yang mengubah sejarah. Seandainya para "aktor" ini tidak ada, tidak mungkin buku ditulis.

Mas Gati Andoko, antropolog lulusan Universitas Gadjah Mada dan seniman teater dari Bengkel Teater Rendra. Dia memberi sumbangan tak ternilai. Ada catatan lapangan tentang Temanggung untuk dikutip, dan buku-buku antropologi seni pertunjukan, yang saya terima darinya dengan penuh rasa terima kasih dan persahabatan.

Anas Saidi dan Bisri Effendi, dengan cara orang sebaya yang lebih dari 20 tahun bersatu dalam penelitian ilmiah di Lembaga Ilmu Pengetahuan Indonesia (LIPI), memberi dukungan lewat humor dan idiom-idiom yang sering tak terduga. Kepada mereka, apa masih perlu dan ada gunanya menyampaikan terima kasih tertulis dengan kesan resmi, yang ada maupun tak adanya bakal mereka anggap sama saja?

Kemudian urusan intern: keluarga. Semua bermula dan berakhir di sini. Dalam tiga tahun masa "sekolah" lagi itu, saya hampir-hampir tak begitu berguna di rumah, tapi dipahami dengan baik. Istri saya, Meithy Intan, yang selalu yakin, dan kedua putri saya, Tyva dan Muty, yang selalu khawatir, mengingatkan bahwa perhatian itu ternyata perlu. Yakin dan khawatir membentuk dirinya menjadi kehangatan yang menimbulkan kebahagiaan. Juga kepada dua cucu tercinta, Dylan Amartia dan Kasabian Pramudya, Balita yang belum tahu-menahu tentang disertasi, diam-diam sudah memberi dukungan besar.

Kehadiran mereka membawa optimisme dan kesegaran baru yang selama ini belum pernah ada. Foto-foto mereka selalu menemani di meja kerja, dengan senyuman bocah yang tak dipunyai orang tua. Kemudian kepada anak-menantu saya, Denny Rizki Pratama, yang penuh kegembiraan menghadapi pekerjaan sehari-hari di kantor, dan berbahagia memimpin dan menyayangi keluarga dengan kebajikan hidup seorang suami dan ayah, yang dibanggakan keluarga dan kedua anaknya yang sedang belajar mengenali dunianya dari kacamata bocah yang sedang tumbuh. Terima kasih Den, Nak. Mereka menjadikanmu model untuk ditiru.

BAB I

Pendahuluan

Latar Belakang

Suatu peristiwa terjadi di Kabupaten Temanggung, pada hari Kamis Kliwon, 26 April 2012, bersamaan dengan tanggal 4 bulan Jumadil Ula, tahun 1433 H. Pada hari itu, sekitar 10.000 petani tembakau berkumpul dan mengisap kretek bersama di lapangan bola Desa Maron, Kecamatan Sidorejo, Kabupaten Temanggung, Jawa Tengah.

Asap mengepul dalam gumpalan-gumpalan lembut, menyatu dengan kabut pagi yang turun dari puncak Gunung Sumbing. Dari jarak sekitar 15 kilometer, yaitu dari lapangan bola tadi, puncak gunung itu tampak begitu dekat, seolah hanya dalam jangkauan tangan. Sosok batu-batunya yang menonjol mulai terlihat lebih transparan berkat cahaya sinar matahari pagi. Tetapi unsur-unsur detailnya, guratan-guratan, tekstur, dan kombinasi warna alamiahnya, hanya tampak sebagai bayangan samar-samar, sesudah sedikit demi sedikit, pelan-pelan sekali, kabut merayap turun ke bagian-bagian yang belum tersentuh sinar matahari.

Para petani itu berkumpul untuk menyambut dan merayakan deklarasi berdirinya "Laskar Kretek". Spanduk dan poster-poster besar yang menggambarkan semangat perlawanan para petani dipasang di berbagai tempat strategis yang mudah dilihat orang banyak. Di depan panggung, di bagian pojok sebelah kanan yang menghadap hadirin, tampak spanduk besar yang bunyinya menjelaskan peristiwa pagi itu: "Deklarasi Laskar Kretek". Di sudut lain, di sebelah kiri panggung, terbaca spanduk yang lebih besar, menggambarkan ungkapan perasaan petani: "Revolusi Jawabannya, Jika RPP Anti Tembakau Dilaksanakan". RPP adalah singkatan dari Rancangan Peraturan Pemerintah.

Poster lain, hampir sama besarnya, dipasang di beberapa tempat, termasuk di belakang panggung yang juga penuh dengan peserta. Poster itu bergambar seorang pemuda dengan mulut terbuka, seperti sedang berteriak. Tulisannya berbunyi: "Laskar Kretek: Siap Menyelamatkan Kretek sebagai Warisan Budaya".

Poster lebih kecil, terbuat dari kain yang tampak liat, dengan kombinasi warna yang serasi, dipasang di berbagai tempat, sebagian dicabut hadirin dan dibawa pulang. Bunyinya: "APTI" dengan huruf-huruf besar, dan di bawahnya dengan huruf-huruf kecil, ditulis: "Jawa Tengah". APTI singkatan dari Asosiasi Petani Tembakau Indonesia. Kehadirannya di tempat itu menegaskan peranannya sebagai pemrakarsa utama acara deklarasi tersebut.

Sekitar pukul 9.00, para petani sudah memenuhi lapangan bola di Desa Maron itu, yang terletak 2-3 kilometer dari pusat kota Temanggung. Padatnya hadirin membuat mereka hanya bisa bergerak pelan dan hati-hati agar tidak menginjak kaki hadirin lainnya. Untuk menuju ke panggung, kita harus lebih dahulu melewati jajaran hadirin yang duduk membentang persis dari depan tiang-tiang bagian depan panggung hingga jauh ke belakang, jauh ke kiri maupun ke kanan, ke titik perbatasan lapangan itu dengan pekarangan rumah-rumah yang dihuni penduduk.

Mereka yang duduk itu memberi kita gambaran seperti jamaah salat Id atau jamaah tarekat yang sedang mengikuti acara rutin mereka, di bawah pimpinan sang kiai yang dihormati. Tak ada sejengkal pun tanah tersisa untuk menginjakkan kaki. Dengan hati-hati orang yang berusaha menuju ke panggung harus memegang pundak atau punggung hadirin yang duduk, dan minta maaf karena melangkahi mereka.

Dari atas panggung terdengar suara perempuan muda menyanyikan lagu dangdut, yang terdengar begitu penuh perasaan seperti penyanyi dangdut pada umumnya, disertai jerit melengking, yang jelas terasa agak dibuat-buat, khas gaya dangdutan. Ketika suara perempuan muda itu berhenti, terdengar suara anggota panitia, seorang laki-laki muda, memanggil-manggil sejumlah nama tokoh penting yang tergabung dalam gerakan pembela tembakau. Mereka dimohon naik ke panggung untuk menyampaikan pidato singkat, menyambut, dan memeriahkan deklarasi pagi hari itu.

Kemudian acara dimulai sekitar pukul 10.00, dengan doa dari seorang kiai. Doa tersebut sekaligus menjadi sambutan beliau, yang merupakan dukungan moral tak ternilai bagi panitia dan petani pada umumnya. Sambutan demi sambutan pun mengalir lancar, serba ringkas, dan padat. Tiap sambutan dimulai dengan teriakan penuh semangat: "Hidup Petani!". Tokoh lain menggantikan sambutan di atas panggung dengan pembukaan: "Hidup tembakau!".

Ada yang berteriak lebih lengkap: "Hidup petani tembakau!". Yang lain memulai sambutannya dengan teriakan "Hidup APTI!". Disusul sambutan lain yang berteriak "Hidup Laskar Kretek!". Sambutan yang lain lagi disertai teriakan keras, "Hidup Deklarasi Laskar Kretek!", tak kalah keras daripada teriakan sebelumnya. Suaranya penuh tenaga memancar dari semangat mudanya. Semua sambutan memang terdengar penuh semangat orang muda seperti itu. Tidak ada orang tua yang bicara di atas panggung. Mereka, tanpa kecuali, adalah pemuda-pemuda yang penuh dengan vitalitas hidup.

Seorang mantan menteri yang juga hadir pagi itu memang agak lain. Tokoh ini belum tua, tapi sudah agak sulit untuk disebut golongan pemuda. Begitu juga Wakil Gubernur Jawa Tengah. Pejabat ini masih muda, tapi jauh kalah muda dibanding para tokoh gerakan berbagai organisasi yang hadir dalam acara itu. Jangan ditanya apakah yel-yel “Hidup Tembakau”, “Hidup Petani”, atau “Hidup Petani Tembakau” tadi disambut para hadirin.

Semua memperoleh sambutan yang demikian meriah dan penuh semangat. Banyak hadirin yang berteriak keras-keras dan menyambut sekaligus semua yel-yel itu. Jadi, bunyinya: “Hidup Tembakau!”, “Hidup Petani!”, “Hidup Petani Tembakau!”, “Hidup APTI!”, “Hidup Laskar Kretek!”, begitu panjang, dengan jerit keras, yang hanya bisa dilakukan oleh anak-anak muda penuh vitalitas hidup yang bisa dihamburkan setiap saat. Teriakan panjang itu bahkan masih ditambah: “Hidup Indonesia, hidup Indonesia, hidup Indonesia!”.

Kegilaan kecil ini disambut peserta lain, dan merembet ke kiri, ke kanan, ke belakang, ke mana-mana, hingga meluas ke seluruh lapangan, yang menjadi begitu gegap-gempita. Tapi keadaan itu terkendali dengan baik. Pada mulanya, Ketua APTI mencoba menenangkan mereka dengan satu kalimat pendek, tapi segera lenyap ditelan keriuhan yang histeris tadi. Suara gemuruh memang masih menguasai suasana lapangan. Namun dengan gerak jari tangan kanan di depan bibirnya, suatu tanda universal yang mereka pahami, serentak semua diam. Suasana di lapangan sepakbola yang terletak di timur laut Gunung Sumbing itu senyap, seperti tidak ada apa-apa, seperti tidak ada siapa-siapa. Salah seorang tokoh muda kemudian mengacungkan jempol tangan kanannya, sebagai tanda gembira bahwa keriuhan para hadirin dapat dikendalikan.

Wakil dari berbagai komunitas pembela tembakau yang juga pembela kretek, yang tersebar di Jakarta, Yogyakarta, Klaten, Wonosobo, Semarang, Temanggung, dan kota-kota lain, hadir dengan semangat menyukseskan acara deklarasi itu. Mereka merupakan bagian dari para tokoh yang diminta naik panggung untuk memberikan sambutan ringkas. Sesudah itu mereka pun duduk di atas panggung bersama anggota panitia dan tamu-tamu lain. Panggung tinggi itu menahan beban berat, sedikit bergoyang dan agak mencemaskan, tetapi sebetulnya aman. Di sana terasa agak sejuk karena ada kipas angin raksasa yang bunyinya seperti baling-baling pesawat.

Selain perlengkapan musik dangdut, terdapat pengeras suara, karpet tebal, minuman air putih dingin, dan sesajen. Ada pula perlengkapan upacara deklarasi berupa tumpeng besar, nasi putih empat golong—nasi putih yang dibentuk seperti bola tenis, *ingkung* yang berasal dari ayam tulak, yaitu seekor ayam besar yang bulu-bulu, jengger, paruh, kaki, dan tajinya serba hitam. *Ingkung* itu digoreng dan disajikan di atas nasi putih, berdempetan dengan tumpeng. Selain itu ada pisang, jeruk, jambu, dan aneka macam buah-buahan. Juga berbagai jenis jajanan pasar, yang memang menjadi syarat kelengkapan upacara tradisi desa yang tak perlu dipertanyakan lagi.

Ketua adat berasal dari Desa Lamuk, lereng timur Gunung Sumbing. Dia dipanggil *Simbah* oleh warga masyarakat, meskipun usianya masih muda. Dia sedang membakar kemenyan dengan perlengkapan kembang beraneka warna dan jenis, yaitu kembang kantil, kembang kenanga, kembang melati, kembang menur, yang merupakan rangkaian kelengkapan upacara sakral itu. Dengan sikap khusyuk, seperti tak terganggu oleh kebisingan di sekitarnya, Simbah berdoa. Suaranya tak terdengar.

Entah apa doanya, tapi bibirnya komat-kamit, dan pandangannya seperti menerawang jauh, seperti bukan di dunia ini. Sesudah doanya selesai, dia siap ditanya mengenai makna simbol-simbol dalam sesajen itu. Kata-katanya sangat jelas biarpun suara musik terlalu keras untuk telinga orang-orang tua. "Tumpeng itu simbol gunung, artinya kita memohon *slamet gununge* (selamat gunungnya), nasi putih itu bumi, kita memohon *slamet bumine* (selamat buminya), golong itu *manggolonging tekad, manggolonging karsa* (tekad dan kemauan yang sudah bulat). Maka kita memohon *dikabulke tekade, dikabulke kekarepane* (dikabulkan tekadnya, dikabulkan kemauannya) tapi golong juga mewakili batu, maka kita mohon *slamet watune* (selamat batunya), *ingkung* dari ayam tulak itu tanda *nulak bebaya* (menolak semua jenis marabahaya). Pada intinya kita memohon *slamet*, termasuk *slamet menungsane* (selamat manusianya), *slamet wit-witane* (selamat pepohonannya), *slamet mbakone* (selamat tembakaunya), *slamet sekabehe* (selamat segalanya)."

Setelah itu dilanjutkan dengan pidato pengantar ringkas dari pihak panitia. Sambutan dari berbagai tokoh gerakan pembela tembakau menyusul, yang jelas mewakili kemarahan petani tembakau. Dengan demikian dapat dikatakan bahwa peristiwa pagi itu merupakan pernyataan protes dan perlawanan politik petani terhadap kebijakan pemerintah pusat yang telah memberlakukan larangan merokok, dan memasang iklan secara luas dan berlaku di seluruh Tanah Air. Secara khusus, perlawanan politik petani tersebut ditujukan pada suatu rangkaian panjang kebijakan negara semenjak pemerintahan Presiden Habibie, disusul kebijakan dalam pemerintahan Presiden Abdurrahman Wahid yang mendinginkan situasi tersebut, kemudian disusul oleh kebijakan pemerintahan Presiden Megawati Soekarnoputri, yang mencabut dua kebijakan pemerintahan sebelumnya. Titik puncaknya tercapai ketika pemerintahan Presiden Susilo Bambang Yudhoyono (SBY).

Patut dicatat, sepanjang 2009 hingga memasuki 2010, disusul oleh datangnya tahun 2011, bahkan kemudian disambung lagi pada saat tahun 2012, perlawanan petani ditujukan sepenuhnya pada usaha menahan agar RPP Anti Tembakau tetap merupakan RPP dan tak pernah menjadi PP (Peraturan Pemerintah). Strategi pokok itu gagal, karena ternyata, pada Desember 2012, RPP tadi berubah menjadi PP No. 109 Tahun 2012, yang merupakan pukulan telak bagi petani tembakau.

Meskipun demikian, perlawanan masih tetap dilakukan dengan gigih. Target utamanya adalah agar apa yang sudah resmi menjadi peraturan pemerintah itu setidaknya pelaksanaannya masih dapat dihambat di sana-sini. Pendek kata, ada harapan besar agar pelaksanaannya terhambat, tidak serentak, tidak dengan semangat yang sama, dan di sana-sini tidak berjalan sebagaimana seharusnya. Dengan begitu, dampak sosial-ekonominya terhadap kehidupan petani tak terlalu memberatkan, dan tidak dianggap sebagai beban.

Sampai di sini, kita kembali lagi pada peristiwa pada hari Kamis Kliwon, 26 April 2012, ketika Deklarasi Laskar Kretek berlangsung. Para petani tembakau pada hari itu berdatangan dari 20 kecamatan yang tersebar di gunung-gunung dan di lembah-lembah yang subur, meninggalkan rumah masing-masing sejak pagi hari yang masih berkabut menuju tempat upacara.

Petani tembakau di berbagai daerah di Tanah Air serta komunitas-komunitas pembela tembakau dan kekuatan-kekuatan kemasyarakatan lain yang tersebar di berbagai organisasi, sejak lama menyadari bahwa kekuatan yang mengancam mereka sangat besar. Semua pihak sadar bahwa kekuatan itu tidak mudah dilawan dengan kekuatan yang ada. Namun petani tembakau, kelompok-kelompok, serta komunitas-komunitas tersebut masih tetap siap melanjutkan perlawanan.

Tekad itu sudah digelorakan para tokoh kunci gerakan, ketika mereka mendatangi dusun-dusun, atau desa-desa, dan mengumpulkan sejumlah besar warga masyarakat. Persiapan dimatangkan, dimonitor, dan dikontrol terus-menerus untuk meyakinkan bahwa mereka betul-betul sudah siap melakukan gerakan perlawanan besar-besaran, yang jauh lebih besar dibanding semua jenis perlawanan sebelumnya. Hasilnya tampak pada apa yang terjadi pada hari itu: sebuah gerakan massa yang besar, seperti film superkolosal, yang menggambarkan dengan baik apa yang mereka inginkan sebagaimana sudah mereka rencanakan secara cermat lama sebelumnya.

Ada satu hal yang terasa penting untuk segera menjadi tambahan penjelasan di bagian ini. Berbagai peraturan atau kebijakan di atas seolah tidak mengancam pertanian tembakau, karena sekadar mengatur pengamanan produk olahan tembakau berupa kretek. Walaupun demikian, sejak dulu petani paham bahwa bila kelestarian kretek terancam, kelestarian bahan mentah utamanya, yakni tembakau, dengan sendirinya jelas terancam pula. Hal ini bukan hanya berarti sumber utama penghidupan ekonomi petani terancam, melainkan identitas kebudayaan yang merupakan kebanggaan dalam kehidupan mereka pun terancam. Dengan begitu, seluruh warisan kebudayaan mereka berada dalam pertaruhan mencemaskan. Dengan kata lain, seluruh corak peradaban petani tembakau, yang mereka terima dari para leluhur, dan akan diwariskan pada generasi penerus mereka, secara serius akan dibuat menjadi disfungsi sosial dan dibikin hilang lenyap dari tanah leluhur mereka.

Inilah sumber utama keresahan petani, yang mendorong mereka melakukan gerakan-gerakan protes dan perlawanan sebagaimana sudah disinggung dengan cukup jelas dalam uraian-uraian sebelumnya. Sampai di sini mulai tampak betapa gerakan-gerakan perlawanan itu pada hakikatnya merupakan usaha mempertahankan atau merebut kembali keutuhan hidup mereka di bidang ekonomi, sosial, maupun kebudayaan, seperti sebelum ancaman itu datang.

Fenomena ini penting untuk dikaji secara sistematis agar bisa diperoleh pengetahuan cukup memadai mengenai kompleksitas gerakan perlawanan mereka. Maka, tak ragu lagi, saya memutuskan untuk melakukan kajian ini dengan kegembiraan dan semangat ingin tahu mengenai fenomena lapangan maupun implikasi dan sumbangannya di bidang keilmuan.

Akar Persoalan

Seperti sudah diuraikan sebelumnya, akar-akar persoalan yang meresahkan petani itu pada mulanya muncul dari kebijakan Presiden Habibie melalui Keppres No. 81 Tahun 1999 tentang Pengamanan Rokok bagi Kesehatan. Kebijakan itu ditunda, atau belum bisa dilaksanakan, berdasarkan Keppres No. 38 Tahun 2001, yang dikeluarkan oleh Presiden Abdurrahman Wahid. Presiden Megawati Soekarnoputri bukan hanya menunda, malah mencabut kedua kebijakan tadi, dan menggantinya dengan Keppres No. 19 Tahun 2004. Namun Keppres itu dicabut oleh Presiden SBY dengan mengeluarkan UU No. 36 Tahun 2009, yang disebut sebagai UU Kesehatan, yang mengandung ancaman bagi petani tembakau dan menimbulkan protes secara massal dari kalangan petani tersebut serta dari rangkaian panjang kelompok-kelompok yang berhubungan dengan dunia industri rokok. Maka, Presiden SBY lantas menggantinya dengan RPP Tahun 2009 tanpa mengubah substansinya.

Tidak mengherankan bila pergantian kebijakan itu masih tetap menjadi sumber keresahan petani tembakau, yang merasakan nasib mereka betul-betul terancam. Terlebih lagi sesudah Presiden SBY menggantikan RPP tersebut menjadi PP No. 109 Tahun 2012 tentang Pengamanan Bahan yang Mengandung Zat Adiktif Berupa Produk Tembakau bagi Kesehatan. Kebijakan baru itu bukan mengurangi, melainkan semakin meningkatkan keresahan mereka. Dengan kata lain, kebijakan itu telah menjadi ancaman dan sumber keresahan permanen dalam kehidupan petani tembakau.

Agar persoalan yang merupakan ancaman bagi petani tadi menjadi lebih jelas bagi kita, perlu dikutip Pasal 8 Ayat 2 FCTC (Framework Convention on Tobacco Control): "Setiap pihak harus memberlakukan dan menerapkan di wilayah hukum negara masing-masing sebagaimana diatur oleh hukum negara masing-masing dan secara aktif mempromosikan di wilayah hukum negara lainnya akan perlunya pemberlakuan dan implementasi aturan-aturan legislatif, eksekutif, administratif, dan bentuk aturan lainnya, guna menyediakan perlindungan dari asap tembakau di tempat-tempat kerja dalam ruang, kendaraan-kendaraan umum, tempat-tempat publik dalam ruang, dan jika diperlukan, di tempat-tempat umum lainnya." Hal ini diulang dalam PP No. 109 Tahun 2012 Pasal 1 Ayat 11: "Kawasan Tanpa Rokok adalah ruangan atau area yang dinyatakan dilarang untuk kegiatan merokok atau kegiatan memproduksi, menjual, mengiklankan, dan/atau mempromosikan Produk Tembakau."

Selanjutnya dalam Pasal 11a FCTC dikatakan bahwa kemasan dan pelabelan tembakau tidak diperbolehkan menggunakan label yang sengaja disalahkan, menyesatkan, bohong atau kesan keliru seperti menggunakan kata "rendah tar", *light*, *ultra-light*, *mild*, atau lain-lain yang dapat memperlihatkan bahwa produk tembakau tersebut tidak berbahaya dibanding produk tembakau lain.

Hal serupa juga dituangkan dalam PP No. 109 Tahun 2012 pada Pasal 24 Ayat 2, di mana dituliskan bahwa "...produsen dilarang mencantumkan kata *'Light'*, *'Ultra Light'*, *'Mild'*, *'Extra Mild'*, *'Low Tar'*, *'Slim'*, *'Special'*, *'Full Flavour'*, *'Premium'*, atau kata lain yang mengindikasikan kualitas, superioritas, rasa aman, pencitraan, kepribadian, ataupun kata-kata dengan arti yang sama."

Selain itu dalam Pasal 11b FCTC disebutkan juga bahwa: "Setiap unit pak atau kemasan produk tembakau dan semua kemasan dan label luar produk-produk tersebut juga harus bermuatan peringatan kesehatan yang menjelaskan bahaya dari menggunakan produk tembakau, dan mungkin meliputi pesan-pesan lain yang sesuai...."

Pasal 15 Ayat 1 dalam PP No. 109 Tahun 2012 juga serupa dengan Pasal 11b FCTC di atas, berbunyi: "Setiap 1 (satu) varian Produk Tembakau wajib dicantumkan gambar dan tulisan peringatan kesehatan yang terdiri dari lima jenis yang berbeda, dengan porsi masing-masing 20% dari jumlah setiap varian Produk Tembakaunya."

Untuk menegaskan bahwa kebijakan pemerintah kita itu tidak bebas dari pengaruh atau campur tangan kepentingan asing sebagaimana tertuang dalam FCTC tadi, di sini perlu dicatat kembali beberapa kesamaan yang termuat dalam pasal-pasal dan ayat-ayat PP No. 109 Tahun 2012 dengan pasal-pasal dan ayat-ayat dalam FCTC. Pasal 1 Ayat 11 PP No. 109 menyerupai atau hampir sama dengan Pasal 8 Ayat 2 FCTC. Kita juga mencatat bahwa Pasal 24 Ayat 2 PP No. 109 menyerupai atau hampir sama dengan Pasal 11a FCTC. Selanjutnya, Pasal 15 Ayat 1 PP No. 109 menyerupai atau hampir sama dengan Pasal 11b FCTC.

Rangkaian kalimat atau penjelasan yang tampak serupa atau hampir sama dalam PP No. 109 dengan apa yang terdapat dalam FCTC di atas mendapat perhatian sungguh-sungguh dari petani tembakau, dan hal itu tidak begitu menggembirakan hati mereka. Suatu peraturan, perundang-undangan, atau kebijakan pemerintah yang berdaulat, seharusnya memperlihatkan kemandirian yang jelas dan tidak meniru, mengutip, atau mengopi suatu peraturan perundangan dari negara lain atau dari lembaga-lembaga lain yang memiliki otoritas dan pengaruh yang sangat luas, bahkan sangat global, seperti FCTC.

Munculnya kesamaan maupun hal serupa dalam peraturan tersebut membuat petani merasakan adanya campur tangan kepentingan politik-ekonomi asing. Seorang tokoh APTI menjelaskan hal itu dalam suatu wawancara: "Sangat jelas bagi siapapun bahwa ada kepentingan asing yang tak mungkin ditutup-tutupi." Pemahaman bahwa di balik gerakan-gerakan anti-tembakau, anti-kretek, terdapat kepentingan asing sudah menjadi pengetahuan umum di kalangan petani. Karena itu, seorang tokoh gerakan yang selalu terlibat aktif dalam berbagai demo di Jakarta juga mengatakan: "Tidak ada orang yang tidak tahu bahwa di balik semua kegiatan anti-tembakau, anti-kretek, ada campur tangan kepentingan asing. Semua pihak tahu kepentingan asing itu bahkan ada dalam dunia bisnis kretek yang memiliki aset sangat besar di negeri kita."

Dilihat dari segi demokrasi, petani menganggap PP No. 109 Tahun 2012 tidak adil karena mereka tidak diakomodasi di dalamnya. Kecuali itu, proses legislasinya tidak transparan, karena petani yang akan dikenai kebijakan tersebut sama sekali tidak dilibatkan. Begitu pula proses sosialisasinya. Tidak ada kegiatan sosialisasi peraturan ini yang melibatkan petani tembakau. Selain itu, isi peraturan ini sama sekali tidak memberi perlindungan kepada petani tembakau sebagai warga negara yang memiliki hak untuk dilindungi. Ini sangat berbeda dengan Keppres yang dikeluarkan Presiden Megawati Soekarnoputri. Jika dirumuskan dalam ungkapan lain, Presiden Megawati Soekarnoputri menggunakan kekuasaannya untuk melindungi petani tembakau dan industri kretek nasional, sedangkan Presiden SBY kelihatannya memiliki sikap dan pendirian yang berbeda dalam merumuskan kebijakan.

Dengan PP No. 109 Tahun 2012, produksi kretek serba dikekang dan dibatasi bukan hanya peredarannya, melainkan juga cara memproduksinya, cara mengemasnya, maupun cara mengonsumsinya. Hal ini bertentangan dengan rasa keadilan yang memukul petani. Dengan merumuskan kembali kebijakan yang menjadi sumber keresahan, dan dianggap sebagai ancaman bagi petani tembakau ini, kini persoalan itu menjadi lebih jelas. Meskipun begitu, di sini masih perlu diuraikan secara lebih rinci untuk memahami mekanisme birokrasi yang berkembang lebih lanjut sesudah PP No. 109 Tahun 2012 itu diterbitkan. Tak dapat dipungkiri bahwa PP tersebut memang memiliki akibat-akibat lebih jauh dan lebih serius terhadap dunia industri kretek maupun dunia pertanian tembakau.

Bila peraturan itu dilaksanakan, seperti sudah disinggung di atas, maka tak diragukan lagi bahwa tembakau—dalam arti luas—sebagai warisan budaya dari generasi tua kepada generasi sekarang, dan bakal diwariskan lagi pada generasi mendatang, jelas akan mengalami kepunahan yang getir. Penjabaran dan pelaksanaan peraturan tersebut di tingkat bawah, yaitu tingkat menteri, gubernur, maupun bupati dan wali kota, telah menimbulkan keresahan dan kecemasan yang meluas di seluruh sektor pendukung dunia pertanian tembakau, yaitu para petani, buruh tani, pembuat keranjang untuk wadah tembakau, pedagang tembakau, pabrik pupuk, dan perbankan yang memberikan pinjaman yang sangat diperlukan petani.

Begitu pula dunia industri dan jalinan pendukung-pendukungnya yang bervariasi dan besar sekali jumlahnya, yang terdiri atas agen kretek, toko-toko, warung, dan pedagang eceran, buruh pabrik dan karyawan pabrik, serta segenap rekanan bisnis mereka.

Presiden—melalui PP No. 109 Tahun 2012—didukung segenap aparatur di tingkat bawah, akan mampu mengubah secara drastis tata kehidupan petani tembakau. Dalam pengertian ini, tata kehidupan masyarakat yang telah terbangun sejak lama dan mengakar hingga menjadi kebudayaan petani yang begitu kaya akan kearifan hidup yang dalam, akan dimarjinalisasi ke dalam posisi yang tak memiliki kedaulatan ekonomi lagi. Dengan sendirinya petani akan kehilangan kemampuannya untuk hidup mandiri secara politik dan akan kehilangan wibawa secara kebudayaan. Tata pemerintahan yang tak memiliki semangat keadilan untuk memberi perlindungan terhadap warga negaranya sendiri itu akan dengan mudah memaksa sejarah petani tembakau "tutup buku". Namun petani tak mau menerima nasib seperti itu. Seperti sudah tampak pada apa yang disebut UU Kesehatan Tahun 2009, petani telah melakukan perlawanan dalam bentuk gerakan massal dan berkepanjangan.

Di sini perlu kita pahami, makna perlawanan mereka bukan tanda penolakan terhadap aturan resmi yang dibuat pemerintah, bukan pula tanda sejenis *civil disobedience*. Sebab mereka bukan pembangkang. Pada hakikatnya, makna perlawanan itu adalah mempertahankan atau merebut kembali tata kehidupan lama yang aman secara ekonomi, harmonis secara kultural, dan secara politik menolak campur tangan pihak luar yang dapat merusak rasa keadilan yang sudah mapan dalam kebudayaan mereka.

Kita perlu berhenti sejenak di sini untuk menghimpun dan mengonsolidasi kembali pemahaman kita, serta untuk menegaskan, bahwa sesudah sumber keresahan tadi muncul, petani tembakau merasa dunianya yang tenteram dan nyaman tiba-tiba terancam. Maka mereka menyatukan kekuatan massa untuk membangun suatu gerakan perlawanan yang sistematis dan terencana dengan baik. Sampai di sini menjadi lebih jelas bahwa kita akan menempatkan gerakan perlawanan petani tembakau sebagai pokok masalah atau tema sentral kajian ini. Gerakan perlawanan itu dikaji secara menyeluruh, mulai dari apa yang tampak dalam bentuk demo yang ditujukan kepada pemerintah. Demo mereka banyak jenisnya. Demo yang dilakukan di Jakarta ditujukan kepada Menteri Kesehatan, kepada Presiden, dan kepada DPR dan banyak berlangsung sebelum kajian ini dimulai. Maka kajian lapangan dilakukan ketika muncul suatu gerakan di kampung halaman mereka sendiri di Temanggung. Gerakan-gerakan perlawanan itu dikaji secara sistematis untuk menggambarkan kompleksitasnya.

Dimensi penting gerakan yang patut diperhatikan, setidaknya secara garis besar, menyangkut para pemimpin dan tipe, gaya maupun jenis kepemimpinan mereka, dan wujud ketaatan petani kepada para pemimpin tersebut. Di dalamnya ada unsur perencanaan sebelum suatu gerakan dilaksanakan, dimonitor, dan dievaluasi, serta dukungan media yang sangat penting untuk dikaji. Selanjutnya, ada pula jaringan pembela tembakau yang berskala nasional; terdiri atas APTI di seluruh kabupaten dan provinsi yang memproduksi tembakau, Komite Nasional Penyelamat Kretek (KNPK), Masyarakat Bangga Produksi Indonesia (MBPI), dan Indonesia Berdikari (IB). Munculnya berbagai dukungan tadi merupakan cermin kapasitas para pemimpin gerakan itu dalam melakukan *resource mobilization*.

Selain itu, unsur-unsur ideologis yang melatarbelakangi atau menjadi tenaga pendorong gerakan perlawanan tampil dalam wajah simbolis. Semua amat penting untuk dikaji secara sistematis dan hati-hati. Unsur kesenian, yaitu tari-tarian yang menampilkan lakon suatu pertempuran yang mengisahkan perjuangan petani, memuat unsur-unsur puisi yang kuat sekali. Apalagi tembang perlawanan mereka, terutama *Pangkur Suro Greget* yang terkenal dalam perjuangan mereka, berisi lirik sebuah puisi.

Hadirnya sajen-sajen, kembang, dan dupa, serta asapnya yang mengepul, di mata seorang penyair adalah bait-bait puisi. Mantra di dalamnya pun merupakan wujud puisi. Doa-doa terungkap dalam bunyi-bunyi puisi. Ini semua terjadi, menurut Geertz, karena *religion is never merely metaphysics*. Tafsiran ini ditegaskan lagi oleh Geertz (1973: 126) bahwa *never merely metaphysics, religion is never merely ethic either*. Tampaknya, ini merupakan penafsiran penting untuk menjelaskan kehadiran puisi tadi. Dengan langgam bahasa dan cara penafsiran itu, jika Geertz menghadapi sendiri situasi lapangan di Temanggung, niscaya dia akan berkata: "Agama bukan hanya merepresentasikan perkara metafisik, melainkan juga puisi."

Agama berurusan dengan puisi—dalam hal ini puisi perjuangan, atau lebih spesifik: puisi perlawanan. Artinya, agama memandang komitmen hidup dan cara-cara mengatur hidup di dunia ini. Dengan begitu, agama bukan hanya memandang penting perkara halal-haram, wajib-sunnah, melainkan juga berurusan dengan yang *mundane*, yang "biasa-biasa", duniawi, dan menyangkut urusan sehari-hari. Maka dalam konteks ini Geertz berkata: "*The holy bears within it everywhere a sense of intrinsic obligations: it is not only encourages devotion, it demands it, it is not only induces intellectual assent, it enforces emotional commitments.*" (Geertz, 1973: 126).

Sekali lagi, jika Geertz berhadapan sendiri secara langsung dengan situasi lapangan di Temanggung, pernyataan bahwa agama merangsang munculnya kepedulian batin, niscaya Geertz akan menyebut pula puisi sebagai wujud kepedulian itu. Selain doa atau mantra, ziarah kubur yang dilaksanakan dengan khusyuk juga mewujud puisi. Ketika mereka mengadukan nasib kepada seorang wali yang dianggap leluhur, bila didengar dan dirasakan dengan bahasa hati, pengaduan itu sulit untuk disebut dengan nama lain kecuali puisi.

Dengan kata lain, dalam gerakan petani itu terdapat indikasi yang tampak mencolok mengenai kehadiran puisi. Jika diperhatikan secara saksama, terutama dengan lebih melibatkan perasaan yang betul-betul dalam keprihatinan mereka, akan jelas bahwa puisi hadir bukan tidak untuk apa-apa. Ini merupakan suatu fenomena mengejutkan, mungkin, bahkan menimbulkan keharuan. Dalam perjuangan hidup yang demikian serius itu, puisi tampil bukan sekadar untuk mengambil peran penting, melainkan memberi warna gerakan yang sangat khas yang tak ditemukan dalam corak gerakan-gerakan sosial yang lain. Puisi menjadi senjata perlawanan petani.

Jadi jelaslah di sini, jika ditanya mengenai tema sentral, *research question* atau pokok masalah kajian ini, maka jawabannya, seperti telah dipaparkan, ialah "kompleksitas gerakan perlawanan petani tersebut". Dengan sendirinya, di dalamnya terdapat unsur kepemimpinan yang mampu menggerakkan, atau boleh juga disebut memobilisasi kekuatan jaringan organisasi-organisasi pembela tembakau, jaringan media, dan dukungan tokoh-tokoh nasional secara perorangan. Jika diperdalam lagi, gerakan petani ini juga menampilkan secara nyata betapa dimensi "ideologis" memainkan peran penting sebagai kekuatan penggerak dan melatarbelakangi terjadinya gerakan ini. Selebihnya, dan ini unsur lebih besar lagi, ialah tampilnya puisi-puisi yang tampaknya menandai perlawanan seperti sudah disebut secara sepintas lalu di atas.

Dalam perspektif kebudayaan, ideologi diproduksi dalam suatu konteks kebudayaan tertentu, dan sering direproduksi oleh kebudayaan lain pada kurun zaman yang lain dan untuk kepentingan politik yang juga lain. Sumber dari mana ideologi berasal dapat dilacak dalam ajaran—juga ajaran agama—dalam mitologi, dalam dongeng, dalam dunia sastra, dan juga dalam tradisi lisan. Sebaliknya, semua hal di atas juga bisa menjadi tempat di mana ideologi dilembagakan, dirawat, dan dilestarikan. Ideologi Ratu Adil, misalnya, merupakan versi Jawa dari Mesianisme (Korver, 1985: 74; Adas, 1988: 168-169; Onghokham, 1983: 60, 73-75) yang bersumber pada agama, kemudian dimitologikan. Namun mitologi itu sendiri bisa memainkan peran untuk melembagakan ideologi Ratu Adil tersebut. Di sini kita kembali ke persoalan lebih teknis: jika *research question* ini dirumuskan dalam bentuk pertanyaan, pertanyaan itu akan berkisar pada: *apa masalah utama penelitian* ini? Bisa juga pertanyaan itu menjadi *apa tema sentral studi* ini?

Lebih penting lagi, ideologi menjadi bagian dari unsur-unsur yang dikaji di sini, karena perannya penting dalam gerakan sosial. Di sini ideologi melandasi, atau bisa juga melatarbelakangi, gerakan. Tidaklah mungkin atau hampir tidak mungkin suatu gerakan berlangsung tanpa basis ideologis. Dengan demikian, memang tak bisa dihindari lagi bahwa ideologi sering memainkan peran sebagai *prime mover*, yang secara psikologis memanaskan keadaan, sementara secara politis mematangkan momentum untuk bertindak. Adapun secara moral ideologi memberi justifikasi bahwa gerakan itu berlangsung atas suatu sikap dan keputusan yang berkembang dalam kehidupan komunitas petani di pedesaan mereka berdomisili. Di sini perlu ditegaskan bahwa yang dimaksud ideologi kurang-lebih merupakan gambaran, cita-cita, atau aspirasi mengenai tata kehidupan yang diinginkan oleh masyarakat petani tembakau.

Kehidupan dunia pertanian yang dinamis, banyak tantangan, dan mengalami pelbagai perubahan yang menggelisahkan tetapi tidak mengancam kelangsungan hidup mereka, dapat dianggap sebagai aspirasi ideologis yang mereka kehendaki. Selain itu, tata kehidupan dinamis itu terakomodasi dengan baik dan menjadi bagian dari kemapanan hidup yang sudah teruji dalam kebudayaan kaum tani bersangkutan. Kemapanan budaya ini yang menyebabkan mereka melakukan gerakan-gerakan perlawanan terhadap ancaman yang datang dari luar.

Patut diingat pula bahwa gerakan perlawanan ini berada di bawah suatu *leadership* yang memiliki aturan atau kesepakatan yang harus diikuti bersama.

Ketika kepedulian atau komitmen emosional itu muncul, maka yang tampak bukan lagi hal-hal yang metafisik, melainkan perbuatan, amal, dan segala hal yang selalu kita sebut perbuatan nyata yang dimensi waktunya kini, sekarang, bukan kelak, dan di dunia ini, bukan di hari akhir yang belum kita ketahui kepastiannya.

Maka, apa yang tampak rohaniah dalam ritual, antara lain ziarah kubur, yaitu ziarah ke makam tokoh legendaris yang dipercaya secara luas sebagai penemu bibit tembakau, urusan petani itu bukan bersifat rohaniah, melainkan perjuangan, yang dengan sendirinya dimensi duniawinya lebih ekspresif dibandingkan apa yang berada di balik yang sakral. Di tingkat lapangan dapat diajukan pertanyaan-pertanyaan yang lebih bersifat umum:

Tentang dunia pergerakan. Ada tiga hal mengenai pergerakan yang dapat dipertanyakan: (1) Pilihan strategi dan bentuk-bentuk gerakan perlawanan yang dianggap lebih tepat dan efektif untuk menyampaikan pesan yang diinginkan. (2) Mencari kekuatan pendukung yang tepat: berpengaruh, memiliki daya tarik politik, menarik media, dan mampu menyuarakan gerakan tersebut secara luas. (3) Mengapa gerakan-gerakan perlawanan mereka menampilkan corak kultural dan menggunakan instrumen kultural yang begitu nyata dan mencolok, dengan puisi sebagai kekuatan perlawanan utamanya?

Tentang tipe dan gaya kepemimpinan: (1) Kepemimpinan yang dianggap penting dan memberi arah dalam setiap gerakan perlawanan. (2) Kepemimpinan dan sikap pemimpin yang dianggap lebih cocok, dan karena itu lebih ditaati oleh warga masyarakat. (3) Tindakan nyata para pemimpin gerakan yang memberi manfaat besar bagi kehidupan sosial-ekonomi petani. (4) Faktor-faktor sosial-psikologis dalam tingkah laku para pemimpin yang membuat warga masyarakat merasa bisa lebih dekat dan lebih mudah bekerja sama dengan mereka.

Tentang tata kehidupan ekonomi dan sosial: (1) Diamati dan dikaji dengan cermat wawasan dan sikap maupun kebiasaan petani ketika menempatkan prioritas anggaran rumah tangga di masa sesudah panen: membeli motor, mobil, atau membangun rumah. (2) Peran perempuan dalam proses produksi tembakau yang mereka lakukan di ladang dan rumah, yaitu ketika tembakau dijemur, dirajang, dan disiapkan dalam keranjang-keranjang untuk dijual. Dilihat pula peran perempuan dalam masyarakat dan dalam urusan keagamaan, dalam pengajian dan acara keagamaan lain. (3) Mengkaji unsur-unsur solidaritas antarpetani dalam menjaga keutuhan dan harmoni sosial. (4) Hubungan—dalam bentuk saling membantu dan saling menguntungkan—antara para petani dan dunia industri perlu diteliti secara cermat mengingat hal ini merupakan persoalan yang agak sensitif.

Tentang hal-hal yang berhubungan dengan nilai, tradisi, kepercayaan, ritus-ritus, dan sesajen: (1) Menelusuri cerita yang dipahami masyarakat secara turun-temurun oleh warga masyarakat, tentang tokoh yang disebut penemu bibit tembakau: pada zaman dan di mana bibit tersebut ditemukan. (2) Mengkaji "sejarah" tokoh tersebut dan kedudukan mitologisnya dalam masyarakat. Cara memperoleh informasi mengenai hal-hal yang berhubungan dengan nilai, dengan tradisi, dan ritus-ritus, maupun persoalan-persoalan lain sejenis itu, pada dasarnya bisa ditanyakan dalam suatu wawancara, tetapi lebih banyak dilakukan melalui observasi, yaitu pengamatan cermat yang memerlukan sensitivitas untuk memahami hal-hal pokok tanpa perlu mencatatnya secara langsung. Fungsi ingatan dan kemampuan menyusun catatan lapangan sesudah observasi selesai merupakan hal penting dan mendasar agar kita tidak kehilangan informasi lapangan yang berharga.

Tentang kekuatan dan fungsi ideologi dalam perlawanan petani. Ideologi menjadi kekuatan penggerak sekaligus gambaran mengenai cita-cita hidup yang mereka bayangkan. Selain itu, sebagian besar—kalau bukan seluruhnya—tindakan protes yang bersifat ideologis itu tampil dalam bungkus simbol-simbol yang harus diungkap maknanya. Ada baiknya makna simbol ini kita perjelas lebih dahulu dengan mengutip Turner (1967: 19):

> *"Symbol is a thing regarded by general consent as naturally typifying or representing, or recalling something, by possession of analogous qualities or by association in fact or thought. The symbol I observed in the field were, empirically, objects, activities, relationships, events, gestures, and spatial units in a ritual situation."*

Simbol bisa tampil dalam sosok benda yang melambangkan, mewakili, atau mengingatkan kita akan sesuatu. Di lapangan, yang diamati oleh Turner, secara empirik simbol berupa suatu obyek, suatu kegiatan, hubungan-hubungan, peristiwa, bahasa tubuh, maupun unit "ruangan" yang terdapat dalam suatu situasi ritual tertentu. Dengan demikian simbol bisa digali, sebagian lewat pertanyaan bebas, dari beberapa pihak untuk mengecek kebenaran informasi yang diperoleh dari informan yang diajak berdiskusi lebih dulu. *Cross-check* merupakan prosedur sekaligus esensi dalam penelitian *grounded* seperti ini. Perlu menjadi catatan di sini bahwa realitas lapangan jauh lebih kompleks dibanding sekadar pertanyaan-pertanyaan yang dirumuskan di atas sehingga diperlukan lagi keterampilan teknis dan sensitivitas dalam berkomunikasi untuk memahami ungkapan, sikap, dan tindakan-tindakan nyata di kalangan kaum tani yang sedang diteliti.

Agar lebih jelas, perlu ditegaskan bahwa kita belajar memahami ekspresi ideologis dan simbol suatu peristiwa, tindakan, pernyataan, atau ritual tertentu, baik yang berhubungan langsung maupun tidak dengan gerakan tersebut. Hal ini dilakukan bukan semata menurut penafsiran atau pemaknaan saya sendiri, melainkan menurut pengertian mereka. Adapun pertanyaan mengapa ideologi dan dunia simbol dijadikan tema sentral atau pokok masalah kajian, jawabannya sudah dapat diduga dari yang tersirat dalam uraian di atas. Keduanya merupakan "ruh" atau "jiwa" gerakan sosial yang dapat disebut *body knowledge* tindakan-tindakan kolektif para petani tersebut.

Tentang puisi-puisi perlawanan petani. Di sini dikaji secara sistematis dan menyeluruh mengenai dominasi puisi dalam berbagai perlawanan petani, dan mengapa kekuatan estetika puisi bisa menjadi begitu dominan.

Lokasi Penelitian

Temanggung adalah kabupaten yang memiliki tiga gunung terkenal, yakni Gunung Sumbing, Gunung Sindoro, dan Gunung Perahu yang berhawa dingin. Kondisi itulah yang memungkinkan tembakau tumbuh dan berkembang menjadi tembakau dengan kualitas terbaik di dunia. Tak mengherankan, banyak spekulan nakal—mungkin harus disebut kreatif—yang mendatangkan tembakau berkualitas rendah dari berbagai daerah lain ke Temanggung. Selanjutnya, tembakau tersebut diberi nama "tembakau Temanggungan" agar bisa diterima oleh pabrik-pabrik rokok dengan harga tidak terlampau rendah. Orang Temanggung tidak menaruh keberatan atas tindakan seperti itu. Mereka menganggap Temanggung bisa memberi berkah bagi pihak lain. Perlu dicatat bahwa tidak semua wilayah Temanggung menghasilkan tembakau pilihan, yang disebut tembakau srintil, yang di masa tertentu, ketika harga tembakau baik, bisa mencapai Rp1 juta per kilogram.

Tembakau srintil hanya bisa diproduksi di Desa Lamuk yang terletak di leher dan punggung lereng bagian timur Gunung Sumbing. Daerah ini adalah satu-satunya lokasi yang memperoleh sinar cerah matahari pagi yang sangat sehat untuk membentuk daun-daun tembakau menjadi tampak lebih hijau, lebih tebal, dan lebih lebar sehingga membentuk kualitas top, yang disebut dengan rasa bangga sebagai "emas hijau". Sementara kualitas tembakau di lereng sebelah utara Gunung Sumbing, yaitu Desa Wonosari dan sekitarnya, masih termasuk bagus. Wilayah ini mendapat curahan sinar matahari pada jam yang tergolong masih pagi—di atas pukul sembilan hingga siang hari penuh dan sore hari—selain mendapat sedikit cahaya mentari pagi yang sehat. Wilayah bagian barat, yang mendapatkan sinar matahari penuh di sore hari, kualitas tembakaunya lebih rendah lagi. Tapi kata rendah di sini harus dilihat dalam konteks rendahnya tembakau Temanggung, yang secara keseluruhan kualitas tembakaunya terbaik di dunia, seperti disebut tadi.

Dalam lingkungan hawa dingin macam itu rumput tidak bisa hidup, tapi tanaman tembakau merasa memperoleh fasilitas terbaik dari alam raya yang baik hati kepada mereka. Kehidupan petani di sini boleh dikatakan sangat berkecukupan. Dari tahun ke tahun rumah mereka dibangun ulang menjadi bangunan-bangunan permanen yang bukan hanya kokoh, melainkan juga estetis sehingga setiap rumah mengesankan—dalam perasaan saya—seperti vila. Tidak pernah ditafsirkan bahwa semua vila mewah. Tapi rumah-rumah terbaik di sana lebih daripada vila. Mereka yang tergolong kaya memiliki mobil bagus, dan tak jarang dua mobil. Hampir semua petani sekarang memiliki sepeda motor. Tak sedikit juga petani biasa yang memiliki dua sepeda motor.

Di masa panen, mobil dan motor sulit diperoleh secara langsung di *dealer*. Semua harus inden, dan harus bersabar menunggu lebih dari tiga bulan. Ini tanda para petani memiliki kebutuhan akan barang mahal itu dalam jumlah banyak. Ini juga tanda bahwa mereka di masa panen memegang uang *cash* untuk membayar tunai keperluan-keperluan tersebut. Di lokasi seperti inilah penelitian dilakukan. Gerakan-gerakan perlawanan petani di sini sangat tertib dan tertata karena faktor kepemimpinan para tokohnya. Mereka sangat aktif melakukan gerakan dan kreatif menciptakan simbol-simbol perlawanan, sebagaimana tampak, antara lain, dalam kesenian mereka. Hal-hal seperti ini juga mempengaruhi, dan menjadi alasan penting, mengapa penelitian dilakukan di daerah ini.

Pendekatan Lapangan

Sudah disinggung di atas bahwa studi ini difokuskan pada kompleksitas perlawanan politik yang diungkapkan melalui ekspresi puitik yang simbolik, estetik, dan penuh variasi. Kendati demikian jelas dan tegas bahwa apa yang tampak puitik dan simbolik itu tampil bukan untuk kepentingan estetika dunia seni, melainkan representasi ideologis dan bahasa perlawanan.

Kita berhadapan dengan berbagai corak ekspresi puitik yang membingkai secara simbolik perlawanan politik yang mempertaruhkan kelangsungan hidup dunia pertanian maupun hari depan petani sendiri. Perlawanan politik yang menampilkan dirinya secara puitik itu 'bermain' di wilayah nilai-nilai, dan di dalam dunia makna yang bersifat kualitatif, tidak dengan segera dapat dipahami sebagaimana suatu jenis penelitian kuantitatif yang berhubungan secara eksak, dengan angka-angka, dengan hitungan dan jumlah, yang merupakan sesuatu yang bersifat bendawi.

Karena itu, metode penelitian *grounded* menjadi lebih tepat digunakan di sini. Metode ini memberi peneliti kesempatan untuk memulai hampir segalanya dari awal sekali, dari 'nol', dan perlahan-lahan bergerak menuju pemahaman demi pemahaaman terhadap realitas lapangan yang kompleks untuk dikembangkan terus-menerus ke tingkat pemahaman yang lebih luas, lebih mendalam, menuju tingkat kebenaran yang lebih tinggi.

Dengan sensitivitas, ketajaman, dan ketekunan mencatat tiap fenomena yang muncul, pemahaman akan apa yang merupakan 'pertanyaan' pokok penelitian dapat dicapai. Tampaknya perlu dipertegas di sini bahwa pencapaian kebenaran itu dapat dipertanggungjawabkan secara metodologis. Selain itu perlu segera ditambahkan pula di sini bahwa metode interpretatif, yang berasal dari rumpun metode yang sama dengan metode *grounded*, juga dipakai untuk melengkapi keterbatasan metode *grounded* itu sendiri, ketika di lapangan muncul fenomena yang tak bisa dipahami dengan metode *grounded*. Di dalam situasi seperti itu, metode interpretatif memberi jaminan metodologis yang sahih dan absah untuk membuat suatu interpretasi terhadap suatu fenomena lapangan.

Dengan demikian jelas bahwa kedua metode itu saling melengkapi dan saling memperkuat. Di sini menjadi jelas bahwa kombinasi metode *grounded* dan metode interpretatif memiliki sifat komplementer yang dengan cara apapun tak perlu diragukan.

Di lapangan, pertanyaan-pertanyaan pokok dalam studi ini diajukan berdasarkan suatu panduan yang bersifat longgar berupa pedoman wawancara yang tidak harus dioperasikan secara berurutan. Boleh jadi, satu pertanyaan mendalam yang meliputi sangat banyak hal, juga dijawab secara rinci, meluas, dan sekaligus mendalam, sehingga beberapa pertanyaan dalam pedoman wawancara tadi sudah terjawab.

Kemudian secara spontan, tapi terkendali ketat secara teoretik maupun metodologis, pertanyaan lain diajukan, dan situasi wawancara berkembang menjadi sebuah dialog yang bersifat informal, terbuka, dengan kehangatan relasi yang bersifat personal dan bebas, tetapi suasana akademik tetap terjaga sebagaimana seharusnya.

Adapun pendekatan yang dipakai di sini observasi partisipasi, yang memungkinkan peneliti bergabung dan menjadi satu dengan petani dalam berbagai kegiatan mereka. Baik yang bersifat rutin, yaitu dalam urusan pembibitan, penanaman benih, penyiraman, pemupukan dan unsur-unsur pemeliharaan tanaman tembakau yang banyak jenisnya, maupun di masa panen yang dimulai dengan sesajen dan berdoa bersama yang selalu meriah.

Di sini peneliti bergabung dan berpartisipasi dalam kegiatan rutin mereka seperti halnya para petani itu sendiri. Masa panen merupakan kegembiraan umum di kalangan petani, karena panen dirayakan dengan berbagai ritus adat yang terasa khusyuk dan sakral. Slametan, syukuran, dan berbagai corak persembahan dimeriahkan oleh bermacam-macam pertunjukan seni.

Seni panggung mengisahkan kembali kehidupan tokoh mitologis yang dikenal masyarakat setempat sebagai penemu bibit tembakau, yang menandakan bahwa peristiwa itu terjadi pada masa pemerintahan Sultan Agung di Mataram, yang memerintah tahun 1613-1645. Tari "Kuda Kepang" yang dipermodern merupakan ekspresi simbolik untuk melakukan perlawanan terhadap kekuatan-kekuatan luar yang dianggap ancaman bagi kelestarian tembakau. Acara syukuran pasca panen juga sering dilaksanakan dengan menanggap wayang kulit semalam suntuk, dengan lakon yang sengaja disesuaikan dengan kondisi politik kaum tani yang sedang mengadakan gerakan perlawanan.

Syukuran dan pertunjukan kesenian seperti ini melibatkan banyak warga desa, hingga melampaui batas kecamatan. Undangan meliputi banyak pihak, termasuk aparat pemerintah kabupaten dan aparat kepolisian. Partisipasi juga terjadi pada saat diadakan kegiatan-kegiatan khusus, yang berhubungan dengan rapat-rapat persiapan yang membahas strategi demonstrasi maupun persiapan untuk menyelenggarakan *event* akbar, yaitu deklarasi Laskar Kretek yang diselenggarakan secara besar-besaran dan sukses. Peristiwa penting mengenai deklarasi ini akan dibahas tersendiri, dengan ulasan panjang lebar di bagian lain yang berhubungan dengan strategi gerakan.

Periode penelitian ini tampak sangat panjang jika kita hanya melihat tahun-tahun berlangsungnya, yang dimulai tahun 2010 hingga 2013. Dalam rentang waktu empat tahun itu, yang dapat dianggap sebagai penelitian lapangan secara efektif berlangsung sekitar empat bulan pada 2010-2011. Selain penelitian lapangan di Temanggung, dalam periode 2010-2011 itu, juga dilakukan wawancara dengan para petani Temanggung yang hadir di dalam forum-forum diskusi di Jakarta, Yogyakarta, dan Semarang.

Setiap ada seminar, rapat koordinasi, Rapat Kerja Daerah (Rakerda), dan dalam demo-demo di Jakarta yang dilakukan para petani tembakau di bawah koordinasi Asosiasi Petani Tembakau Indonesia (APTI) selalu terbuka kesempatan untuk berdiskusi dengan mereka. Ada petani-petani yang aktif menjadi pengurus APTI, ada pula petani lain yang urusan sehari-harinya hanya bertani. Kesempatan tambahan untuk wawancara di luar "lapangan", yaitu di luar Temanggung, sangat memperkaya dan menambah kedalaman berbagai unsur ideologi maupun ekspresi seni maupun tradisi yang semula hanya saya peroleh pokok-pokoknya saja.

Pada 2011 sebenarnya secara umum penelitian sudah dapat dikatakan selesai. Data maupun informasi penting yang dibutuhkan untuk penulisan karya akademik ini sudah terkumpul. Meskipun begitu, masih saja ada yang terasa kurang lengkap, kurang mendalam, dan bahkan ada hal-hal yang semula kelihatan tidak penting dan diabaikan ternyata penting, dan karena itu harus dilakukan wawancara tambahan.

Maka, penelitian yang diduga sudah lengkap, sudah selesai pada tahun 2011, ternyata masih memerlukan tambahan lain yang dilakukan pada periode 2012 dan 2013, meskipun hanya dalam periode pendek. Dalam dua tahun terakhir itu kira-kira hanya diperlukan sebulan tambahan wawancara, termasuk di luar "lapangan" di Temanggung. Itulah seluruhnya, detail, dan alasan pokok yang menentukan jangka waktu atau periode penelitian lapangan, yang diperlukan dalam kajian ini.

Dalam periode penulisan, sejak Desember 2013, hingga pada bulan-bulan di sepanjang tahun 2014, penambahan data lapangan, kedalaman, detail peristiwa, makna dan relasinya dengan gerakan perlawanan petani, masih banyak yang digali kembali. Dengan begitu, dalam periode penulisan ini masih ada pula, setidaknya pada tahap paling akhir, pertanyaan dan konfirmasi lebih lanjut, yang diajukan kepada sejumlah tokoh di lapangan.

Penting untuk dicatat di sini bahwa informasi dari seorang tokoh mengenai suatu hal, atau suatu kejadian penting, ternyata tidak begitu akurat sesudah dicocokkan dengan informasi dari tokoh lain yang diwawancarai beberapa saat kemudian. Maka, di sini diperlukan suatu 'rekonformasi' dari keduanya untuk memperoleh informasi yang lebih tepat. Ada kalanya data yang didapat dari lapangan ketika penelitian masih pada tahap permulaan, harus pula dikoreksi di kemudian hari pada tahap penulisan berlangsung, karena terasa ada sesuatu yang agak kurang tepat.

Hal ini pun memerlukan suatu 'rekonfirmasi' dari sumber-sumber informasi yang dulu diwawancarai, dan dari mereka kemudian memang ada suatu penjelasan tambahan yang membuat suatu data terasa lebih 'mendalam', lebih bermakna, dan karena itu menjadi lebih enak ditempatkan dalam jalinan 'cerita' mengenai sesuatu yang diungkapkan kembali dalam bentuk tulisan ini.

Contoh-contoh ini menegaskan bahwa sekali dua kali wawancara di lapangan, yang sudah diperdalam dengan pengamatan sekalipun, ternyata masih ada yang kurang tepat sesudah suatu jarak waktu tertentu, yaitu ketika tiap data diendapkan kembali dan dibandingkan dengan data lain, atau ketika suatu data ditempatkan dalam konteks peristiwa tertentu. Ada berbagai hal yang memungkinkan terjadinya kesenjangan data seperti diungkapkan di atas. 'Kelelahan' di pihak peneliti, atau di pihak para informan lapangan, dapat membuat kedua belah pihak menjadi kurang fokus, ungkapan pertanyaan atau penjelasannya kurang tepat, atau karena hal-hal lain lain lagi yang bersifat situasional.

Dengan kata lain, kekurangan selalu ada. Kesalahan lapangan selalu bisa terjadi, sehingga di sini ada yang perlu pula menjadi cacatan kita, bahwa apa yang disebut observasi partisipasi sebagai suatu metode tidak dengan sendirinya merupakan suatu jaminan yang meyakinkan bahwa data yang kita peroleh pasti benar adanya. Jaminan seperti itu tidak ada.

Data yang ditanyakan dalam suatu kegiatan yang bersifat partisipatif atau diamati dengan saksama dalam suatu proses observasi, dan kemudian dicatat dan dihimpun sebagai bahan mentah dari lapangan, belum tentu segalanya sudah akurat, sudah benar, dan tak perlu lagi diadakan pengecekan ulang. Dengan kata lain, perlu ditegaskan di sini bahwa akurasi, atau ketepatan, dan kebenaran suatu data selalu harus dicek kembali dengan hati-hati.

Di sini dapat diberikan contoh peristiwa lapangan yang menggambarkan suatu proses dialektis dalam usaha menghimpun—atau mungkin menciptakan—kebenaran yang sedang kita cari. Kesibukan tokoh gerakan yang pada suatu momentum tertentu tak mudah diwawancarai secara pribadi, munculnya campur tangan pihak lain dalam wawancara yang membuat jalannya wawancara tidak fokus, merupakan saah satu contoh yang dibahas di sini untuk memberi suatu gambaran mengenai apa yang terjadi di lapangan.

Kita catat di sini, misalnya, tentang pemimpin-pemimpin gerakan petani dan kelompok elite desa lainnya tak selalu mudah ditemui dalam suatu keadaan 'sendiri', tanpa gangguan dan tanpa kesibukan yang lain. Memang benar bahwa setiap saat mereka hadir dalam pertemuan-pertemuan yang diadakan di suatu desa, dan kemudian pertemuan serupa diadakan pula di desa lain, para pemimpin gerakan itu tampak selalu sibuk. Mereka selalu berkelompok, mengobrol bersama, duduk-duduk bersama, atau mengisap kretek bersama.

Di rumah salah seorang tokoh selalu ada tamu, yang tak memungkinkan dia berbicara khusus berdua, membahas sesuatu masalah mengenai tembakau, pertanian, upacara, atau demo-demo dan kesenian. Kalau sedang terasa lebih serius dan mendalam membahas suatu perkara, selalu saja ada tamu yang turut campur tangan tanpa merasa berdosa. Campur tangan seperti itu, termasuk memotong pembicaraan seseorang, tidak dianggap masalah penting, terlebih kalau informan memang lupa suatu persoalan tertentu. Dengan begitu campur tangan pihak lain pada saat itu malah dianggap sebagai 'berkah' yang dapat membantu memecahkan suatu persoalan tertentu.

Kesulitan untuk betul-betul hanya berdua ini terjadi pada siapa saja, hampir setiap orang, tak memandang posisinya di masyarakat. Kalau kita berkunjung pada seorang petani biasa di rumahnya (yaitu bukan kepala dusun, bukan kepala desa, bukan pejabat desa di bidang apapun), mungkin dalam beberapa menit kita bisa berdua dan berbicara secara intens. Namun sesaat kemudian selalu datang tetangganya, yang dengan ramah sekali menyapa, dan berkenalan, lalu lama-lama turut mengobrol, terutama sesudah teh atau kopi dihidangkan.

Tamu itu sering menyambung pembicaraan, atau menambah ini dan itu yang tak selalu relevan dengan apa yang sedang didiskusikan. Pendek kata, kesulitan macam ini terjadi secara umum dan berganti dari sutu tempat ke tempat lain, atau beralih dari satu orang ke orang yang lain lagi. Maka solusi harus dibuat. Pertama, mengajak yang bersangkutan naik motor melihat-lihat ladang atau mengunjungi suatu desa. Di saat berdua itu kita berhenti di suatu tempat yang tak mungkin orang lain turut berbicara. Ini memberikan suatu solusi agak lumayan, untuk memperdalam informasi yang diperlukan. Kedua, bagi petani yang memiliki telepon genggam, dan rata-rata memilikinya, maka untuk memperoleh suasana lebih personal digunakan pembicaraan lewat telepon, atau melalui pesan singkat. Melalui cara ini usaha memperoleh informasi secara lebih mendalam bisa ditempuh. Pada saat seperti itu pun di sekitar informan yang sedang kita telepon itu ada orang-orang lain yang kadang turut berkomentar.

Ketiga, yang agak lebih ruwet, mengajak informan berbicara di luar, pada saat ada suatu pertemuan dengan banyak orang di suatu ruangan. Maka dengan diam-diam kita mengajaknya keluar sebentar. Bisa juga, kita meminjam suatu ruangan kosong, dan wawancara bisa dilaksanakan lebih personal di sana. Tetapi cara ini jarang sekali menjadi pilihan pemecahan masalah tersebut.

Partisipasi observasi sebagai metode hanya instrumen, atau alat, yang bersifat netral. Keadaan di lapangan sangat berpengaruh pada 'suasana' kejiwaan pada peneliti maupun pada para informan, yang kedua-duanya 'menentukan' bagaimana corak dan kualitas data. Di sini unsur 'manusia' dalam usaha pengumpulan data di lapangan tampaknya lebih merupakan penentu dibandingkan dengan metode yang hanya merupakan instrumen atau alat tadi.

Bertanya kembali, mengamati kembali, dan mencatat kembali dengan hati-hati data lapangan yang lebih baru tidak membosankan. Usaha—seterbatas apapun—merumuskan realitas lapangan dan mencari kebenaran merupakan tantangan menarik yang membuat kita menyadari bahwa sehati-hati apapun ketika pengumpulan data lapangan berlangsung, kelihatannya peluang bagi peneliti untuk melakukan kesalahan masih tetap terbuka. Manusia bukan mesin.

Begitulah catatan penuh kekurangan di tengah beberapa kelebihan mengenai jalannya pengumpulan data dalam studi ini. Catatan ini lama-lama terasa seperti suatu pengakuan dosa yang disampaikan melalui rentetan peristiwa lapangan yang sambung-menyambung sedemikian panjang tetapi fungsional, karena tiap bagian yang lemah diperkuat oleh bagian lain yang merupakan suatu koreksi terhadap kekurangan yang terjadi di masa lalu,

Partisipasi observasi sebagai fenomena akademik—boleh pula disebut sebagai bagian dari ritus tradisi dunia ilmu—ketika dilaksanakan di lapangan sebenarnya merupakan sebuah peristiwa kemanusiaan biasa yang menumpang dan mengukuhkan kewibawaannya dalam rutinitas kehidupan petani yang juga biasa-biasa saja. Dalam rutinitas pembibitan, penanaman, dan masa panen, bahkan dalam upacara-upacara adat yang kudus, dan diperkudus dengan sajen berupa kembang dan dupa menyala, kue dan buah-buahan maupun tumpeng dan ingkung ayam putih mulus, serta doa dalam bahasa yang dipahami secara samar-samar, semua merupakan peristiwa biasa yang tak mengandung sedikit pun kejutan, dan tak terasa adanya sesuatu yang besar dan istimewa.

Di kampus, di dunia akademik, dunia keilmuan, idiom obervasi partisipasi terasa begitu penuh wibawa bagi mahasiswa dalam kuliah metodologi penelitian sosial maupun dalam diskusi pembahasan proposal atau hasil penelitian. Observasi partisipasi yang menampilkan diri di lapangan sebagai peristiwa kemanusiaan biasa, yang rutin, dan tidak menampakkan unsur istimewa sama sekali itu, dalam perspektif akademik memiliki makna penting dan istimewa sebagai usaha mencari kebenarn yang lebih tinggi mengenai suatu fenomena kehidupan.

Peristiwa biasa, di lapangan, yang rutin dan kelihatan tidak istimewa di mata para warga masyarakat, dalam perspektif akademik merupakan usaha menciptakan dunia ilmu yang mungkin bukan merupakan suatu peristiwa biasa dan bukan cermin rutinitas hidup lagi. Penciptaan dunia ilmu memerlukan suatu *search*, pencarian, dan *research*, pencarian kembali, apa yang belum ada, untuk ditampilkan sebagai suatu temuan baru atau yang sudah ada, untuk ditegaskan kembali bahwa yang sudah ada itu kini berubah, atau masih tetap dalam posisi sebagaimana sebelumnya.

BAB II

Kebudayaan Petani Tembakau

BAB ini membahas kebudayaan petani yang mencakup lingkungan alam dan manusia. Hubungan dialektis antara keduanya akan diulas, terutama dalam aspek bagaimana manusia mengolah alam, disusul mengenai sejarah sosial petani, tradisi petani, mitologi, dan sistem kepercayaan. Di samping itu, tata kehidupan ekonomi harian petani juga akan dibahas secara langsung berhubungan dengan sistem pengolahan lahan tanaman tembakau, budidaya tembakau, dan perdagangan tembakau. Semua itu tampil sebagai kompleksitas kehidupan petani dalam potret kebudayaan pedesaan pada abad ini, yang tidak lagi sama dengan gambaran kebudayaan petani pada abad-abad yang telah lewat. Peraturan perdagangan global, pasar global, kapitalisme global, juga kebijakan pemerintah lokal yang dipengaruhi kepentingan global cukup jelas turut mewarnai bukan hanya corak kehidupan ekonomi sehari-hari mereka. Bahkan berdampak pada pemikiran, orientasi ekonomi, serta pola-pola konsumsi mereka yang berorientasi kota, modern, dan di sana-sini tampak kecenderungan ideologi-ideologi global dalam hidup mereka.

Ideologi global tadi mencengkeram kuat pola konsumsi maupun kesadaran kota, elite, modern, dan mungkin sedikit unsur glamor dalam diri petani bersangkutan. Pengaruh modern dan global ini tak berhenti pada satu tahap kesadaran tertentu, melainkan bergerak dengan kecepatan yang tak dapat diramalkan oleh siapapun. Mengikuti gerak dunia modern, pengaruh itu didukung oleh perkembangan teknologi informasi yang mengubah wajah desa menjadi entitas baru dan modern. Di dalamnya, unsur-unsur kosmopolit terpancar dengan sangat jelas, seolah meneriakkan dengan bangga: Inilah wajah desa abad ke-21, desa yang lebih *enlightened*. Temuan-temuan lapangan tadi akan dibahas dengan suatu kerangka pemaknaan yang relevan. Pertama-tama dengan tema sentral kajian ini. Kedua, dengan sifat dan jenis-jenis data lapangan, baik yang kuantitatif maupun kualitatif, untuk ditempatkan atau diberi makna dalam konteks pemahaman lebih luas dan lebih teoretis.

Lingkungan Alam dan Manusia

Produk tanaman tembakau telah memberi petani rasa bangga meskipun sebetulnya mereka tidak tahu persis bahwa produk mereka itu, di negeri yang jauh, di Eropa, telah memasuki wilayah pergaulan kelas atas, di kalangan para diplomat, dan turut menyemarakkan pergaulan kelas atas tersebut. Sebuah buku yang ditulis oleh Mark Hanusz, dengan kata sambutan dari pujangga Pramoedya Ananta Toer, berjudul *Kretek: The Culture and Heritage of Indonesia's Clove Cigarettes*, menekankan sejarah warisan budaya Indonesia yang khas ini. Buku Mark Hanusz terbit tahun 2003, menggunakan sebutan kretek, bukan rokok. Ini adalah hal yang menunjukkan sesuatu yang khas, spesifik, dan penting. Hal itu tercermin secara jelas, eksplisit, dalam pilihan ungkapan Pramoedya, yang mengutip—atau mengungkapkan kembali—sebuah peristiwa, *a diplomatic reception* di London, sekitar 50 tahun lalu, bila dihitung dari saat Pramoedya mengisahkannya kepada penulis buku tersebut. Dalam resepsi tingkat tinggi itu hadir Duta Besar Indonesia untuk Inggris Raya, dijuluki *The Grand Old Man*, Haji Agus Salim. Tokoh penting ini merupakan bagian dari generasi pertama Indonesia yang memperoleh pendidikan Barat.

> *"Not surprisingly, Salim's appearance and demeanor—not to mention the strange smelt of his cigarettes—quickly turned him into the center of attention. One gentleman put into words the question that was on everyone's lips: 'What is that thing you're smoking, Sir?' 'That, your Exellency,' Agus Salim reported to have said, 'is the reason for which the West conquered the world.' In fact he was smoking a kretek, an Indonesian cigarette spiced with clove which for centuries was one of the world's most sought-after spice."* (Hanusz, 2003: 3)

Tembakau itu suatu fenomena yang kompleks. Pola menanam, merawat, dan memanen tembakau di kalangan petani terbentuk dan terpelihara dalam bingkai tradisi yang unik dan khas, yang merepresentasikan corak kehidupan tersendiri. Tembakau juga memiliki bingkai mitologi, yang membuat tembakau bukan sekadar tembakau. Di balik setiap lembar daun hijau tua yang lebar, yang tumbuh di gunung-gunung berhawa sangat dingin itu—dalam hal ini Gunung Sumbing, Gunung Sindoro, dan Gunung Perahu—di wilayah yang dulu disebut Keresidenan Kedu, dan sekarang menjadi Kabupaten Temanggung, terdapat suatu mitologi mengenai asal-usulnya.

Seorang tua, dengan langkah tuanya, hati-hati dan serba pelan, mendaki Gunung Sumbing hingga mencapai ke dekat puncaknya yang terjal itu. Tiba-tiba saja pandangan orang tua itu tertuju pada suatu jenis tetumbuhan yang menarik hatinya. Dia berhenti sejenak. Kemudian sambil mencabut sebatang tumbuhan yang mengejutkannya, ia berteriak penuh takjub: "*Iki tambaku*!" Secara harfiah artinya "Ini obatku". Tapi orang belum tahu sama sekali obat apa. Tumbuhan di tangannya tadi kelak diberi nama—atau memperoleh nama—dari "metamorfosa" cara pengucapan kata *tambaku* tersebut. Pelan-pelan kata *tambaku* itu berubah menjadi *tembako*, yang oleh ketidaksabaran orang Jawa diubah lagi dengan membuang suku kata "tem" di bagian depannya menjadi *mbako*, yang hingga kini sudah menjadi konsep mapan dalam bahasa Jawa, dan kita mengenalnya dalam bahasa Indonesia sebagai "tembakau". Wujud eksistensialnya pun kita kenal baik dalam kehidupan sehari-hari. Kemudian orang tua tadi melanjutkan pendakiannya hingga mencapai puncak gunung tersebut. Di sana, menurut mitologi tadi, dia meninggalkan sebuah petilasan—suatu jejak yang dianggap sebagai tempat suci. Hingga sekarang, petilasan itu tetap suci dan dihormati bukan saja oleh masyarakat setempat, melainkan juga mereka yang berdomisili di daerah-daerah lain yang datang berkunjung untuk memperoleh sesuatu yang dianggap penting bagi kehidupan mereka.

Sikap mereka yang datang ke sana pada umumnya sangat khusyuk dan penuh rasa hormat. Jadi sama sekali bukan sikap turis, yang sekadar ingin melihat tempat tersebut untuk menjadikan suatu pengetahuan. Dari dekat maupun kejauhan, kita dapat merasakan dan juga memahami sikap para peziarah yang penuh rasa hormat terhadap tempat suci tadi. Para peziarah percaya, bahkan yakin, bahwa di tempat suci itu terdapat kekuatan-kekuatan magis, sakral, dan gaib, yang dapat memberikan suatu jenis pengaruh yang baik sebagaimana diharapkan, atau dimohon, oleh mereka.

Tokoh tersebut dikenal dengan nama Sunan Kedu, Ki Ageng Kedu, Prabu Makukuhan, Sunan Makukuhan, Ki Ageng Makukuhan, dan Wali Agung Makukuhan, yang disebut pernah berguru pada—dan menjadi murid—Sunan Kudus. Petilasan Sang Wali Agung terletak di Kecamatan Kedu, tidak jauh dari Gunung Sumbing. Petilasan itu juga diperlakukan sebagai tempat suci, dan sangat dihormati bukan hanya oleh warga masyarakat setempat, melainkan juga warga masyarakat yang bertempat tinggal jauh dari Temanggung. Para peziarah yang datang ke tempat itu umumnya terdiri atas rombongan jamaah pengajian untuk berdoa dan melakukan tahlilan, yang membuat makam itu penuh sesak. Doa mereka ditujukan kepada Wali Agung Makukuhan.

Tetapi perlu dicatat di sini bahwa di Kudus, di sebuah pedesaan yang tak jauh dari kota, tempat makam Sunan Kudus, terdapat dua makam. *Pertama*, makam Kiai Telising. Konon berasal dari kata The Liang Sing, yang disebut sebagai guru Sunan Kudus. Tak terlalu jauh dari tempat itu, di suatu daerah ketinggian yang dikelilingi pepohonan dan agak jauh dari tempat tinggal penduduk, terdapat sebuah makam kedua. Ini adalah makam Wali Agung Makukuhan, murid Sunan Kudus. Jika hal ini dapat dipercaya, Sunan Kudus mungkin merasa sangat berbahagia karena jasad beliau dimakamkan di tempat yang tak jauh dari makam guru dan muridnya.

Dengan gambaran ini perlahan-lahan kita mendekati kurun waktu ditemukannya bibit tembakau di tanah Jawa. Di bagian yang secara khusus membahas mitos tadi di Temanggung, disebutkan bahwa Wali Agung Makukuhan disebut sebagai pihak yang menanam tembakau. Sunan Kudus dipercaya sebagai pihak yang mengolah tembakau dan menjualnya di pasar, sedangkan Dampo Awang menjadi saudagar yang membelinya. Bagian dari mitologi ini untuk sementara kita pandang sudah cukup hingga di sini. Kita kembali ke pokok persoalan mengenai kurun zaman ditemukannya tembakau di tanah Jawa.

Kita ketahui bahwa Sunan Kudus telah memainkan peran penting di zaman Kesultanan Demak sekitar tahun 1478-1546 (Mulyana, 2005: 263). Sunan Kudus juga dikenal sebagai penasihat Sultan Hadiwijaya di Pajang, yang dimulai sekitar 1546 (Mulyana, 2005: 265). Pada periode kehidupan ketika Sunan

Kudus terlibat aktif dalam perdagangan tembakau, tidak ada penjelasan khusus. Tetapi kita bisa menduga, saat ditemukan bibit tembakau tadi setidaknya terjadi pada periode yang agak panjang dari periode akhir Kesultanan Demak sampai dengan berdirinya Kesultanan Pajang sebagaimana disebut di atas. Dengan kata lain, tembakau ditemukan di Jawa kira-kira pada akhir abad ke-15 dan awal abad ke-16.

Kabupaten Temanggung pada zaman penjajahan Belanda merupakan bagian dari Keresidenan Kedu, pusat pertanian tembakau terbaik di dunia karena posisi geografisnya yang bergunung-gunung, bersuhu dingin sehingga mampu menghasilkan kualitas tembakau terbaik. Di Temanggung, Kedu hanya sebuah desa, yaitu Desa Kedu, yang berada di bawah Kecamatan Kedu, dan hari ini berada di bawah Kabupaten Temanggung. Pada abad ke-19, "Residentie Kedoe", meliputi wilayah yang jauh lebih luas daripada Kabupaten Temanggung itu sendiri. Di sebelah barat, wilayah Kedu mencakup daerah yang sekarang disebut Kabupaten Wonosobo. Sedikit ke timur daerah Parakan, pusat pemerintahan Kabupaten Menoreh. Di sebelah selatan meliputi Bagelen, Purworejo, dan sedikit ke timur, wilayah Magelang, yang sekaligus merupakan ibu kota dan pusat pemerintahan Keresiden Kedu tersebut. Kabupaten Temanggung dikenal sebagai "negeri tiga gunung", sebutan yang menggambarkan kebanggaan para warga masyarakatnya karena mereka merasa memperoleh anugerah alam yang tak terhingga itu. Tiga gunung tersebut terdiri atas Gunung Sumbing, Gunung Sindoro, dan Gunung Perahu. Tembakau terbaik di dunia tadi diproduksi oleh para petani yang menghuni lereng timur Gunung Sumbing, yang juga merupakan daerah permukiman penduduk, beberapa kilometer sebelum mencapai puncaknya.

Dengan konstruksi budaya seperti itu, kita bisa memahami betapa kuat hubungan emosional antara petani, tradisi, dan mitologi yang melahirkan idiom dan pemaknaan tembakau bukan sekadar tembakau. Mitologi itu menempel dan menjadi bagian dari diri, orang per orang, maupun masyarakat petani tembakau yang merupakan pendukung utama tradisi maupun mitologi tersebut. Keterlibatan emosional dalam mitologi itu membuat orang memiliki suatu wawasan mengenai kebenaran yang bersifat *taken for granted* dan tidak memerlukan koreksi sejarah, yang lebih menggambarkan akurasi tahun-tahun terjadinya suatu peristiwa, atau kehadiran seorang tokoh. Bagi masyarakat setempat, mitologi itu sudah segalanya, dan kebenaran sejarah hanya mengganggu apa yang telanjur menjadi kepercayaan mapan, mengenai apa yang indah dan sakral di dalamnya. Tapi buku ini tidak ingin larut ke dalamnya, dan secara terbuka memberi tempat pada sejarah, tanpa kehilangan rasa hormat pada mitologi setempat. Dalam catatan sejarah, tembakau diperkenalkan oleh orang Spanyol, yang membawanya dari Meksiko ke Asia pada 1575, mula-mula ke Filipina, dan kemudian diteruskan ke tanah Jawa tahun 1601 (Abhisam, *et al.*, 2012: 32).

Di Hindia Belanda, di zaman pemerintahan Gubernur Jenderal Van Den Bosch, diberlakukan kebijakan *culturstelsel*, yaitu sistem "Tanam Paksa", di mana petani harus menanam teh, tebu, nira, dan tembakau. Muntilan dan Kedu, yang sekarang menjadi Temanggung, disebut sebagai salah satu tempat penanaman tembakau tersebut (Abhisam, *et al.*, 2012: 40-41). Sistem Tanam Paksa itu dimulai sesudah berakhirnya Perang Jawa (Perang Diponegoro), 1825-1830, dan itu menjadi catatan sejarah penting bagi kita untuk mengetahui bahwa setidaknya pada masa itu tembakau telah dikenal di daerah tersebut, meskipun sejarah tidak mengatakan penanda waktu tembakau pertama kali dikenal petani setempat. Maka, kebanyakan petani di daerah itu menjawab pertanyaan kapan tembakau mulai dikenal. Pertama, menyebut saat bibit ditemukan sebagaimana disebutkan dalam mitologi tersebut. Jika ditanya lebih khusus, apakah itu di zaman Sistem Tanam Paksa, mereka selalu menjawab lebih tua lagi. Mengingat Sultan Agung (1613-1645) disebut sebagai perokok berat (Abhisam, *et al.*, 2012: 35), maka bila kita bertanya apakah di zaman Sultan Agung tembakau sudah dikenal di sini, jawabannya juga sama: lebih tua lagi.

Kebanggaan petani juga menyangkut produk olahannya yang khas bernama *Timur*, yang tak memiliki tandingan lain dari mana pun datangnya. Aroma cengkehnya yang harum, bunyinya yang khas, *kretek*, jika disulut dengan korek api, sungguh merupakan sebuah dunia tersendiri. Keistimewaan itu mereka langgengkan sebagai nama yang mewakili dirinya sendiri, yaitu kretek, yang khas dan berbeda dengan produk olahan tembakau yang lain, yang namanya bukan kretek melainkan rokok, dan artinya rokok putih.

Biarlah kata "rokok" itu kini menjadi milik rokok putih, sementara produk dalam negeri yang khas harum itu disebut kretek. Pelan-pelan, penggunaan kata, sebutan, atau penamaan kretek secara simbolik terlihat atau terasa begitu "keren" dalam diskursus gerakan-gerakan perlawanan petani. Agar tidak menimbulkan salah pengertian, di sini perlu ditegaskan bahwa kajian ini menyangkut gerakan protes dan perlawanan petani tembakau dengan memfokuskan diri pada ideologi dan simbol gerakan tersebut. Dengan begitu, jelas bagi kita bahwa kajian ini tidak ada hubungannya dengan perkara kretek sebagai produk olahan tembakau.

Meskipun demikian, sudah pada tempatnya bila dalam kajian ini kita berbicara panjang lebar tentang tembakau sebagai bibit, tembakau sebagai tanaman di sawah atau ladang, tembakau sebagai hasil panen yang segera dirajang, dan tembakau sebagai mata dagang yang siap diantar untuk dijual ke pabrik. Kita juga berbicara mengenai tembakau sebagai "emas hijau", yang agaknya membuat para petaninya merasa cukup alasan untuk melakukan gerakan perlawanan. Namun kita tidak

Gunung Sumbing.

Sumber: Dokumentasi APTI Jawa Tengah.

menyinggung perkara kretek sebagai hasil olahan industri. Bahkan ketika kita membahas perkara Laskar Kretek pun, pada hakikatnya yang kita ulas bukanlah kretek, melainkan tembakau, dan tembakau pula yang dibela dengan sungguh-sungguh oleh Laskar Kretek. Tembakau tak kalah ideologis daripada Laskar Kretek itu sendiri, meskipun kata 'tembakau' dan 'kretek' yang berbeda dan bisa dipisahkan secara jelas sering dijadikan satu kata dan satu makna.

Temanggung menghasilkan tembakau terbaik dan termahal—pernah mencapai harga tinggi sekali, Rp1 juta per kilogram—yaitu tembakau "srintil" yang dibudidayakan di Dusun Lamuk, Kelurahan Legoksari, Kecamatan Tlogo Mulyo, yang menempati posisi di lereng timur Gunung Sumbing. Kualitas tembakau di daerah tersebut dijamin sangat bagus, karena lereng timur gunung tersebut mendapatkan sinar matahari paling segar di pagi hari, yang memang dibutuhkan sekali oleh tanaman tembakau. Letusan Gunung Merapi pada 28-30 Desember 1822 menghamburkan asap tebal, hujan abu, dan pasir dengan membawa kerusakan parah di wilayah Kedu. Sebagaimana dicatat oleh sejarawan Peter Carey, tiga desa, yaitu Pringlegi, Bulu, dan Deles rata dengan tanah (Carey, 2011: 603-604). Asap tebal, abu, dan pasir juga mencapai Gunung Sumbing, yang berjarak sekitar 40 km dari Gunung Merapi yang lokasinya di sebelah timur Gunung Sumbing. Kerusakan akibat bencana alam yang tak mungkin dikendalikan juga menyebabkan panen tembakau pada tahun berikutnya, 1823, kurang berhasil. Hal itu menjadi pukulan berat bagi petani yang pada prinsipnya hidup dengan mengharap kemurahan alam. Namun Gunung Merapi tidak hanya "melemparkan" kesulitan pada tetangga dekatnya itu. Sesudah kerusakan parah, Gunung Merapi "membayar" kontan dengan kemurahan melimpah berupa pupuk abu yang menyuburkan lahan pertanian. Lereng timur Gunung Sumbing, pada saat yang sama, juga menerima berkah alam berupa pupuk buatan alam dari Gunung Merapi, yang di kemudian hari menyebabkan lahan pertanian penghasil tembakau srintil menjadi daerah sangat subur.

Untuk meneguhkan tembakau srintil sebagai tembakau terbaik, perlu dijelaskan tembakau itu memiliki komposisi kimiawi alam yang serba seimbang, yang dapat dibuktikan bahwa ketika disentuh terasa lembut, halus, dan jalinan antara "benang-benangnya" tertata sangat baik sejak ketika dirajang menjadi halus, yang disebut *nglemek*. Dengan demikian, sentuhan tangan petani yang hendak melintingnya, yaitu membikin sendiri gulungan kretek untuk konsumsi rumah tangga, tembakau itu tidak rontok, tidak terpisah-pisah menjadi kepingan-kepingan kecil. Kepingan-kepingan itu tak terbentuk dan tidak mengandung sekecil pun unsur tembakau srintil yang terbuang. Sebaliknya, tembakau kualitas rendah, komposisi kimiawi alamnya lebih tak seimbang, kandungan airnya

Gunung Sumbing dan Gunung Sindoro.
Sumber: Dokumentasi APTI Jawa Tengah.

sangat sedikit sehingga tembakau itu terkesan kering dan terasa *kemerasak*, rentan dan patah, kemudian rontok ketika disentuh tangan.

Aroma srintil pun sangat harum dan lembut. Bagi mereka yang tak suka tembakau dan tak pernah bersentuhan dengan tembakau pun, sekali mengenalnya kemungkinan besar akan menyukai kelembutan dan aromanya. Tembakau srintil memiliki kombinasi harmonis bau salak, bau jenang atau dodol, ditambah komposisi kimiawi lain yang membikin lebih halus kombinasinya dengan kedua aroma yang sudah disebutkan sebelumnya. Mengingat kualitasnya yang tinggi itu, di pabrik, tembakau srintil hanya digunakan sebagai "lauk", sekadar memperhalus hasil olahannya, menjadi kretek istimewa, yang jika diisap kelembutannya tak membuat pengisapnya terbatuk-batuk seketika secara spontan. Tembakau kelas rendah mengeluarkan asap yang aromanya menyengat, terasa sengak, tanpa kesegaran, tanpa kelembutan sehingga tubuh memberikan reaksi penolakan berupa batuk-batuk secara spontan seperti disebutkan di atas.

Salah satu unsur alam yang membentuk kualitas tembakau ialah cuaca dingin. Dalam cuaca dingin, yaitu antara 14-15 derajat Celcius, tak ada tanaman bisa hidup—bahkan rumput pun tidak—selain tembakau. Keadaan ini menyebabkan anjuran pemerintah agar petani tembakau beralih ke tanaman lain menjadi mustahil. Daerah Kecamatan Tretep, di puncak Gunung Perahu, merupakan daerah paling dingin dibanding daerah tiga gunung lainnya. Kecamatan Tretep yang dingin itu disebut dengan rasa bangga oleh para warganya sendiri sebagai "negeri di atas awan".

Temanggung memiliki 20 kecamatan dan mayoritas, 14 kecamatan di antaranya, penghasil tembakau. Ini negeri tembakau tulen yang tiada bandingnya di daerah lain. Tembakau dari sini, di pabrik kretek, hanya dijadikan "lauk", penyedap rasa, karena kualitasnya memang bagus dan harganya mahal. Terpikat oleh kualitas ini, ada sebagian pedagang tembakau yang culas, membuat tembakau "Temanggungan", yaitu tembakau kelas rendah dari daerah-daerah lain yang dimanipulasi seolah-olah tembakau Temanggung, lalu dibawa ke pabrik dan dinyatakan sebagai tembakau Temanggung. Manipulasi seperti ini pada akhirnya diketahui oleh masyarakat luas, juga oleh dunia industri, yang tak mudah dikecoh. Temanggung disebut negeri tiga gunung karena penduduknya tinggal di daerah-daerah dataran tinggi, di lereng-lereng tiga gunung yang dingin. Beberapa di antaranya bahkan di bagian tertinggi yang dekat sekali dengan puncak, atau hanya tiga jam perjalanan, misalnya ke puncak Gunung Sumbing.

Meskipun begitu, mereka memiliki mobil dan motor sebagai alat transportasi utama untuk turun ke kota maupun untuk berkomunikasi dengan daerah-daerah lain di punggung gunung yang mereka huni. Jalan-jalan umumnya terjal, sempit, dan di beberapa tempat mobil atau motor merayap di atas jurang yang sangat dalam dan terjal. Jika terjadi pertemuan dua mobil dari arah berbeda, mereka dengan sangat sabar mengalah bagi kepentingan pihak lain, dengan cara mundur, mencari tempat yang memungkinkan untuk bersimpangan, atau berhenti, dan memberi kendaraan lain kesempatan lewat. Masing-masing pihak membuka kaca jendela dan saling bertegur-sapa dengan ramah dan senyuman yang tak dibuat-buat. Pertanyaan satu pihak menunjukkan yang bersangkutan ingin tahu betul pihak lain itu mau ke mana, dan dijawab sejujurnya juga. Di sana tidak ada seorang sopir yang marah-marah, jengkel, atau mengutuk sopir yang lain. Barangkali karena kesabaran yang tulus itulah, biarpun jalanan mereka sempit, terjal, dan berliku-liku, di sana tidak terjadi gesekan motor atau mobil, tidak ada motor atau mobil terjungkal di jurang, tak ada jenis-jenis kecelakaan sebagaimana di kota-kota yang jalannya lebar, mulus, dan rata.

Kondisi geografis macam itu—yang udaranya dingin, segar, tanaman-tanaman hijau subur yang membuat paru-paru bersih—agaknya memberi kontribusi pada temperamen warga masyarakatnya. Kesegaran membuat mereka rileks, sabar, dan tidak berangasan. Kondisi geografis membawa berkah melimpah bagi tanaman maupun bagi manusia. Tata kehidupan yang tampak saling mempengaruhi secara—kurang-lebih—harmonis antara alam dan manusia, tercermin jelas bukan pada apa yang sudah diuraikan di atas, melainkan juga dalam tradisi dan berbagai ritus, yang mencerminkan cara warga masyarakat tersebut memandang dunia, cara mereka menyikapi alam, dan berbagai bentuk tingkah laku sehari-hari lainnya.

Sejarah Sosial

Kabupaten Temanggung pernah menjadi bagian dari Keresidenan Kedu, yang merupakan salah satu benteng utama bagi perlawanan Pangeran Diponegoro dalam Perang Jawa (1825-1830). Keresidenan tersebut merupakan salah satu basis pemusatan tentara Sang Pangeran dalam perang suci yang berakhir dengan pengkhianatan pada 28 Maret 1830 di Kedu, markas besar Belanda (Carey, 2011: 800). Dalam perang suci lainnya, yaitu perang kemerdekaan melawan tentara pendudukan Jepang, di Kabupaten Temanggung, tampil tentara Islam yang dikenal dengan sebutan laskar Bambu Runcing dari Pesantren Bambu Runcing, Kecamatan Parakan, yang hingga kini memberi pengaruh dan kewibawaan bagi petani yang menyadari arti penting kaitan historis antara diri mereka sekarang dan laskar yang legendaris itu. Gejolak sosial yang terjadi di kalangan petani tembakau Temanggung dalam satu dekade terakhir ini menggambarkan kemarahan dan rasa kecewa dalam relasi-relasi kekuasaan antara pemerintah daerah, diri mereka sendiri, dan pemerintah pusat.

Selama zaman Orde Baru (1966-1998), wilayah Kabupaten Temanggung dengan segenap desa-desanya merupakan basis Golkar. Di sana ada PDI (Partai Demokrasi Indonesia), kemudian menjadi PDIP(Partai Demokrasi Indonesia Perjuangan), yang merupakan kekuatan politik kedua sesudah Golkar. Disusul oleh PPP (Partai Persatuan Pembangunan), yang mengakomodasi kekuatan kaum Nahdliyin. Di zaman Reformasi muncul PAN (Partai Amanat Nasional), yang berbasis Muhammadiyah, yang posisinya minoritas bukan hanya dibanding NU, melainkan juga dibanding PDIP. Pada masa-masa sesudah Reformasi, kaum nasionalis, dengan basis petani, kaum Marhaen, muncul menjadi kekuatan besar yang dominan. Perkembangan di tahun-tahun selanjutnya pun, hingga kini, PDIP agaknya masih kelihatan *leading*. Gubernur-gubernur Jawa Tengah tak pernah lepas dari dukungan PDIP. Para bupati di wilayah lain yang luas di Jawa Tengah semuanya bisa disebut bupati PDIP. Gubernur Jawa Tengah sekarang bukan hanya tokoh yang didukung PDIP, melainkan salah satu kader utama PDIP.

Kutipan satu bait puisi Sitor Situmorang berikut memberi gambaran alam di wilayah bergunung-gunung di daerah Kedu di masa lalu, dan masih tetap sama dengan keadaan sekarang. Puisi itu diberi judul: "Sajak Puncak-Puncak Sindoro Sumbing: Merenung Sosok Kembar Merbabu-Merapi (*menyertai samadi arsitek Borobudur dinihari lembah dataran Kedu*)". Puisi ini dimuat dalam sebuah buku kumpulan puisi berjudul *Biksu Tak Berjubah* (Komunitas Bambu, 2004), berisi begitu banyak karya awal Sitor pada 1950-an dan tahun-tahun sebelumnya. Judul puisi itu lebih tegas menggambarkan lingkungan alam bergunung-gunung sebagai bagian dari sejarah Kabupaten Temanggung yang dikenal sebagai negeri tiga gunung.

merenung cahaya fajar di puncak-puncak
gunung-gunung berapi batas mandala Nusantara
terpusat pentangan alam Daratan Kedu
dalam curahan sinat pagi pertama dari timur

Sebuah catatan lapangan yang belum terbit dan masih berupa dokumen pribadi Gati Andoko, seorang antropolog dari

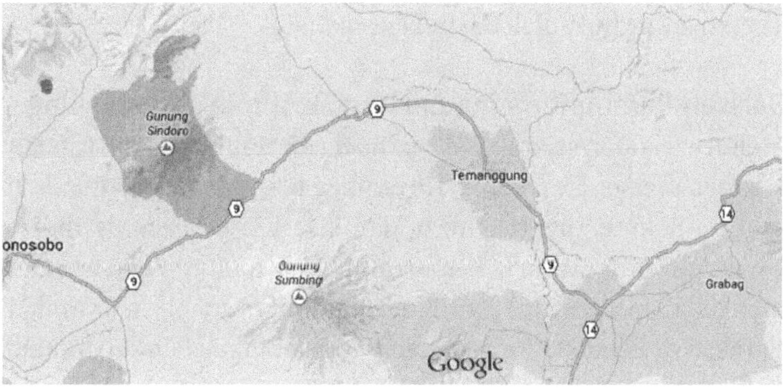

Peta Temanggung.

Sumber: Diambil dari Google Maps.

Universitas Gadjah Mada, menyebutkan bahwa Temanggung diduga berasal dari kata "temenggung" atau "tumenggung", yaitu suatu jabatan bagi penguasa kadipaten/kabupaten pada masa pemerintahan kerajaan Islam di Jawa. Ada pendapat lain menyebutkan bahwa temanggung berasal dari kata dasar "tanggung", artinya yang berani menanggung atau berani bertanggung jawab. Disebutkan pula dalam catatan itu bahwa yang berani menanggung atau *sing wani nyangga* itu biasanya kaum perempuan. Tidak begitu jelas, dan tidak ada penjelasan apapun mengenai apa sebabnya yang berani menanggung tadi kaum perempuan. Di sini penjelasan itu terasa kurang meyakinkan, karena tidak disertai uraian-uraian dari sudut sosiologi maupun sejarah mengapa perempuan, tidak pula ada keterangan yang menggambarkan kekurangan kaum laki-laki. Dalam catatan itu hanya dikatakan bahwa kata temanggung lalu diberi makna sebagai 'ibu pertiwi', di mana setiap aktivitas dan pengabdian harus dikembalikan kepadanya. Keterangan ini pun kurang memberi gambaran memuaskan karena sebutan 'ibu pertiwi' di atas seperti meloncat dari suatu titik kekosongan ke titik kekosongan berikutnya. Semua kalangan paham sekali bahwa setiap daerah memang bisa disebut ibu pertiwi. Jadi Temanggung bukanlah suatu kekecualian.

Barisan Bambu Runcing Barisan Muslimin Temanggung

Menurut catatan sejarah, sebagaimana disebutkan dalam catatan lapangan tersebut, pada 27 November 1945 Magelang diduduki tentara Sekutu Inggris Gurga dan NICA (Netherlands Indies Civil Administration). Pemerintah Kabupaten Temanggung mengadakan rapat dengan alim ulama dan tokoh masyarakat Parakan di Pendopo Kawedanan Parakan. Pihak Pemda diwakili Patih Sutikwo dan dari Partai Majelis Syuro Muslimin Indonesia (Masyumi) diwakili H. Sukirman, Majelis Islam A'la Indonesia (MIAI) oleh KH. Siraj Payaman Magelang.

Dalam pertemuan tersebut dibahas usaha dan pemikiran untuk mengajak membentuk pertahanan rakyat yang kuat, yang terdiri atas alim ulama dan rakyat. Ajakan itu sangat diperhatikan dan ditanggapi secara serius oleh para alim ulama Parakan. Pada waktu itu yang hadir antara lain KR. Sumomihardho, KH. Subchi, KH. Nawawi, KH. Abdurrahman, dan KH. Abu Amar. Kemudian para alim ulama dan tokoh-tokoh masyarakat mengadakan musyawarah lagi di rumah Mat Suwardi di Jalan Masjid Kauman Parakan dengan beberapa pokok pikiran, bahwa: "(1) Gerakan cucukan (Bambu Runcing) diberi nama organisasi pertahanan rakyat yang dinamakan Barisan Bambu Runcing atau Barisan Muslimin Temanggung (BMT); (2) Dua gedung besar kepunyaan Cina yang di belakangnya ada lapangan lebar dan luas, terletak di sebelah timur rumah K. Ali di Jalan Masjid Kauman dulunya dipakai mbah Moho (Mbah Teguh) yang dalam keadaan kosong supaya ditembung untuk dipinjam demi kepentingan BMT/ masyarakat. Kemudian dicari pemiliknya atau ahli warisnya. Ternyata sudah tidak ada di Parakan. Semua sudah pindah ke Jakarta. Karena situasi kritis (*dhorurot*) dengan banyak orang menyepuhkan bambu runcing dan tempat sudah tidak memadai, akhirnya diputuskan bahwa Bapak Sukarman Abdur Rohman selaku Kepala Desa Kauman Parakan dimohon agar berkenan bertanggung jawab dalam pemakaian tempat tersebut untuk penyepuhan; (3) Kepada Bapak KR. Sumomihardho dimohon agar penyepuhan Bambu Runcing dipindahkan dari rumah kediamannya yang sudah tidak bisa menampung banyak orang ke rumah Mbah Teguh di Jalan Masjid Kauman Parakan; (4) Gedung itu diberi nama BMT (Barisan Muslim Temanggung)."

Selain itu, bambu runcing, senjata utama rakyat dalam perlawanan terhadap musuh, harus disepuh dengan kekuatan gaib melalui doa-doa agar memiliki tuah yang besar. Kegiatan penyepuhan yang semula di kediaman KR. Sumomihardho tidak lagi dapat menampung orang-orang yang sowan meminta *barokah* penyepuhan bambu runcing. Tempat penyepuhan kemudian dipindahkan ke gedung BMT. Ternyata dengan pemindahan kegiatan ke tempat baru tersebut pengikut semakin melimpah. Tidak saja dari Kabupaten Temanggung, melainkan juga dari daerah sekitar. Jumlahnya sudah sukar untuk dihitung, banyak sekali. Mengingat banyaknya tamu yang tidak mungkin bisa dilayani sendirian, maka KR. Sumomihardho mengadakan pertemuan (musyawarah) dengan para kiai di rumah KH. Abdurrahman, Karang Tengah, Parakan. Yang hadir adalah para kiai yang berilmu hikmah, di antaranya: KH. Mandur dari Kauman Temanggung, KH. Subchi, KH. Abdurroham, KH. Ali, dan KR. Sumomihardho sendiri.

Dalam catatan Gati Andoko, diadakan pembagian tugas penyepuhan tadi: KH. Abdurrahman memberi *asma'* nasi diberi gula pasir (nasi manis) untuk kekebalan, KH. Ali memberi *asma'* air berani (*banyu wani*) untuk keberanian dan menghilangkan kecapaian, dan KH. Subchad memberi *bismillah 3X, Allah ya Hafidhu 3X, Allahu Akbar 3X,* dan KR. Sumomihardho seperti biasa menyepuh bambu runcing, memberikan petuah dan doa-doa, dan sebagainya.

Catatan lapangan ini sangat menarik dan memberikan gambaran sejarah secara menyeluruh, yang membuat Temanggung tampak lebih dinamis dan lengkap dengan sejarahnya yang begitu penting dalam masa krisis pada tahun-tahun penuh ketegangan tersebut. Di sana juga dijelaskan asal mula sejarah Laskar Bambu Runcing yang legendaris, dan memberi kebanggaan para warganya hingga hari ini. Laskar Bambu Runcing, yang memiliki latar belakang sejarah yang begitu lengkap itu, menjadi kenangan penuh makna. Selain merupakan kenyataan sejarah, dia sekaligus menempati ruang kesadaran masyarakat sebagai mitologi lokal.

Latar belakang sejarah lahirnya Laskar Bambu Runcing itu digambarkan secara panjang lebar. Tapi catatan itu kita hentikan sampai sini. Kiranya cukup digambarkan secara ringkas, bahwa aktivitas keagamaan dan segenap penyepuhan bambu runcing dengan ramuan doa-doa para kiai, latihan rohani, dan berbagai unsur kesaktian yang diperlukan untuk berjuang mengusir penjajah dilakukan di sini dengan sebaik-baiknya. Dengan kata lain, catatan itu begitu menarik bagi para peneliti yang bermaksud menyelidikinya lebih jauh.

Sebagaimana hari ini kita kenal, di dunia pesantren, umat yang datang pada kiai di Parakan dulu terutama minta doa keselamatan dalam perjuangan. Minta doa seperti itu disebut minta "ijazah", dan kiai disebut memberi "ijazah", persis sama dengan praktik yang sama pada dewasa ini dalam relasi santri atau umat pada umumnya dengan sang kiai. Kini pun, di pesantren, mereka yang meminta doa itu diberi doanya oleh kiai. Dan sebutan teknisnya pun sama: minta ijazah, atau diberi ijazah.

Agaknya hal ini merupakan titik sentral dalam lingkungan Laskar Bambu Runcing tersebut. Laskar itu sekarang sudah tidak ada, tetapi pesantren dan keturunan sang kiai masih ada di sana. Catatan penutup kita untuk bagian ini perlu ditonjolkan bahwa aktivitas umat, santri, yang minta ijazah pada kiai pada intinya meminta azimat dan segenap kesaktian untuk maju perang, yaitu perang suci, perang sabil, perang mengusir penjajah. Ini fenomena yang cukup lama dikenal dalam sejarah pemberontakan petani sebagaimana tampak dalam karya sejarawan Sartono Kartodirdjo, terutama dalam bukunya yang legendaris, *Pemberontakan Petani Banten 1888*. Sejarah tentang Laskar Bambu Runcing merupakan fenomena penting dan dibanggakan oleh generasi muda dalam pergerakan membela tembakau. Mereka mendirikan Laskar Kretek, dan penggunaan kata laskar itu dipilih dengan sengaja agar organisasi mereka terasa memiliki hubungan dengan Laskar Bambu Runcing, suatu fenomena sejarah yang sekaligus menjadi bagian dari mitologi setempat. Secara akademik, sejarah tak bisa dicampuradukkan dengan mitologi, tetapi dalam kehidupan masyarakat, kecenderungan mencampuradukkan keduanya terjadi begitu saja.

Tradisi Petani

Sebelum kita melangkah lebih jauh untuk membuat makna tradisi, yang di sini merupakan sebuah konsep yang belum jelas, kiranya perlu dikemukakan lebih dahulu bahwa kita tidak bisa, atau tidak mungkin, bersandar kepada kamus, yang menjelaskan makna suatu konsep dari sudut bahasa yang bersifat teknis, terbatas, dan jauh terpisah—mungkin terlepas—dari konteks kebudayaan di mana konsep tersebut—dalam hal ini tradisi tadi—berkembang. Dengan demikian, sebuah kamus, mungkin dapat menguraikan suatu konsep menjadi jelas di dalam dirinya, yaitu dalam dunia kata-kata, tetapi agaknya sama sekali belum jelas di dalam 'diri' kebudayaan yang melingkupinya, dan yang telah memberinya daya hidup untuk berkembang dalam kebudayaan tersebut.

Karena itu, di sini ditawarkan suatu cara yang tampak seolah-olah kita sedang bermain-main dengan kata. Namun sebenarnya kita sedang berusaha untuk menunjukkan makna suatu kata yang tidak berhenti hanya pada dirinya sendiri, seperti dijelaskan oleh buku-buku kamus, melainkan langsung berhubungan dengan suatu konteks kebudayaan yang lebih besar. Dengan pendekatan ini, suatu kata langsung menempati posisi kebudayaan yang penting, di mana maknanya telah ditentukan di dalamnya. Dengan pendekatan seperti itu kita tidak akan dibuat sibuk membalik-balik lembaran demi lembaran buku kamus tebal yang membuang banyak waktu kita tanpa faedah yang berarti.

Marilah kita mulai membuktikan cara pendekatan ini dengan memilih ungkapan, misalnya tradisi kaum sufi yang membebaskan diri kita dari keterjajahan makna kata tradisi untuk secara langsung menjadi paham dengan sendirinya. Dalam alam kesadaran kognitif dan afektif, kita memiliki bayangan sebuah komunitas kaum beriman atau orang-orang saleh dan terpuji yang sedang saling bersalaman dan saling mendoakan. Senyum memancar dari kedalaman hati mereka secara tulus diteruskan oleh pancaran wajah penuh damai, persaudaraan, dan jauh dari kekerasan sesimbolik apapun. Gambaran ini terbentuk saat para kekasih Allah itu menjalankan kewajiban salat berjamaah, atau sebelum suatu kegiatan rutin dan telah lama terbentuk, yaitu zikir bersama, dijalankan.

Melalui pendekatan kontekstual seperti ini, bayangan yang hidup di alam kesadaran kita tentang kaum sufi bukan hanya menyangkut hal-hal rutin dalam hubungan dengan kewajiban salat dan mengasah ketajaman batin dengan zikir. Tidak tertutup pula kemungkinan tampilnya bayangan tingkah laku kaum sufi dalam hidup sehari-hari. Misal, komunikasi antarsesama kaum sufi maupun komunikasi sufi dengan pihak lain yang menghubungkannya dengan diri kita. Hal ini memberi kita suatu imajinasi tentang sebuah dunia yang di dalamnya anggotanya hidup dengan cara yang begitu bersahabat, seolah secara khusus sedang mengamalkan makna ungkapan Islam sebagai rahmat bagi semesta alam. Secara mengesankan pula, imajinasi itu seolah hadir dari suatu dunia yang bukan bagian dari kebudayaan yang berkembang di tengah kita ke dalam hidup kita sehari-hari.

Sampai di sini, dan dengan contoh tersebut, perlu ditekankan bahwa konsep yang belum kita pahami dari sudut pandang kamus itu sekarang menjadi lebih jelas dalam konteks kebudayaan di mana konsep tadi berkembang. Mungkin selanjutnya dapat kita tambahkan contoh konsep tradisi tadi dengan, misalnya tradisi pesantren yang membukakan dunianya secara luas dan mendalam untuk kita selami maknanya. Begitu pula konsep tradisi Islam intelektual itu lalu kita tambahkan dengan tradisi lebaran atau tradisi mudik. Demi membuat gambaran lebih dekat dengan dunia kaum tani, di sini dapat diambil contoh tradisi pascapanen, atau tradisi bersih desa.

Dengan contoh-contoh itu, maka wilayah yang dicakup di dalam tradisi petani Temanggung akan menjadi jelas dalam uraian berikut, yaitu jelas dalam konteks yang sudah disebutkan tadi. Bila uraian ini belum memberikan penjelasan memuaskan dari sudut kata-kata, biarkanlah untuk sementara kita mengabaikannya. Sebab bukankah kejelasan makna dalam tindakan nyata jauh lebih penting, karena subyek yang sedang ditulis ini bukanlah kajian bahasa, melainkan kajian ilmu sosial yang mengambil fokus pada tindakan manusia, yaitu para aktor dalam gerakan perlawanan petani itu sendiri?

Selain itu, uraian-uraian berikut kiranya telah cukup menggambarkan bahwa tanpa merumuskan definisi, konsep tradisi telah kita tampilkan secara rinci melalui unsur demi unsur yang merupakan dasar dari "bangunan" kata tradisi di atas. Kecuali itu di sini ditambahkan pula uraian mengenai tradisi oleh Hasan Hanafi, yang merumuskan tradisi dari suatu konteks yang lain. Namun, pemikirannya terasa dekat dengan kita, dan memberi sentuhan-sentuhan emosional maupun spiritual terhadap dunia pertanian tembakau di Temanggung.

> "Tradisilah yang menentukan bagaimana mereka harus mengonsepsikan alam. Bahkan, tradisilah yang jauh lebih nyata daripada masa kini itu sendiri, sebab kehadirannya bersifat spiritual dan material, abstrak dan sekaligus konkret." (Hasan Hanafi, 2003: 24)

Dari pemikiran Hasan Hanafi di Mesir, kita kembali ke wawasan kosmologi Jawa. Mula-mula Jawa secara lebih umum, sesudah itu kita kembali lebih fokus membahas wawasan kosmologi petani tembakau Temanggung. Wawasan kosmologi Jawa tersebut tercermin dalam sastra pedalangan, yang ditampilkan secara rutin setiap tengah malam menjelang apa yang kita kenal sebagai *goro-goro*, suatu gambaran mengenai *historical transitional period* yang penuh dengan ketegangan bahkan krisis yang mengguncangkan, yang harus dialami manusia dalam tahap-tahap peralihan sejarah. Selanjutnya, suatu tatanan sejarah baru yang tenang terbentuk dan menggambarkan kehidupan sudah mulai kembali ke titik normal. Wawasan kosmologi tadi dikidungkan oleh sang dalang dengan sikap khusyuk, penuh suasana magis, yang terpancar dalam mantra gaib pada tengah malam menjelang datangnya hari baru, yang bukan tadi dan bukan pula kemarin. Dalam momentum itu, ki dalang menyebut jalinan unsur-unsur alam semesta sekaligus manusia dan dewanya, yang memegang kendali bergulirnya seluruh jagat raya—planet-planetnya—yang saling menopang dan saling melengkapi demi kelangsungan hidup. Inilah mantra gaib itu:

> "*Eka bumi,*
> *dwi sawah,*
> *tri gunung,*
> *catur samodra,*
> *panca taru,*
> *sat pangonan,*
> *sapta pandhita,*
> *asta tawang,*
> *nawa dewa,*
> *dasa ratu*"

(*Eka* itu satu, *bumi* artinya tanah yang dikelilingi samudera, *dwi* itu dua, *sawah* artinya tanah yang ditanami padi—tapi boleh juga tembakau dan tanaman lain. *Tri* artinya tiga, *gunung* berfungsi memperkuat jagat raya agar tak terguncang ke sana ke mari, *catur* berarti empat, *samodra* itu air yang mengelilingi daratan, *panca* itu lima, *taru* artinya dedaunan atau pepohonan—di sini maksudnya hutan, *sat* artinya enam. *Pangonan* itu tempat manusia menggembalakan ternak, *sapta* artinya tujuh, *pandhita* maksudnya manusia yang gentur atau khusyuk tapa dan meditasi rutinnya, *asta* maksudnya delapan, *tawang* langit, *nawa* berarti sembilan, *dewa* itu sesembahan manusia, *dasa* itu sepuluh, *ratu* maksudnya raja yang diberi kewenangan mengatur dunia).

Inilah wawasan kosmologi Jawa yang bersifat umum. Di kalangan petani tembakau, wawasan ini juga dikenal dengan baik lewat tradisi sastra pedalangan tersebut. Sebagai suatu corak tradisi lisan, di sini tak dapat ditemukan sumber yang patut dirujuk secara khusus. Sumber lain dalam sastra tulis, yang mengulas wawasan kosmologi tadi—dengan variasi yang berbeda di sana-sini—namun mewakili fenomena yang sama, dapat ditemukan dalam buku J.J. Ras, *Bunga Rampai Sastra Jawa Mutakhir*. Ras mengulas karya Kodiron, yang berjudul "Gara-Gara", maksudnya *goro-goro* seperti disebut di atas.

> "*Eka sawiji, bumi dununging titah. Dwi loro, sawah unggiyan tetuwuhan. Tri telu, tirta pasabaning mina. Catur papat, akasa pasabaning iber-iberan. Panca lima, ardi pikukuhing jagat. Sat enam, janma pranataning buana. Sapta pitu, Ratu janma panutaning bumi. Hasta wolu, pandita kang gentur tapane. Nawa sanga, dewa panutaning janma. Dasa sepuluh, tetengering kasampurnan.*" (Ras, 1985: 67)
>
> (Eka satu, bumi merupakan tempat manusia tinggal. Dwi dua, sawah adalah tempat menanam tetumbuhan. Tri tiga, air merupakan habitat ikan, catur empat, angkasa tempat hewan-hewan yang bisa terbang. Panca lima, gunung merupakan penguat bumi, sat enam, manusia merupakan pengatur jagat raya.

Sapta tujuh, raja merupakan penguasa bumi. Hasta delapan, pandita itu manusia yang khusyuk tapanya. Nawa sembilan, dewa berarti sesembahan manusia. Dasa sepuluh, tanda kesempurnaan).

Selain itu, petani tembakau pun memiliki suatu jenis wawasan kosmologi lain yang lebih khas, dan mungkin lebih bersifat lokal, sebagaimana terungkap melalui sajen dan mantra pertanian yang tak lepas dari pancaran magisme. Mengenai hal ini pembahasannya dilakukan secara khusus pada Bab III, melalui uraian kepala adat, yang merupakan seorang ahli di bidang tersebut. Di sini cukup dinyatakan secara ringkas bahwa petani selalu mengucapkan doa atau mantra, "mohon selamat tanahnya, mohon selamat tanamannya, selamat batunya, selamat airnya, selamat pohon-pohonnya, selamat gunung-gunungnya, selamat tembakaunya, selamat manusianya".

Di sini kita tak menemukan perbedaan antara pemikiran Hasan Hanafi tersebut dan wawasan kosmologi petani, yang juga bersifat spiritual, sekaligus material. Bukankah apa yang disebut abstrak sekaligus konkret itu bagi petani tembakau bukan pula fenomena asing yang tak mereka kenal? Ulasan Hasan Hanafi mengenai tradisi, dalam konteks kebudayaan Mesir, di sini terasa betul seolah-olah dia berbicara tentang tradisi petani tembakau Temanggung dan untuk kepentingan petani tembakau Temanggung pula. Ungkapannya mengenai tradisi yang menentukan bagaimana manusia mengonsepsikan alam tak terasa perbedaannya dengan cara ketua adat memandang bagaimana masyarakat petani menempatkan dirinya yang kecil, di tengah alam yang begitu besar, dan perlunya keselamatan bagi petani itu sendiri maupun bagi alam yang besar tadi.

Dalam tradisi petani, manusia memandang alam secara keseluruhan, yaitu bumi, gunung, samudera, pepohonan, atau hutan, padang gembalaan, dan langit sebagai unsur-unsur alam yang harus dijaga keselamatannya karena pada alam tersebut manusia menggantungkan mata pencaharian pokok dalam hidupnya. Petani pun tahu alam memiliki dimensi spiritual yang penting, yang dikonsepsikan sebagai tempat-tempat sakral, kudus, atau suci, bahkan ada juga unsur yang disebut *wingit* atau angker. Dari sinilah kemudian tampil suatu tradisi untuk membuat sesajen dan ritus-ritus, menghubungkan yang profan dengan yang sakral, yang temporal dengan yang kekal, yang manusiawi dengan yang ilahi. Di sini perlu pula ditambahkan pemikiran Rendra mengenai tradisi, yang erat hubungannya dengan tradisi dalam dunia sastra, terutama puisi dan drama. Bagi Rendra tradisi ialah:

> "Kebiasaan yang turun-temurun dalam sebuah masyarakat. Ia (tradisi) merupakan kesadaran kolektif sebuah masyarakat. Sifatnya luas sekali, meliputi segala kompleks kehidupan, sehingga sukar disisih-sisihkan dengan pemerincian yang tetap dan pasti. Terutama sulit sekali diperlakukan serupa itu karena tradisi itu bukan obyek yang mati, melainkan alat yang hidup untuk melayani manusia yang hidup pula. Ia (tradisi) bisa disederhanakan, tetapi kenyataanya tidak sederhana." (Rendra, 1983: 3)

Di sini Rendra dihadirkan karena pendiriannya yang penting untuk dijadikan rujukan bahwa tradisi itu bukan hanya milik masa lalu sebagaimana wawasan konvensional kita pada umumnya, melainkan juga milik masa kini dan masa depan. Dengan demikian, tradisi memiliki sifat untuk diciptakan, dan diciptakan kembali, mungkin secara berulang-ulang, bila keadaan memang membutuhkannya.

Sebaiknya, kita akhiri di sini cara kita merumuskan pemahaman kita mengenai tradisi. Kita berharap ulasan di atas cukup memadai, biarpun boleh jadi belum sepenuhnya memuaskan. Tak semua unsur tradisi tadi bisa diselami secara sambil lalu tanpa mengorbankan sisi kedalamannya.

Dengan demikian, ulasan pengantar ini dianggap sudah memadai untuk memahami tradisi petani. Kita pun mengamini bahwa kemapanan tradisi mencakup begitu banyak aspek kehidupan yang dijaga dan dipelihara sehingga terjamin lewat sistem pewarisan dari generasi ke generasi. Secara khusus di lingkungan masyarakat petani Temanggung, mereka menjalankan mekanisme yang menyaring dengan cermat dan hati-hati unsur-unsur kebudayaan yang datang dari luar masyarakat bersangkutan. Selain kemapanan tradisi, agama juga merupakan kekuatan penyaring hal-hal yang datang dari luar. Di sini tradisi dan agama menjadi sejenis "penjaga malam" yang cekatan dan berhati-hati menghadapi apa yang datang dari luar. Pengaruh luar melalui media massa, baik cetak maupun elektronik, yang memiliki kecepatan luar biasa pada dewasa ini, membuat kemampuan tradisi dan agama yang terbatas, konvensional, dan bergerak lambat menjadi kewalahan melakukan kontrol.

Lebih-lebih kemampuan menolak itu tampak pada tersambungnya secara turun-temurun unsur-unsur tradisi yang hingga kini masih terpelihara dengan baik dan dipraktikkan dalam campur tangan teknologi informasi yang memiliki kekuatan dan kecepatan luar biasa, yang belum pernah ada dalam konvensi dan pengalaman sejarah serta kemapanan tradisi mereka. Warga masyarakat hormat kepada tradisi, dan tampak mereka memperlakukannya dengan cermat, khusyuk, dan dengan kepercayaan bahwa ada hal sakral yang mengandung kekuatan supranatural yang tak bisa diabaikan. Mereka percaya dari pengalaman demi pengalaman bahwa mengabaikan unsur sakral yang memiliki kekuatan supranatural dapat menyebabkan suatu risiko yang tak ringan. Tidak mengherankan bila dalam kehidupan sehari-hari mereka selalu siap membuang waktu dan tenaga untuk melakukan ritus-ritus tradisional yang merupakan aspek rohaniah dalam kehidupan sosial mereka.

Hary Susanto, mengutip pemikiran Mircea Eliade, menjelaskan bahwa ritus merupakan suatu sarana bagi masyarakat religius untuk bisa beralih dari waktu profan ke waktu kudus. Ritus juga membawa manusia ke dalam tempat kudus yang menjadi pusat dunia (Susanto, 1987: 56). Dengan uraian ini kita menjadi lebih jelas bahwa selain agama resmi, tradisi, dengan berbagai ritusnya, tampil dalam dimensi psikologi dan rohaniah masyarakat sebagai salah satu unsur pembentuk "ruh" dalam kehidupan petani. Merawat tradisi melalui ritus-ritus merupakan tanda bahwa masa lalu masih mewarnai masa kini, dan masa lalu itu dalam kesadaran mereka—suatu kesadaran yang tak terucapkan tetapi dilakukan—ada dan masih tetap ada di masa kini. Sebaliknya, kesadaran akan masa depan pun pada hakikatnya sama: masa depan itu juga ada dalam kekinian mereka.

Penghayatan yang dalam atas pengalaman gagal panen hari ini akan menjadi ancaman kehidupan hari esok. Sebaliknya, hari esok akan menjadi lebih baik bila pada hari ini kita melakukan persiapan yang memadai buat menyambutnya. Keyakinan bahwa hari esok itu ada sudah digambarkan secara jelas, dan hal itu sudah ada dalam kekinian mereka. Ritus-ritus tradisional yang merupakan warisan turun-temurun itu dilakukan dan tetap akan terus dilakukan dengan kesadaran sebagai usaha memelihara dan merawat kehidupan "ruh" masyarakat. Dengan demikian, pada hakikatnya mereka menjaga kenyamanan hidup pribadi secara spiritual, sekaligus secara sosial dan ekonomi. Pada saat yang sama mereka menjaga kenyamanan hidup sosial dan tatanan harmonis antara lingkungan alam, manusia, dan tradisi. Pada relasi-relasi bersifat mutualistik itu manusia berada di tengah, sebagai pusat, atau sebagai kekuatan pengendali. Tradisi dan ritus-ritus dalam tradisi dilakukan, setidaknya sebagian, untuk memelihara alam atau sebagai tanda hormat

Sajen dalam ritus memetik tembakau.

Sumber: Dokumentasi APTI Jateng.

manusia kepada alam. Sebaliknya, alam yang dipelihara dan dihormati itu "membayar" kontan sebagai balas budi kepada manusia berupa kesejukan udara yang menyehatkan manusia dan kesuburan bumi yang memberi hasil-hasil panen melimpah, untuk kemakmuran—mungkin juga kesejahteraan—manusia.

Tradisi dalam wujud ritus-ritus yang sangat kompleks dan bermacam-macam itu mengambil banyak waktu dalam kehidupan petani. Ritus-ritus ini dapat dirincikan berupa ritus yang berhubungan dengan pertanian tembakau, ritus adat yang tidak bersangkut-paut dengan tembakau, seperti merti dusun atau bersih desa, dan ritus adat untuk menghormati para leluhur. Karena itu mungkin tidak terlalu berlebihan bila kita menyebut bahwa kedua jenis ritus atau upacara itu merupakan manifestasi kehidupan petani.

Selain itu masih ada ritus jenis ketiga yang bersumber pada tradisi keagamaan. Ritus keagamaan ini juga banyak dan menjadi acuan moral kaum tani. Kita pun tahu bahwa ritus demi ritus dalam tradisi tadi "ruh" utamanya ialah penyelenggaraan upacara selamatan. Ini berkisar pada satu kata kunci dan kebutuhan pokok: *golek slamet*, mencari keselamatan. Dalam konsep tradisi, makna keselamatan berarti keselamatan, dan berakhir pada makna kata itu. Tetapi makna keselamatan dalam tradisi yang "mengalir" dari sumber "air bersih" keagamaan, dibingkai konsep kosmologi agama. Artinya, keselamatan mencakup dua keberadaan di dunia sekarang ini dan dunia "nanti", yaitu dunia yang akan datang. Maka makna dalam keselamatan tadi berarti selamat di dunia fana dan selamat pula di dunia nanti. Dalam konsep keagamaan dan bahasa teknis agama, kita mohon keselamatan *fi dunya wal akhirah*.

Gunung Sumbing, satu dari tiga gunung "milik" Kabupaten Temanggung, mempunyai hubungan—dan merupakan bagian—dari Komunitas Lima Gunung dan Festival Lima Gunung yang menampilkan semangat konservasi alam dan lingkungan, juga semangat memelihara dan meningkatkan kualitas kesenian tradisional di seluruh wilayah lima gunung itu tadi. Festival Lima Gunung, yang berada di wilayah Kabupaten Magelang, terdiri atas Gunung Merapi, Gunung Merbabu, Gunung Andong, Gunung Menoreh, dan Gunung Sumbing.

Komunitas ini berusaha hadir dan eksis dengan segenap keagungan dan kemandiriannya. Inilah komunitas hasil gagasan rakyat, oleh rakyat, dan untuk rakyat. Pelopor, penggagas, dan tokoh penting komunitas itu adalah Sutanto, seorang seniman yang menjadikan rumahnya, Galeri Mendut, sebagai pusat berbagai kegiatan komunitas. Di galeri itu berkantor komunitas dan tempat *ngumpul*, markas, berbagai kalangan dari kelima gunung tersebut. Di galeri itu pula berbagai kegiatan komunitas dan festival-festivalnya digagas, dirancang, dan disusun berserta segenap antisipasinya. Tanto Mendut, demikian dia biasa dipanggil, mengatakan:

> "Rapat komunitas itu jangan dibayangkan resmi, terpimpin, dengan agenda, dengan sekretaris dan pencatatan-pencatatan

mengenai siapa mengusulkan apa, dan bagaimana evaluasi atas apa yang namanya pencapaian kami, soalnya kami tak punya pencapaian. Jadi kami tak perlu membuat apa yang disebut evaluasi itu. Kegiatan kami ini menyatu di dalam hidup harian warga masyarakat lima gunung, yang tak berorientasi pada program, dengan *planning,* implementasi, dan sejenisnya, seperti apa yang biasa dilakukan dan menjadi bahasa harian orang kantoran. Ini rapat kampung, omong-omong, saling memotong, saling mengusulkan jenis kegiatan, tapi segalanya berjalan rileks, sambil merokok, sambil *ngopi.* Tentu saja ada suatu kesimpulan, tapi jangan bertanya mengenai kesimpulan tertulis seperti layaknya rapat orang kantoran di kota-kota."

Galeri memang nama modern, juga wadah modern. Namun sebagai wadah kegiatan Komunitas Lima Gunung, fungsi dan corak kegiatannya hanya seadanya, sesuai tradisi orang dusun. Memang dengan sendirinya galeri itu selalu didatangi banyak orang, termasuk turis asing maupun domestik, yang memerlukan berbagai informasi tentang komunitas tersebut atau hal lain yang berhubungan dengan kesenian. Terlebih karena letaknya memang strategis, di lintasan jalan ke arah Candi Borobudur. Sekali lagi, mengambil nama daerahnya, dan untuk membedakan agar tak sama dengan Tanto lain, maka Sutanto menjadi lebih populer dengan panggilan Tanto Mendut.

Tanto menjadi koordinator begitu banyak jenis kesenian lokal di wilayah yang tersebar di lima gunung, seni Jawa lama maupun teater modern. Tanto memiliki hati yang terbuka, dengan minat yang progresif untuk bukan hanya merawat atau memelihara kesenian tradisional, bahkan juga memberi kesempatan dan memfasilitasi seniman-seniman lima gunung melakukan eksperimen dan pembaruan, kreasi-kreasi yang dianggap penting. Ini ditempuh agar seni tradisi tidak ditinggalkan oleh kemajuan zaman yang tak begitu ramah pada apa yang berbau masa lalu, yang dianggap pinggiran. Mereka gigih melakukan berbagai cara agar tradisi tak diidentikkan dengan apa yang telah lapuk, dan tertinggal.

Jelas pula bahwa Tanto pun tak menyerah begitu saja pada agresivitas kesenian modern maupun cita rasa modern kaum urban yang telah tercabut dari akar tradisi mereka. Maka Tanto sengaja melawan arus besar itu dengan paduan setengah urban setengah kampung demi kesinambungan tradisi yang terancam punah, dengan membangun tradisi baru: Festival Lima Gunung. Festival adalah konsep dan wujud kesadaran modern, gaya kota besar yang dibanggakan kaum urban yang tercabut dari akar tradisinya dan kesepian sehingga ada rasa bangga menyebut bahasa gaul festival, yang memang menjadi daya tarik besar.

Nama Festival Lima Gunung akan membuat orang menduga bahwa kita hendak diberi sajian informasi detail tentang isi dan sejarah tiap-tiap gunung, atau letusannya yang dahsyat, banjir lahar dingin dan pasir, serta batu-batu, maupun tentang kekayaan alamnya. Ternyata bukan itu yang penting. Festival ini berhasil diciptakan menjadi suatu tradisi tersendiri dan jelas baru, yang berlangsung konstan dan terus-menerus. Festival ini menyibukkan tokoh penggagas dan penggerak tradisinya, yaitu Tanto Mendut, yang hidup di Kecamatan Mendut. Dia yang membuat *website* atau laman yang mudah diakses oleh mereka yang menginginkan informasi. Ini cara menjual apa yang tradisional dengan strategi dan dukungan teknologi modern.

Apa yang disebut Komunitas Lima Gunung tadi sebetulnya sudah terbentuk sejak 1987, terdiri atas para tokoh masyarakat yang memiliki penghargaan tinggi terhadap alam dan kelestariannya, serta rasa hormat pada keberagaman kekayaan alam pada kelima gunung tersebut. Selain itu, mereka juga tokoh-tokoh yang meresapi makna penting tradisi yang berkembang dan terpelihara di masyarakat kelima gunung itu.

Melalui festival rutin tahunan itu, rasa cinta dalam masyarakat, tokoh-tokoh terpenting di bidang "tradisi", bukan sekadar terlihat sebagai ungkapan alamiah seperti mengalirnya air dari puncak gunung. Sebaliknya, cinta pada tradisi itu dilandasi kesadaran bahwa tradisi adalah kekayaan masyarakat yang berpeluang untuk dikapitalisasi demi kepentingan tradisi itu sendiri maupun kesejahteraan masyarakat pendukungnya. Tradisi itu dipertahankan dengan usaha-usaha lebih sadar dan terencana oleh komunitas yang terbentuk tahun 1987—jauh sebelum festival pertama diselenggarakan.

Tak dapat dipungkiri bahwa festival tahunan tersebut memiliki fungsi begitu strategis dan penting, yaitu bukan sekadar perayaan besar bagi pluralitas tradisi dan kekayaan alam yang ada di lingkungan kelima gunung itu. Sebab dirayakan atau tidak, kekayaan itu sudah sejak lama ada di sana. Festival ini terutama ditujukan bagi fungsi pemeliharaan dan pelestarian tradisi dan alam.

Baik dilihat dari sudut sosial maupun finansial, komunitas ini bekerja secara mandiri tanpa unsur bantuan sekecil apapun dari pihak luar. Kemandirian sosial tampak pada sikap mereka yang telah membentuk tekad bersama untuk semaksimal mungkin mendayagunakan sumber-sumber daya insani lokal dengan pola manajemen seadanya. Langkah ini dijalankan berdasar gaya hidup pedesaan tradisional yang menekankan makna guyub dan rukun sebagai inti kekuatan utama yang dapat digali dari tradisi. Dengan begitu, ibaratnya, dengan kekuatan itu sebuah gunung dapat mereka pindahkan. Selain itu, sikap menghindari dan tidak memasukkan Gunung Tidar ke dalam komunitas, dan menjauhi Borobudur yang terlalu dekat dengan jejak dan corak kapital, membuat bumi tempat mereka berpijak tidak goyang. Menurut mereka, simbol dan pengaruh internasional dari keberadaan Candi Borobudur akan merusak suasana *ning*—keheningan—dan *neng*—diam. Unsur tanpa bunyi-bunyian inilah merupakan kekayaan rohani dalam tradisi pedesaan, selain keheningan gunung-gunung yang memaku dengan sentosa, kuat, dan dalam di bumi mereka. Gunung-gunung membantu dengan murah hati usaha manusia menciptakan suasana *ning* dan *neng* yang begitu harmonis, di dalam *jagat cilik*, diri mereka, maupun *jagat gede*, lingkungan alam sekitar.

Harmoni alam semesta, yaitu keutuhan manusia dan lingkungannya, menjadi aspirasi dalam semangat yang dilandasi guyub dan rukun tadi. Kemandirian mereka di bidang finansial ditampakkan dalam sikap jauh dari donor, tidak meminta sumbangan, tidak membuat apa yang disebut "proposal" untuk pendanaan, dan sama sekali tidak bergantung pada pemerintah, juga pemerintah desa. Semua unsur yang berdekatan atau berbau pemerintah, juga dana bantuan, dengan sengaja dijauhi. Sebab, pemerintah tidak mungkin membantu kemandirian. Semua jenis bantuan tak mungkin pula membiarkan mereka merdeka. Agaknya penting dicatat di sini bahwa komunitas itu menghidupkan otonomi, kemandirian, dan bebas dari ketergantungan sebagai kredo yang jelas mahal dan prestisius dalam kehidupan mereka. Kredo ini tidak dikatakan dan tidak ditulis dalam dokumen resmi apapun yang merupakan milik organisasi, karena, menurut Tanto Mendut, komunitas itu tidak memiliki dokumen resmi seperti anggaran dasar maupun anggaran rumah tangga sebagaimana dimiliki oleh organisasi-organisasi lain. Tetapi apa yang tak dikatakan dan tak ditulis itu dilakukan secara konsisten.

Berlangsungnya festival demi festival tahunan itu melibatkan banyak partisipan sukarela, yang tak diundang tetapi mengetahui adanya kegiatan kebudayaan itu. Mereka datang secara mandiri dan menjadi peserta yang memeriahkan acara. Ada juga undangan untuk kalangan media dan tokoh-tokoh yang dianggap memiliki apresiasi terhadap tradisi. Meskipun begitu, unsur-unsur pemerintahan atau pejabat pemerintah pusat maupun daerah tidak diundang. Kalaupun ada yang datang, mereka tidak akan diperhatikan, apalagi diajak berpartisipasi dalam aneka macam kegiatan tersebut. Maka tak mengherankan Festival Lima Gunung hanya terdiri atas nama lima gunung yang sudah disebutkan di atas, dan sama sekali tak memasukkan Gunung Tidar, di Magelang, dalam hitungan. Karena menurut keterangan Tanto Mendut, Gunung Tidar itu dianggap milik Akabri (Akademi Angkatan Bersenjata Republik Indonesia), selalu dikuasai Akabri untuk berbagai latihan kemiliteran. Setidaknya, gunung itu sangat erat hubungannya dengan pemerintah. Sekali lagi, Komunitas Lima Gunung dan kegiatannya, yaitu Festival Lima Gunung, tampak alergi terhadap pemerintah.

Komunitas Lima Gunung dan jiwanya, yang ditampilkan ke dalam bentuk Festival Lima Gunung, memberikan penghargaan tinggi pada berbagai jenis tradisi dalam corak kesenian maupun keagamaan, atau kesenian yang sekaligus memiliki warna keagamaan. Apresiasi terhadap tradisi ditampilkan dalam hal yang bersifat perayaan pada tradisi untuk memelihara, menjaga, dan mempertahankannya dengan cara memberi panggung, yang menunjukkan adanya pemikiran bahwa tradisi itu penting, berharga, dan layak dijaga kelangsungan hidupnya. Di Gunung Merapi bagian lereng barat, wilayah Magelang, masyarakatnya memandang sangat penting untuk menyelenggarakan ritus tahunan berupa *Suran*, perayaan bulan Sura atau bulan Muharam, yang dianggap tahun baru Jawa sekaligus Islam.

Orang Jawa memandang Sura itu bulan "genting", "gawat", "seram", segenting, segawat, dan seseram anggapan umum tentang hari Jumat, terlebih Jumat Kliwon. Maka, acara *Suran* selalu diselenggarakan dengan ritus sakral. Selain itu, perayaan Idul Fitri dan hari kemerdekaan tanggal 17 Agustus, di masyarakat selalu diadakan dengan khusyuk dan penuh suasana khidmat. Juga menjadi catatan yang penting diperhatikan bahwa menurut Tanto, masyarakat *tutup ngisor*—secara harfiah artinya tutup bawah, tapi kita bisa menyebutnya masyarakat di kaki gunung atau lereng barat Merapi—memiliki tradisi tua yang masih terpelihara hingga sekarang, berupa puji-pujian (kidung-kidung, tembang-tembang) dan salawatan sebagai bagian dari praktik peribadatan Islam. Tradisi ini dilaksanakan sore hari, saat magrib, tetapi tak sedikit yang tidak menjalankan ibadah salat lima waktu, dan pada bulan Ramadan, tidak sedikit pula yang tidak berpuasa, meskipun begitu perayaan Idul Fitri mereka laksanakan dengan sangat meriah.

Puji-pujian dan salawatan pada saat magrib tidak selalu berhubungan dengan salat magrib. Bagi mereka, ritus itu lebih dimaksudkan untuk memenuhi kebutuhan psikologis yang bersifat terlihat lebih praktis tanpa bingkai keagamaan apapun, yaitu untuk memohon *slamet*, selamat, yang juga inti pokok khasanah tradisi mereka yang kaya dan beragam bentuknya. Banyak di antara mereka yang tidak salat dan tidak berpuasa. Tanto menegaskan, warna-warni ritus tradisional ini khusus buat masyarakat tutup bawah tadi. Sudah pasti, di antara mereka yang melaksanakan ritus puji-pujian dan salawatan tadi ada juga yang salat dan berpuasa. Mereka yang tidak salat dan tidak berpuasa duduk di luar, merokok, tanpa ada gangguan. Tetapi dalam keseluruhan, di semua Komunitas Lima Gunung, mayoritas merupakan penduduk beragama Islam, lebih khusus lagi, mereka adalah kaum Nahdliyin, NU (Nahdlatul Ulama).

Gunung Sumbing sebagai anggota Festival Lima Gunung memiliki tiga wakil, masing-masing berkedudukan sebagai ketua komunitas. Dua di antara mereka memegang jabatan kepala dusun, Kadus. *Pertama*, Pangadi alias Ipang, Ketua Komunitas Wonoseni, Dusun Wonolelo, Desa Sambak, Kecamatan Kajoran, Kabupaten Magelang, dan Kadus Wonolelo. *Kedua*, Marno, ketua komunitas, kepala dusun, Kadus Krandekan, Desa Suko

Makmur, Kecamatan Kajoran, Kabupaten Magelang. *Ketiga*, Sarwo Edi, Ketua Komunitas Dusun Ambal, tapi bukan kepala dusun. Warga masyarakat lima gunung terlibat aktif dalam organisasi yang berhubungan dengan komunitas.

Mereka selalu hadir dalam berbagai kegiatan, misalnya secara bersama-sama menangani perkara bencana alam dan menolong korban-korbannya, seperti dalam letusan gunung yang diikuti banjir lahar dingin yang berbahaya bagi manusia. Begitu pula hujan abu dan lontaran lahar panas yang bisa membuat pohon kelapa, daun-daun, dan pelepah-pelepahnya kering, tak mampu menahan panasnya lahar gunung yang ganas itu. Selain itu, kegiatan spontan yang diikuti, antara lain, mendesain acara pesantren, ikut pengajian di Yogyakarta, ikut kegiatan keuskupan dan Romo Kardinal, serta berbagai pameran dan pertunjukan kesenian, mencakup pameran fotografi, pertunjukan wayang kulit, wayang orang, ketoprak, teater modern, dan pertunjukan profesional di hotel terbagus dan termahal, Hotel Aman Jiwo, di Borobudur.

Tiga dusun di lereng dan kaki Gunung Sumbing yang aktif dalam organisasi itu ialah Dusun Wonolelo, Dusun Krendekan, dan Dusun Sukomakmur. Perlu dicatat di sini bahwa festival tahunan untuk lima gunung tadi sudah menjadi suatu jenis tradisi yang mapan dan berpengaruh pada komunitas-komunitas di luar lima gunung tadi. Kita bisa menyebut festival tadi sebagai tradisi yang pada mulanya datang dan merupakan gagasan-gagasan dari luar, tetapi secara langsung memiliki pengaruh kuat dan makin lama pengaruhnya makin mendalam, hingga akhirnya menjadi bagian dari cara hidup dan tradisi masyarakat Gunung Sumbing. Proses yang sama terjadi pada komunitas gunung-gunung yang lain, yang juga telah menjadikan segenap ritus modern tadi, Festival Lima Gunung, sebagai bagian dari kekayaan budaya mereka.

Festival diadakan di tempat-tempat yang jelas merupakan wilayah lima gunung tadi, dan penyelenggaraannya berpindah, berganti-ganti dari satu tempat ke tempat lain. Tanto Mendut menyebutkan, ada tempat-tempat yang secara sengaja dihindari untuk tidak dijadikan tempat penyelenggaraan festival agar tak menodai kemandirian dan semangat dari rakyat, oleh rakyat, untuk rakyat. Semangat ini secara sengaja dipelihara dan dipertahankan dengan baik, dengan sikap jelas pula menjauhi apa yang berhubungan dengan pemerintah maupun simbol-simbol pemerintah. Salah satu tempat yang dihindari untuk tak dijadikan tempat penyelenggaraan festival ialah Borobudur, karena candi ini dianggap pusat modal kekuasaan, pusat slogan internasional, pusat Perwakilan Umat Buddha Indonesia (Walubi) vs Hartati Murdaya, pusat bendera Parpol dan arena proposal untuk pendanaan besar-besaran.

Festival Lima Gunung tidak begitu sifatnya. Tidak pernah ada dana besar-besaran, dan tak diharapkan agar hal itu ada. Dana seadanya, yang menggambarkan kemandirian rakyat, dianggap sudah mencukupi. Perlu dicatat, Festival Lima Gunung diciptakan oleh kesepakatan bersama di kalangan tokoh-tokoh yang terlibat untuk menjadi kebiasaan yang mapan, terpelihara, dan dijaga kelestariannya, sebagaimana unsur-unsur tradisi lain dalam suatu kebudayaan.

Mitologi

> *"Myth is a language, functioning on an especially high level where meaning succees practically at 'taking off' from the linguistic ground on which it keeps on rolling."* (Levi-Strauss, 1963: 210)

Lewat mitos yang merupakan substansi catatan-catatan puitik, setiap anggota kelompok suku Indian merasakan bahwa mereka merupakan salah satu bagian dari suatu totalitas yang sekaligus bersifat natural dan supranatural, karena nenek moyang mereka yang telah meninggal juga keturunan dari suku tersebut (Octavio Paz, 1991: 101).

Pemikiran Octavio Paz, pemenang hadiah Nobel Kesusastraan dari genre puisi ini, merujuk pada suatu suku Indian (yang jauh dari lingkungan geografis maupun kultural masyarakat Indonesia). Namun apa yang dikatakannya, dunia mitos memiliki watak universalitas. Suku-suku Indian yang jauh menjadi bukan sekadar begitu dekat dengan kita, melainkan bahkan seperti kita sendiri. Penyair ini berbicara tentang mereka, tapi sekaligus tentang kita.

Temanggung, negeri tiga gunung, para petani maupun para petinggi selalu menghubungkan diri mereka dengan hal-hal besar, atau tokoh-tokoh besar, yang dikenang dalam sejarah maupun mitologi. Nama besar pertama, Ki Ageng Makukuhan, dipercaya luas bukan hanya sekadar sebagai penemu bibit tembakau, melainkan juga petani yang mengembangkannya. Bila dia dianggap wakil dari dunia pertanian, Sunan Kudus, gurunya, dipercaya sebagai pihak yang mengolah hasil pertanian tadi dengan cara *ngrajang* atau merajang tembakau hingga siap dijual di pasaran. Di sana, menurut mitologi setempat, ada seorang pedagang bernama Dampo Awang dari Semarang yang siap membeli produk mereka. Konon, Dampo Awang ini sebenarnya seorang panglima dari negeri Cina yang perahunya terdampar. Nama atau gelarnya adalah Panglima Cheng Ho yang terkenal itu.

Di luar urusan perdagangan tembakau, tokoh ini bertemu dengan *waliullah*, Kanjeng Sunan Kalijaga. Mereka berdebat mengenai hidup, etika hidup, dan kebajikan hidup. Perdebatan itu berubah menjadi semacam pertengkaran pribadi, dan saling mengungkapkan rahasia pribadi "lawan" perdebatannya. Kanjeng Sunan Kalijaga dicela, bahwa masa lalunya gelap dan hitam, karena dulu ia adalah seorang perampok. Dampo Awang juga dicela karena sebagai panglima dia kejam, banyak membunuh orang, dan tak memiliki belas kasihan.

Ringkas cerita, Kanjeng Sunan menyatakan bahwa meskipun masa lalunya dianggap gelap, ada titik cahaya terang. Beliau berbakti dengan tulus pada ibunya dan disayang pula oleh sang ibu. Sementara seorang yang tak berbakti pada orangtua, anak durhaka. Dampo Awang malu, dan disebutkan dalam cerita rakyat itu bahwa dia menangis dan menyesal. Dia kalah. Kemudian Kanjeng Sunan Kalijaga masih mencelanya sebagai orang buta mata dan buta hati. Panglima itu naik pitam. Kanjeng Sunan menunjuk ke kapalnya yang masih terdampar: "Kamu tak bisa membedakan dengan baik benda sebesar itu. *Watu*, batu, seperti itu kau sebut kapal." Dampo Awang jelas bertahan untuk tetap menyebutnya perahu. Kanjeng Sunan menyebutnya *watu*, batu. Dampo Awang disebut dalam dongeng itu terselip lidah: dia mengatakan, bukan, bukan *watu*, bukan *watu*, itu *watu layar* (batu yang punya layar). Dan jadilah perahu besar itu seonggok batu, menjadi apa yang dikatakannya: *watu layar*.

Adapun mengenai petilasan *watu layar* itu memang betul-betul ada, yaitu di sebuah laut, di sebelah utara Gunung Muria, di Pantai Jepara. Mitologi yang paling dominan menyangkut nama Ki Ageng Makukuhan dan Pangeran Benowo. Ki Ageng Makukuhan, atau Ki Ageng Kedu, atau Prabu Makukuhan, atau Sunan Kedu, atau Sunan Makukuhan, atau Wali Agung Makukuhan meninggalkan petilasan yang dianggap keramat, tempat kudus, di puncak Gunung Sumbing, di leher Gunung Sumbing, di Desa Wonosari, dengan dua makam. Letaknya di Dusun Kedu, Desa Kedu, Kecamatan Kedu, yang dianggap tempat kudus yang selalu diziarahi orang dalam rombongan besar, dengan sikap khusyuk dan tulus mengirim doa dan berharap memperoleh sesuatu yang penting.

Kedua, makamnya yang terdapat di Kudus. Sebagai murid Sunan Kudus, makamnya tak jauh dari Kanjeng Sunan. Dan makam Kanjeng Sunan pun tak jauh dari makam gurunya, Kiai Telingsing, ulama Cina, yang bernama The Liang Sing. Makam Ki Ageng Makukuhan terletak di tempat ketinggian, beberapa kilometer dari Makam Sunan Kudus, di tempat rendah, yang kita kenal di kota Kudus, di suatu tempat yang dipandang kudus pula. Eliade, dalam bukunya *Mitos*, mengatakan bahwa ada tempat-tempat kudus dan ada pula waktu-waktu kudus (Eliade 1987: 49-53).

Data lapangan mengenai mitologi di satu pihak, dan beberapa unsur sejarah Temanggung yang lengkap dan rinci, di pihak lain, dikutip atas izin dan kemurahan hati Gati Andoko, yang memiliki catatan lapangan dari hasil penelitiannya. Dari catatan lapangannya pula kita memperoleh informasi bahwa di Temanggung terdapat Candi Pringapus, yang oleh kepercayaan masyarakat dianggap sebagai pepunden desa. Artinya, candi itu dihormati, diluhurkan, dan dipercaya bahwa di dalamnya ada sesuatu kekuatan supranatural yang penting dan berharga.

Di sana pun berkembang suatu tradisi pada setiap bulan Ruwah, yaitu sebulan sebelum bulan puasa Ramadan, diselenggarakan upacara *nyadran* di halaman candi. Upacara ini menekankan kebersamaan dalam semangat kekeluargaan untuk membersihkan kuburan para leluhur maupun kerabat mereka sendiri, agar arwah para leluhur mendapat tempat yang layak di sisi Tuhan. Orang-orang yang mengikuti upacara itu tidak hanya datang dari wilayah Dusun Pringapus, tetapi juga dari tetangga dusun terdekat.

Ada mitologi lain yang menggambarkan bahwa Pangeran Benowo pernah bertapa di hutan Tigalayang, daerah Kendal, tak jauh dari Temanggung, dengan cara mengubur dirinya dalam sebuah lubang selama empat puluh hari. Ketika pertapaan itu berlangsung sebulan, datang utusan Panembahan Senopati di Mataram untuk menjemput Sang Pangeran, agar dia berkenan pulang ke Kraton Mataram. Tetapi ketika kubur itu digali, Pangeran tak ditemukan di dalamnya. Utusan itu kembali ke Mataram, tetapi Panembahan Senopati sudah tahu bahwa Pangeran Benowo memang ada di tempat lain.

Cerita sebenarnya panjang, tetapi di sini dipenggal dan kita catat intinya, bahwa ketika dijumpai oleh utusan dari Mataram tadi, beliau tak mau pulang ke keraton. Di hutan beliau merasa lebih tenang, lebih nyaman, untuk bersemadi, memurnikan diri, dan berserah diri kepada Tuhan untuk memperoleh kehidupan yang baik di alam keabadian, dan tak ingin berurusan dengan dunia dan politik keraton. Di kemudian hari, hingga hari ini, tempat beliau bertapa tadi menjadi sebuah kota, dinamakan Parakan, yang kita kenal sekarang. Pangeran Benowo, putra Jaka Tingkir yang bergelar Sultan Hadiwijaya itu dikenal sebagai cikal-bakal berdirinya kota Parakan. Orang Parakan menyebut dia sebagai Mbah Kiai Parak.

Tetapi Panembahan Senopati (1584-1601) di Mataram memberi dia gelar Susuhunan Parakan. Dia didampingi seorang pangeran muda, Raden Ahmad, yang kelak, setelah Pangeran Benowo wafat, menggantikan posisinya sebagai sesepuh daerah Parakan, yang doa-doanya sangat manjur, dan wibawanya tinggi di mata masyarakat. Pangeran Benowo dimakamkan di sebelah barat pondok pesantren Kiai Parak Bambu Runcing. Pangeran Benowo bergelar Simbah Kiai Parak Awal, juga dikenal sebagai Simbah Kiai Parak Tani.

Masyarakat Temanggung memiliki mitologi yang menjadi bagian dari kekayaan batin, yang dengan sendirinya juga merupakan unsur kebudayaan setempat, yang diresapi, diinternalisasikan di jiwa masyarakat, dan diwariskan secara turun-temurun kepada generasi-generasi penerus yang akan menerima dan menjaga kelestariannya. Patut dicatat bahwa mitologi itu merupakan milik bersama dan menjadi bagian dari kekayaan masyarakat bersangkutan, yang dihidup-hidupkan dalam ingatan kolektif dan tidak dibukukan. Dengan demikian, hal itu menjadi bagian dari tradisi lisan yang terjaga dan masih tetap lestari. Sebagai bentuk ingatan kolektif, mitologi tadi pada orang per orang mengalami perubahan, bertambah, dan berkurang di sana-sini, namun keutuhannya tetap terjaga. Sebab, sebagian yang oleh seseorang terlupakan akan diingatkan, atau dibetulkan oleh ingatan warga masyarakat yang lain.

Dengan begitu, melalui tahun-tahun yang panjang, melintasi abad-abad yang lewat, isi cerita lisan dalam mitologi tadi pada dasarnya tidak berubah, tetap utuh dan terjaga. Boleh dikatakan bahwa tradisi lisan berjasa menjaga keutuhan mitologi untuk tampil sebagai kekayaan jiwa masyarakat yang tak akan lapuk oleh hujan, tidak lekang oleh panas, dan tidak lenyap dimakan waktu. Adapun mitologi yang dimaksudkan di sini ialah kisah tentang ditemukannya bibit tembakau, yang sejak saat itu menjadi tanaman yang sangat penting kedudukannya dalam struktur ekonomi masyarakat Temanggung.

Ekonomi Petani

Bertani tembakau merupakan mata pencaharian utama warga masyarakat dari negeri tiga gunung yang dingin. Suhu yang begitu dingin buat ukuran daerah tropis, yang membuat orang bisa betul-betul menggigil di malam hari pada musim kemarau, terutama bulan Agustus hingga Oktober. Mereka menyebutnya musim *bediding*, yaitu musim ketika hawa yang sangat dingin menusuk begitu tajam seperti sampai ke tulang-tulang. Berkat udara dingin itulah tembakau kualitas terbaik diperoleh. Suhu udara daerah di gunung itu rata-rata 15 derajat Celcius, tetapi pada puncak musim kemarau, suhu udara turun jauh lebih rendah lagi. Maka tampak begitu jelas, terutama di Kecamatan Tetep, di lingkungan Gunung Perahu, awan atau kabut berada pada posisi lebih rendah daripada daerah permukiman penduduk. Ini membuat warga masyarakat di kecamatan itu dengan bangga memberi nama permukiman mereka seperti sebutan dalam alam dongeng atau legenda: "negeri di atas awan".

Akibat penamaan itu, dunia mistis lalu tercipta, atau muncul begitu saja secara spontan, sebuah asosiasi—mungkin juga hanya kesan selintas—tentang kesetaraan antara daerah permukiman mereka dan khayangan, tempat para dewa bermukim. Barangkali memang kebanggaan semacam ini yang hidup di jiwa seorang tokoh muda, juga kepala desa, seperti Bung Agus, salah satu tokoh kunci APTI Jawa Tengah. Di sini namanya disebut khusus, karena dalam pergaulan yang intens selama di lapangan dan di forum-forum rapat atau seminar yang berpuluh-puluh macam jenisnya itu, dia yang kerap menyebutkan dengan rasa bangga yang tak bisa disembunyikannya nama "negeri di atas awan" yang menyerupai legenda itu.

Di bagian ini kita tidak bermaksud memperdalam pemahaman kita tentang dongeng, cerita rakyat, atau legenda, melainkan hendak membahas perspektif kebudayaan mengenai mata pencaharian warga masyarakat tiga gunung yang sudah disebutkan di atas—suatu uraian yang sebenarnya lebih konseptual, tetapi tampaknya kita tak mungkin membebaskan diri dari hal-hal teknis di bidang tanaman tembakau. Kendati demikian perlu disadari sejak awal bahwa uraian ini sama sekali tidak dimaksudkan untuk menduplikasi kemampuan teknis yang tinggi seorang petani tembakau, atau seorang penyuluh lapangan pertanian di bidang tembakau.

Di sini hal-hal teknis yang tak terhindarkan tadi jelas tak boleh mengalihkan perhatian kita dari konsentrasi pada pokok persoalan utama dalam kajian ini. Sebaliknya, harus diakui bahwa hal-hal yang terasa begitu teknis itu juga memberi kelengkapan warna kehidupan masyarakat yang memang diperlukan dalam kajian yang mengambil konteks lapangan di daerah pertanian seperti ini.

Mata pencaharian petani yang dipusatkan pada budidaya tanaman tembakau membuat kita menelusuri siklus kehidupan tanaman tembakau, seakan-akan *rite de passage* dalam kehidupan manusia, bahwa pertama-tama kita perlu memperhatikan secara cermat bagaimana petani menyediakan lahan. Tanah dicangkul lembut dalam ukuran tertentu sesuai kebutuhan, kemudian disirami dan sekaligus dipupuk, terutama dengan pupuk kandang. Kemudian, dengan kejelian seorang seniman, biji-biji tembakau yang lembut seperti biji wijen itu ditabur di atas *lelahan*, yaitu lahan yang sudah disiapkan tadi secara merata, tak boleh ada yang tumpang-tindih, agar tumbuhnya benih betul-betul merdeka, tidak terganggu oleh apapun.

Dalam masa paling lama dua minggu sesudah menabur biji-biji tadi, lahan itu akan tampak hijau. Biji-biji sudah tumbuh dalam tiga sampai empat hari, meski masih tampak kecil-kecil, lembut, dan sangat lemah. Maka dari itu diperlukan pelindung agar tidak terkena sinar matahari secara langsung, terutama pada pukul 12.00 hingga 16.00. Pelindung itu bisa dibuat dari pelepah pohon kelapa yang daun-daunnya rimbun, bisa juga anyaman bambu yang memiliki lubang-lubang ventilasi udara dan tetap terbuka untuk menerima sinar matahari pagi yang segar hingga pukul 10.00.

Saat bibit baru tumbuh itu merupakan momen-momen kritis sehingga harus diperhatikan dengan saksama, seperti seorang ibu yang penuh kasih sayang merawat bayinya, yang memang meminta perhatian khusus. Benih-benih ini perlu disiram pada sore hari agar nanti sepanjang malam tetap hidup di atas tanah yang lembab yang dibutuhkan untuk pertumbuhan lebih lanjut, yaitu untuk membentuk dan memperkukuh batang dan melebarkan daun-daunnya. Di pagi hari, bibit tak perlu disiram, karena kemurahan alam telah menyiramnya dengan embun gunung pada dua pertiga malam, yaitu ketika malam beralih ke pagi.

Sesudah tanaman bertumbuh selama sekira sebulan, kita akan melihat daun-daun itu melebar, batang-batangnya membesar dan menguat, dan kerlip-kerlip embun yang berkilauan seperti intan di ujung-ujung daun. Dalam waktu kurang-lebih satu jam akan lenyap ditelan sinar matahari, yang akan menyerahkannya kepada angin untuk mengangkat uap air dari embun tadi ke angkasa. Petani yang cermat akan melihat dengan lebih teliti dibandingkan dengan masa-masa sebelumnya, adakah ancaman bagi bibit-bibitnya. Ancaman bisa bekicot, yang memangsa tanaman-tanaman yang lembut dan masih lemah. Bisa sejenis ulat khusus, yang doyan aroma pahit yang memancar dari bibit tanaman tembakau itu. Kemudian dalam masa kurang-lebih 45 hari, bibit bisa dicabut untuk ditanam di lahan lain yang sudah disiapkan.

Masa tanam itu berkisar antara bulan Maret dan April, sedangkan masa panen antara Juli dan Agustus. Di masa tanam tadi, sebanyak 16 dari 20 kecamatan penghasil tembakau secara serentak sibuk dan fokus bekerja di sawah, yaitu bagi mereka yang bermukim di kaki gunung dan dataran rendah, atau sibuk di ladang dan tegalan bagi petani di daerah dataran tinggi. Tidak ada kata *sambatan* atau gotong royong, karena di saat-saat sibuk itu semua orang memerlukan tenaga kerja yang tak begitu mudah diperoleh. Pada masa tanam ini ada suatu ritus, yaitu ritus masa tanam, yang sudah menjadi tradisi masyarakat setempat.

Secara kolektif, dalam kebersamaan yang terjaga, sebagai bagian dari kekayaan dan sekaligus kearifan setempat, para petani berdoa, memohon kepada Tuhan agar tanaman mereka tumbuh dan berkembang dengan baik, dan kelak memberikan hasil panen yang baik. Di sini ada sajen, doa, dan seorang yang bertugas memimpin doa, biasanya tokoh agama, imam di masjid, atau orang yang dianggap memiliki kompetensi rohaniah yang memadai dan dipercaya oleh jamaahnya. Untuk sementara, ritus kebersamaan ini kita anggap cukup hingga di sini. Urusan teknis cara bertanam tembakau yang tampak sangat duniawi, sekuler, dan rutin mewarnai hidup petani sejak berabad-abad lalu itu ternyata juga memiliki dimensi rohani. Bila ditata dalam kehidupan mereka, aktivitas bertani tembakau itu menjadi sama penting dan sama mulianya dengan kerja harian. Unsur ritus sendiri, yang di dalamnya terdapat sajen dan doa-doa, dibahas secara khusus di bagian tersendiri, yaitu di bagian yang membahas simbol-simbol dalam gerakan perlawanan petani.

Tenaga kerja, yaitu buruh tani, datang bukan dari kalangan warga masyarakat Temanggung, melainkan Wonosari, Gunung Kidul, Magelang, Wonosobo, Banjar, dan Dieng, dan sebagian masyarakat kabupaten lain yang tidak sedang sibuk dengan urusan pertanian mereka sendiri. Orang-orang atau buruh-buruh ini pula yang bekerja memetik tembakau di masa panen.

Dalam masa tanam itu buruh harian dibayar bersih Rp35.000, kata seorang informan dari Lamuk, yang juga dibenarkan oleh informan lain dari Desa Wonosari, yang letaknya di leher Gunung Sumbing di lereng utara. Upah buruh ini berlaku pada masa ketika penelitian lapangan masih berlangsung, yaitu dari 2010-2013. Adapun kata "bersih" dalam konteks ini merujuk pada kelengkapan jaminan makan siang, minum teh atau kopi, dan pembagian rokok. Selama tenaga si buruh masih dibutuhkan untuk menyelesaikan penanaman tembakau di ladang, maka buruh-buruh tadi menginap di rumah pihak yang membutuhkan tenaga kerja.

Ketika tanaman berusia sekitar 1 atau 1,5 bulan, tanaman harus dipupuk dengan pupuk kandang. Pupuk harus dibeli dari daerah-daerah lain di sekitar Temanggung, dan diangkut dengan truk sampai ke dekat lahan-lahan yang harus dipupuk. Dengan sendirinya ada yang memupuk tanaman mereka dengan pupuk kandang milik sendiri. Tetapi rata-rata kapasitas pupuk mereka tidak mencukupi kebutuhan. Untuk memindahkan pupuk yang diturunkan di jalan sempit diperlukan tenaga kerja. Mereka yang mengangkut sedikit demi sedikit pupuk ke lahan pertanian dan sekaligus meratakannya agar tanaman tembakau sang pemilik ladang menjadi subur. Di masa-masa itu dibutuhkan satu truk pupuk kandang seharga Rp1 juta.

Masa panen berbeda antara tembakau di sawah dan tembakau di gunung. Usia tanaman tembakau di sawah lebih rendah, lebih cepat panen. Kita tahu bahwa panen tembakau dimulai dengan memetik daun yang paling bawah lebih dahulu, sesudah itu panen di atasnya, kemudian di atasnya lagi, dan di atasnya lagi. Tanaman tembakau di sawah bisa dipanen dalam 100 hari. Ini pemetikan pertama, daun paling bawah. Pemetikan daun yang di atas dilakukan sesudah tembakau berusia 130 hari, kurang-lebih empat bulan. Di daerah gunung, di ladang-ladang yang tempatnya di ketinggian, pemetikan daun bagian bawah dilakukan sesudah tembakau berusia antara 120-140 hari. Kemudian pemetikan daun-daun yang di atasnya dilakukan sesudah tanaman itu berusia 170-200 hari.

Sebelum acara memetik daun-daun tembakau yang terbawah, yaitu pemetikan pertama, perlu disampaikan doa-doa khusus. Informan yang paling otoritatif di bidang doa-doa, seorang kepala adat, menceritakan doa-doa yang mengawali pemetikan itu dengan ungkapan bahwa bagi *wong* Islam,

> *"Dongane diwiwiti nganggo moco patekah, karo 'kulhu', terus bismillah, niat ingsun metik mbako, nyuwun slamet, slamet sing metik, slamet sing dipetik, tak suwun berkahe Mbok Dewi Sri Ijo sing ngrekso neng alas, karo Mbok Dewi Sri Kuning*

sing ngrekso neng omah, lan mbekteni Mbok dewi Anjang Kencono sing ngrekso neng anjang mugo-mugo paringono slamet sak kabeh-kabehe."

Terjemahannya: "Bagi orang Islam, doanya Al Fatihah dan Al Ikhlas, kemudian Bismillah, saya bermaksud memetik daun tembakau, mohon keselamatan, selamat yang memetik, selamat pula yang dipetik, mohon berkahnya Ibu Dewi Sri Hijau yang menjaga di ladang, dan Ibu Dewi Sri Kuning yang menjaga di rumah, dan tak lupa berbakti kepada Ibu Dewi 'Anjang Kencana', (maksudnya penjaga anjang—tempat menjemur tembakau—yang berwarna emas), yang menjaga anjang, semoga berkenan memberikan keselamatan, selamat segala-galanya."

Doa-doa itu menggambarkan pada kita bahwa hidup di dunia pertanian tembakau begitu kompleks, penuh ritus, penuh sajen dan doa-doa yang hendak menggapai kehidupan langit dan serba transendental. Hidup di dunia fana ini juga berarti—atau lebih tepat mengandung unsur—akhirat, sehingga apa yang dunia dan apa yang akhirat bukan dua entitas terpisah, dan bahwa hidup yang jasmaniah sekaligus memiliki pula dimensi rohaniahnya. Maka di sini pun pemaknaan kita tetap menggambarkan terbentuknya wawasan kosmologis mengenai kesatuan simbolik antara apa yang jasmaniah dan rohaniah. Secara keseluruhan, wawasan kosmologi di dunia pertanian menekankan bahwa akhiratmu kelak sudah ada di duniamu hari ini, sedangkan alam rohaniahmu terdapat di alam jasmaniahmu.

Sesudah menggambarkan secara rinci dan memberikan pemahaman atas doa-doa sebagaimana diuraikan di atas, kita hendak melangkah lebih lanjut ke tindakan-tindakan yang berhubungan dengan pemetikan daun tembakau sebagai tanda permulaan panen raya di seluruh desa dimulai secara resmi, simbolik, memancarkan rasa syukur yang dalam dan khusyuk, yang menjadi cerminan kegembiraan para warga seluruh desa.

Atas permintaan para petani, pemetikan pertama itu dilakukan oleh tokoh masyarakat, mungkin tokoh kabupaten, tokoh kecamatan, tokoh desa, atau rohaniwan desa.

Saya yang dalam hal ini tak ada hubungan apapun dengan desa tersebut, pernah beberapa kali diminta untuk melaksanakan peran tradisional yang sakral ini sebagai simbol yang mewakili warga masyarakat petani. Di Desa Wonosari, Kecamatan Bulu, Temanggung, saya melaksanakan tugas itu untuk pertama kalinya dengan perasaan kikuk, terasa aneh, dan asing. Namun pemetikan itu berhasil dengan baik, disusul oleh permintaan yang sama pada tahun-tahun berikutnya di desa lain, Desa Lamuk, penghasil tembakau terbaik dan termahal, yang disebut srintil.

Daun-daun tembakau terbawah yang saya petik saat pertama kali berjumlah 17 lembar, menggambarkan hitungan hari (nasional) dan pasaran (lokal) yang bila keduanya digabung menjadi 17. Bila upacara tradisional itu jatuh pada hari lain, maka hitungan hari (nasional) dan hari pasaran (lokal) akan lain lagi, sehingga, misalnya, harus memetik lima belas atau bahkan hanya sepuluh daun tembakau. Kepala adat, satu-satunya tokoh otoritatif di bidang ini, menjelaskan semuanya kepada saya ketika upacara tradisional di desanya berlangsung.

Saat pemetikan dilakukan, posisi tubuh harus tepat sesuai dengan perhitungan *nogo dino*, hari-hari baik atau hari-hari dengan kesialan dan banyak aral melintang. *Nogo dino* dijauhi agar kita bertemu tiap saat dalam hidup kita sehari-hari, hanya dengan kebaikan dan hari-hari baik yang menyenangkan. Ketua adat, yang juga sering dipanggil simbah ini—biarpun usianya belum pantas disebut kakek—menjelaskan bahwa ritual-ritual dengan segenap sesajen yang menyertainya merupakan bagian hidup para petani sejak zaman nenek moyang dan neneknya nenek moyang yang hingga kini masih tetap terpelihara baik. Ritual, menurutnya, memperdalam dan memperkaya batin.

Dalam ungkapan sederhana, simbah ini menjelaskan bahwa ritual dengan segenap sesajennya menghubungkan mereka yang ada di dunia dengan sesuatu yang "agung", yang abadi dan tidak kelihatan, tapi terasa kehadirannya. Sesajen berupa bunga, kemenyan, buah-buahan, jajanan pasar, nasi dan segenap lauknya, serta ingkung—seekor ayam goreng utuh—menjadi sesuatu yang suci. Semua itu dianggap sudah diberkati.

Sebagai catatan tambahan, di sini dapat pula disampaikan bahwa kehidupan petani tembakau mengenal masa-masa sulit ketika mereka membutuhkan uang *cash* untuk membeli pupuk, membayar buruh tani yang membantu pekerjaan di ladang, dan keperluan biaya sekolah anak-anak mereka. Di saat-saat darurat seperti itu, sebagai jalan terakhir, mereka harus mencari talangan dengan berutang ke pabrik. Seorang informan, juga kepala desa dan aktivis APTI dari desa di lereng utara leher Gunung Sumbing dengan wilayah hunian penduduk hampir menyentuh puncak gunung, menceritakan dengan rasa bangga yang tak disembunyikan dan mengingat makna kemurahan hati di dalamnya sebagai hal yang tak perlu ditutup-tutupi:

"Sekarang, meminjam uang dari pabrik tak sesulit dulu. Bahkan ketika panen tidak sesukses yang diharapkan, petani yang berutang itu berusaha hendak menyicil utangnya. Orang pabrik—dia menyebut sebuah nama, yang dipanggil 'Bah' dengan rasa hormat—malah menawarkan kemurahan hati yang sangat bersahabat agar utang itu dilunasi tahun depan, ketika hasil panen lebih baik." Ketika ditanyakan bagaimana keadaan dulu, dia menceritakan: "Dulu, petani yang butuh duit itu datang kepada orang pabrik, termasuk ke rumahnya, tetapi jawaban yang diterimanya menyebutkan bahwa orang pabrik itu sedang ke Semarang. Ketika ditunggu seharian belum juga pulang, si petani menunggu dengan gigih di teritis atau bagian lain di luar rumah sampai memperoleh jawaban mengenai boleh tidaknya si petani minta pinjaman." Pada umumnya pinjaman diberikan, tetapi jadwal pengembaliannya ketat, seketat disiplin cara berpikir kapitalis yang tak perlu memandang orang lain sebagai partner dalam usaha.

Ada baiknya di sini ditampilkan tabel yang menggambarkan secara kasar luas lahan pertanian, jumlah perkiraan produksi tembakau, dan harga pasar, dengan catatan apa yang tersaji di dalam tabel tidak selalu mencerminkan keadaan sebenarnya, karena setiap saat harga pasar fluktuatif, bergantung pada banyak sedikitnya curah hujan di masa panen. Jika kandungan air di dalam daun-daun yang mereka sebut "emas hijau" itu terlalu banyak, maka kualitasnya jelas kurang baik. Sebaliknya, bila curah hujan terbatas, artinya musim kemarau lebih dominan, maka dengan sendirinya kandungan air di dalam daun-daun tersebut sedikit. Maka mereka akan dengan sendirinya menerima nasib lebih baik karena *grade* tembakau mereka menjadi lebih tinggi.

Tabel 2.1: Rekapitulasi Laporan Komoditas Perkebunan 2009-11

Kecamatan	2009		2010		2011	
	Luas Areal		Luas Areal		Luas Areal	
	Ha	Kg/Ha	Ha	Kg/Ha	Ha	Kg/Ha
20	13.039,90	615,00	14.582,15	437,24	14.244,00	640,72

Sumber: Diolah dari data Dinas Perkebunan Jawa Tengah Tahun 2009, 2010, dan 2011.

Selain itu, untuk memberikan gambaran lebih umum mengenai daerah-daerah kecamatan penghasil tembakau, di sini disajikan lagi sekadar sebagai contoh, produk tembakau yang dihasilkan pada 2009. Produk pada tahun-tahun berikutnya, yaitu tahun 2010 dan 2011, disampaikan dalam Lampiran 2.

Tabel 2.2: Data Budi Daya Komoditas Tembakau 2009

Kecamatan	Luas Area (Ha)	Jumlah (Kg/Ha)
Parakan	925,00	630,00
Bulu	1.613,00	635,00
Temanggung	1.905,50	654,00
Tembarak	995,00	645,01
Kranggan	-	-
Pringsurat	-	-
Kaloran	-	-
Kandangan	36,00	625,00
Kedu	116,00	635,00
Ngadirejo	1.988,00	640,00
Jumo	350,00	635,00
Candiroto	580,00	640,00
Tretep	1.525,00	640,00
Kledung	1.988,00	645,00
Gemawang	-	-
Bejen	-	-
Bansari	1.235,00	650,00
Tlogomulyo	1.213,00	645,00
Selopampang	325,00	645,02
Wonoboyo	900,00	640,00

Sumber: Diolah dari data Dinas Perkebunan Jawa Tengah.

Selain data dalam dua tabel tersebut, tabel-tabel berikut dapat memberi kita kelengkapan informasi khusus mengenai harga tembakau yang fluktuatif. Datanya juga diambil dari 2009 hingga 2011, mengikuti alur pemikiran data sebelumnya. Meskipun begitu di sini cukup disajikan contoh tahun 2009. Data tahun-tahun berikutnya disampaikan dalam Lampiran 3.

Tabel 2.3: Rekapitulasi Laporan Komoditas Perkebunan 2009

Kecamatan	Luas Area (Ha)	Jumlah (Kg/Ha)
Parakan	925,00	35.000
Bulu	1.613,00	47.500
Temanggung	1.905,50	24.400
Tembarak	995,00	20.000

Kecamatan	Luas Area (Ha)	Jumlah (Kg/Ha)
Kranggan	-	-
Pringsurat	-	-
Kaloran	-	-
Kandangan	36,00	22.500
Kedu	116,00	30.000
Ngadirejo	1.988,00	20.000
Jumo	350,00	20.000
Candiroto	580,00	-
Tretep	1.525,00	27.500
Kledung	1.988,00	37.000
Gemawang	-	-
Bejen	-	-
Bansari	1.235,00	30.000
Tlogomulyo	1.213,00	32.000
Selopampang	325,00	75.000
Wonoboyo	900,00	25.000

Sumber: Diolah dari data Dinas Perkebunan Jawa Tengah.

Di lapangan, saya juga menyertai para petani tembakau Temanggung yang berbondong-bondong ke suatu bank di kota tersebut guna menandatangani perjanjian resmi peminjaman uang. Ada informasi dari beberapa pihak, yaitu para tokoh masyarakat, juga tokoh gerakan sekaligus tokoh APTI, yang mengatakan bahwa pihak bank—seperti halnya sikap semua bank terhadap petani atau pengusaha kecil pada umumnya—merasa keberatan memberikan pinjaman tersebut, karena agaknya khawatir petani tembakau tersebut tidak akan mampu, atau mampu tetapi tersendat-sendat, mengembalikan pinjaman. Tokoh pabrik yang sudah disebut di atas turun tangan setelah mendengar laporan informan saya, seorang petani yang juga kepala desa. Dengan kebaikan hati yang tak diduga para petani, tokoh pabrik ini mendatangi direktur bank dan menanyakan perihal keberatan peminjaman kepada petani.

Informan dan sekaligus kepala desa tadi menyebutkan bahwa bila benar pihak bank berkeberatan, maka tokoh pabrik ini bersedia menjadi penanggung jawab yang memberi jaminan atas pinjaman petani. Bank juga tak perlu khawatir terhadap kejujuran mereka. Tokoh pabrik ini meyakinkan, kalau bank tak bersedia memberi mereka pinjaman, pada dasarnya tak terlalu menjadi persoalan, sebab permintaan pinjaman secara keseluruhan, untuk beberapa desa, hanya sebesar Rp18 miliar, sedangkan di kantongnya ada uang sebesar Rp20 miliar, yang siap diturunkan ke desa-desa buat menolong para petani tadi. Agaknya, mendengar jaminan tersebut maka pihak bank merasa yakin dan siap melayani para petani.

Kaum Perempuan: Ratu Drupadi?

Di dunia pertanian, perempuan tidak hanya memainkan peran pembantu, sekadar sebagai pendukung dan pendamping kaum laki-laki sebagaimana 'dalil' yang dikonstruksikan di dunia perkantoran. Komunitas khusus yang disebut 'pegawai negeri' lalu membentuk organisasi untuk kaum perempuan yang disebut Dharma Wanita. Di dunia pertanian, di desa-desa—sekadar contoh kecil di sini dapat disebut di daerah-daerah pedesaan Jawa—perempuan itu ibarat Ratu Drupadi yang kuat, berpengaruh, dan mandiri. Diva Karuni memberi kita gambaran bahwa Ratu Drupadi juga belajar perbedaan antara perang yang adil dan tak adil, dan kapan melancarkan masing-masing. "Pelajaran-pelajaran inilah yang kuperlukan, kalau aku harus mengubah sejarah," katanya dalam novel *The Palace of Illusions*, yang juga sudah diterbitkan terjemahannya oleh Gramedia Pustaka Utama menjadi *Istana Khayalan* (Diva Karuni, 2009: 53). Dai Ma, perempuan pengasuh Drupadi, orang yang juga sangat kuat dan berpengaruh, berkata: "Lihat. Kami memberimu gadis ini, hadiah di luar yang kau minta.

Rawatlah dia dengan baik, karena dia akan mengubah jalannya sejarah." (Diva Karuni, 2009: 24).

Kaum perempuan memiliki sikap sangat mandiri, dengan karakter pribadi yang—sekali lagi—sangat kuat, dan sudah teruji dalam sejarah hidup sehari-hari mereka sendiri. Mereka mampu mengerjakan segenap pekerjaan yang variasi dan lamanya waktu jelas lebih dari kapasitas yang bisa dilakukan kaum laki-laki.

Kaum perempuan di pedesaan pun dapat kita sebut sebagai *the silent minority* sekaligus *marginalized group*, yang tegas menampilkan bukan hanya sikap dan karakter sebagaimana disebutkan tadi. Mereka pun memiliki keberanian yang layak dikagumi, sebagaimana disebutkan seorang pengarang India lainnya, Urvashi Butalia, dalam *The Other Side of Silence: Voice from the Partition of India.*

> *"My mother made two difficult and dangerous journeys and amidst the worst communal violence, to Lahore to fetch her family to India. The first time she brought her young brother, Billo and a sister, Savita. The second time she went to fetch her mother and Rana, the youngest (her father had long since dead). But, she said, Rana refused to come and wasnt willing to let my grandmother go either."* (Urvashi Butallia, 1998: 33)

Dua perempuan, dua pengarang, dua buku: satu fiksi, sastra; dan satunya lagi non-fiksi, sejarah yang mengangkat posisi perempuan menjadi demikian bermartabat dan mengesankan. Kita merasakan pula, bukankah gambaran karakter kuat dan pemberani tadi juga merupakan potret kepribadian dan watak perempuan-perempuan di dunia pertanian yang sudah kita bahas di atas? Dan bukankah Ratu Drupadi dengan keteguhan jiwa dan keutuhan sosok pribadinya memiliki kesamaan-kesamaan dengan citra kaum perempuan petani, tak peduli bahwa dunia mereka hanya berkisar di wilayah terbatas antara rumah, ladang, masyarakat setempat, pasar, dan begitu terus-menerus kisaran sejarah hidup mereka diisi, diberi makna, dengan kerja dan kerja, dan berpikir terus sebagai arsitek bagi dirinya sendiri dan seluruh kaumnya untuk—seperti Ratu Drupadi—mengubah sejarah hingga di titik akhir, ketika mereka tak mampu lagi berbuat apapun.

Selama ini perempuan-perempuan istimewa, cekatan dalam bertindak, dan tak kalah cekatan pula dalam berpikir, disimbolkan sebagai Srikandi. Generasi 1945 maupun generasi-generasi berikutnya mengagumi Srikandi sebagai simbol ketangkasan tadi. Tapi dalam *The Palace of Illusions*, di mana Drupadi ditampilkan sebagai narator yang berjarak dan saksi yang bisa melihat segenap peristiwa dari kejauhan, dia juga sekaligus aktor penting yang terlibat dan mengubah sejarah. Maka jelas perannya jauh lebih penting, lebih besar, dibanding Srikandi yang memanggul peran teknis dan tunggal: lahir untuk membalas dendam pada Bhisma, dan selesai. Kaum perempuan sebagai Ratu Drupadi, wujud ratu rumah tangga, mengelola tugas-tugas domestik yang tak tergantikan, mengerjakan tugas-tugas di bidang pertanian di ladang, di lingkungan sosial di luar rumah, dan bertanggung jawab atas urusan-urusan belanja rumah tangga di wilayah khusus yang bernama pasar.

Di mana pun peran yang mereka wujudkan, yang kita lihat selalu keutuhan tanggung jawab, kehati-hatian dalam pelaksanaan, yang jelas terasa lebih lembut, lebih menggunakan sentuhan hati. Kerja perempuan di bidang pertanian, ladang, menampilkan sentuhan afeksi yang jauh lebih mendalam dan tak mungkin disaingi kaum laki-laki. Ketika berbelanja di pasar, kaum perempuan lebih betah bertahan dalam tawar-menawar harga. Di sana, yang tampak bermakna, bukan karena kaum perempuan bisa menawar harga sesuatu barang yang mungkin hanya sedikit lebih murah dilihat dari nilai rupiahnya, melainkan bahwa dilihat dari sudut negosiasi dalam relasi antar-kekuasaan, relasi antarperan, kaum perempuan, tanpa memandang kelas sosial-ekonomi, etnis, maupun kebangsaannya, selalu tampak unggul, tak terkalahkan.

Untuk memperkuat argumen bahwa kaum perempuan memanggul multiperan yang jarang bisa dilakukan kaum laki-laki, ditampilkan tabel mengenai peran itu. Tabel 2.4 menunjukkan ilustrasi yang kuat untuk menggambarkan peran perempuan petani tembakau di pedesaan-pedesaan Temanggung dengan catatan tambahan, hal itu sekadar sebagian peran yang dapat "dipotret" dalam kegiatan-kegiatan mereka selama penelitian berlangsung hampir lebih dari tiga tahun, dihitung dari 2010.

Catatan lain yang dapat disisipkan di sini mengenai jenis peran dan tugas yang boleh jadi berubah, misalnya ada momen di mana yang dikerjakan di ladang tak lagi bersentuhan dengan tembakau, tetapi wilayah peran di ladang tetap di ladang. Begitu juga di pasar, yang begitu banyak urusan dan tugas yang dilaksanakan kaum perempuan. Pergeseran peran itu biasanya seirama dengan pergeseran musim, dan kaum perempuan memasuki perubahan-perubahan peran itu dengan luwes dan supel karena mereka sadar, memang begitu siklus kehidupan yang harus mereka laksanakan, dengan penghayatan yang nyaris tak disertai keluhan atau rasa kecewa.

Tabel 2.4: Wilayah Peran Perempuan

Rumah	Ladang	Masyarakat	Pasar
Menyelesaikan semua urusan domestik yang tak mungkin dilakukan kaum pria.	Ikut menggarap pekerjaan-pekerjaan di bidang pertanian yang banyak jenis dan variasinya.	Aktif terlibat di dalam berbagai urusan sosial, termasuk keagamaan dan hal-hal yang bersifat perempuan.	Menjual hasil pertanian, membeli kebutuhan rumah tangga.

Sumber: Hasil pengolahan peneliti.

Di sini disajikan lagi ilustrasi tambahan berupa foto-foto kegiatan kaum perempuan memetik tembakau di ladang, disusul kegiatan lanjutannya, mengangkutnya pulang, lalu menyiapkan tembakau untuk dirajang, yaitu memproses tembakau dengan cara memotong lembut-lembut untuk memperoleh bentuk tembakau sebagaimana kita kenal setelah menjadi produk olahan. Sampai hari ini, merajang tembakau masih merupakan wilayah kerja kaum laki-laki. Di bawahnya ditampilkan foto perempuan menjemur tembakau rajangan yang masih tampak hijau dan masih basah. Disusul tahap berikutnya, di pergantian hari lebih lanjut, menjemur tembakau yang sudah mendekati kering. Berikutnya tampak foto tembakau yang betul-betul sudah kering, dengan dua batang kretek di atasnya untuk menggambarkan siklus perjalanan tembakau yang begitu cepat, dari wujud tanaman ladang menjadi bentuk produk olahan industri yang siap dikonsumsi. Mungkin perlu ditegaskan sekali lagi bahwa perempuan bukan *konco wingking*, bukan peran sekunder yang sudah dibikin mapan dalam kebudayaan kita. Kaum perempuan itu wajah sebuah kemandirian yang kuat dan menentukan, seperti Ratu Drupadi yang ditakdirkan bakal mengubah sejarah.

Masih terkait posisi penting sosok perempuan, di masa panen, seperti telah disinggung, petani secara kolektif menyelenggarakan ritus. Sajen itu kemudian dimakan bersama secara meriah tapi khusyuk, sebelum satu lembar daun terbawah dipetik. Sesudah ritus, doa-doa, dan makan bersama diselenggarakan di salah satu lahan tanaman tembakau milik seorang petani, mereka mengadakan acara yang disebut "Memboyong Dewi Sri". Mitologi tentang Dewi Sri sebagai Dewi Kesuburan dipercaya secara luas dalam masyarakat Jawa. Adapun mitologi mengenai Dewi Sri hingga kini masih hidup dalam dunia sastra pedalangan karena—sebagaimana diuraikan oleh Heru S. Sudjarwo dkk.—Dewi itu memang dipercaya tetap hidup hingga akhir zaman. Di sana digambarkan Sang Dewi berwajah sangat cantik karena memang diyakini sebagai titisan Batari Sri Widowati, neneknya sendiri, yang merupakan manusia tercantik selain murah hati, baik budi, dan bijaksana. Dewi Sri dikenal sebagai dewi kemakmuran dan rezeki bagi manusia (Sudjarwo, *et al.*, 2002: 170).

Masa panen, yang disebut memboyong Dewi Sri tadi, berlangsung sekitar tiga bulan. Jika kesibukan pemetikan itu ditambah masa merajang, yaitu memotong-motong daun-daun lebar berwarna hijau yang sudah diperam sehingga warnanya menjadi kuning, maka secara kasar dibutuhkan tambahan waktu sekitar 100 hari. Maka secara total, kesibukan masa panen, yang berlangsung dari momentum memetik daun paling bawah hingga merajang, kira-kira selama lima sampai enam bulan. Sebelum merajang, ada pula ritus khas dengan sajen dan doa. Masa panen memerlukan tenaga kerja untuk membantu para petani memanen tembakau mereka. Para buruh, yang datang dari daerah-daerah lain, memperoleh bayaran harian bersih sebesar Rp50.000. "Itu masih belum seluruhnya," kata seorang informan saya dari Lamuk. "Ketika buruh tadi pulang, pemilik ladang masih menambahkan secara sukarela ongkos transpor. Tak semua orang berbuat begitu, tapi tambahan ongkos itu merupakan ikatan batin secara tak langsung agar tahun depan pemilik lahan tak usah mencari buruh pemetik karena buruh itu datang sendiri."

Di sini cukup jelas terasa adanya suatu kebanggaan di kalangan petani tembakau Temanggung yang bisa mempekerjakan buruh dari berbagai daerah lain. Ini tanda bahwa bagaimanapun secara ekonomi mereka lebih baik dibanding orang-orang tersebut. Panen mereka, dan dengan kata lain sumber penghidupan mereka, bisa memberi manfaat ekonomi bagi kehidupan warga masyarakat lain.

Perempuan di tengah ladang sendirian tapi tidak takut.

Sumber: APTI Jawa Tengah.

Membawa tembakau dari ladang.

Sumber: APTI Jawa Tengah.

Hal itu tak bisa dipungkiri, karena bahkan sesudah masa panen diperlukan keranjang dalam jumlah sangat besar sebagai wadah tembakau yang siap dibawa ke pabrik. Tembakau ditampung dulu di keranjang-keranjang dari *debok*, yaitu batang-batang pisang kering yang tampak menjadi lembaran-lembaran lebar seperti daun dan dianyam dengan ukuran tertentu. Keranjang itu buatan masyarakat Temanggung sendiri, tetapi *debok*-nya didatangkan dari jauh, dari Weleri, Boja, Kendal, Ungaran, Yogyakarta, dan Klaten yang dijual di pasar Temanggung maupun Parakan. Harga satu keranjang berkisar antara Rp100.000-Rp150.000, bergantung pada besarnya, daya tahannya, maupun kualitas bahannya.

Lahan pertanian, secara kasar terdiri atas lahan kelompok orang kaya, termasuk kepala desa, seluas antara 5-7 hektare. Dengan sendirinya, kita bisa membayangkan ada petani kaya yang hanya memiliki 3 sampai 4 hektare. Namun ada pula kategori orang yang memiliki 4 sampai 5 hektare. Kelompok orang-orang yang secara ekonomi berada di tingkat lebih rendah, pemilikan lahannya berkisar antara 3.000 m^2 hingga 2 hektare. Sudah pasti ada pula di antara mereka yang memiliki lahan 5.000 m^2, atau setengah hektare, ada yang memiliki sekitar 1 hektare atau sedikit lebih luas daripada itu.

Menyiapkan tembakau sebelum dirajang.

Sumber: APTI Jawa Tengah.

Tembakau rajangan yang masih basah.
Sumber: APTI Jawa Tengah.

Tembakau rajangan yang hampir kering.
Sumber: APTI Jawa Tengah.

Mereka yang memiliki uang bisa juga menyewa lahan untuk menambah luas lahan yang sudah dimilikinya. Sewa lahan di daerah ketinggian yang subur dan bagus buat bertanam tembakau berkisar Rp25 juta per hektare, dan bisa menghasilkan sekitar 25 keranjang tembakau seharga Rp100 juta, dengan perhitungan harga sudah tetap selama beberapa tahun terakhir ini, yaitu Rp4 juta per keranjang. Ini khusus buat harga tembakau Temanggung yang jauh lebih baik kualitasnya dibandingkan tembakau dari tempat-tempat lain, apalagi tembakau sawah.

Tembakau rajangan yang sudah kering.

Sumber: APTI Jawa Tengah.

Di dunia pemasaran tembakau, di Temanggung, dikenal kata atau peran *gaok*, yaitu seseorang yang bukan petani dan hanya menjual tembakau ke pabrik. Namun gaok bukan orang yang mewakili pabrik. Mereka menjelajah ke dusun-dusun, ke kampung-kampung, mencari tembakau untuk dibawa ke pabrik. Dalam dunia perdagangan pada umumnya, orang dengan peran seperti ini biasanya disebut *middleman*, perantara, atau makelar. Namun gaok agak sedikit berbeda, karena *middleman* memiliki modal dan sering harus menanggung risiko rugi, sedangkan gaok tidak memakai modal uang. Modal seorang gaok berupa *trust* (kepercayaan) dari para petani yang merelakan tembakaunya dibawa ke pabrik, dijualkan dengan harga pabrik, dan si gaok memperoleh komisi dari petani. Jumlah komisinya tidak besar dan didasarkan pada kesepakatan sejak awal. Kalau si gaok memperoleh kepercayaan dari banyak petani, maka dengan sendirinya penghasilannya juga besar. Selebihnya dia tak menanggung risiko rugi sebagaimana para pedagang pada umumnya.

Ada gaok nakal yang menghendaki penghasilan lebih besar daripada seharusnya, sebagaimana disepakati sejak awal, yaitu dengan berbohong pada petani tentang harga tembakau. Kemudian dia memberikan kepada petani tadi sejumlah uang yang bila dihitung dengan harga pabrik, jumlahnya lebih rendah. Dengan begitu petani dirugikan, dan kepercayaan yang diberikan kepada si gaok dinodai oleh si gaok itu sendiri. Seorang informan, Mbah Joel, dari Lamuk, menceritakan seorang gaok nakal yang tega memakan uang petani adalah tetangganya sendiri. Kata Mbah Joel, orang itu telah membuat dirinya disebut gaok dalam nada miring, yaitu burung gagak yang bunyinya "gaok... gaok...", yang selalu mengabarkan adanya kematian. Seorang informan lain dari Kecamatan Bulu mengatakan, "Sekali seorang gaok ketahuan tidak jujur dan merugikan petani, untuk selamanya namanya ternoda, dan tidak akan pernah lagi memperoleh kepercayaan dari masyarakat. Perannya sebagai gaok tamat."

Gaok bisa seorang laki-laki, bisa juga perempuan. Mereka berasal dari Temanggung sendiri, bukan warga masyarakat luar, yang berusaha untuk memperoleh penghasilan lebih besar daripada hasil panennya sendiri. Perlu diketahui bahwa gaok juga menanam tembakau dan memiliki penghasilan dari ladang tembakaunya. Gaok yang tekun, di masa panen seperti itu, bisa memperoleh penghasilan berlipat-lipat daripada hasil panennya, buat ukuran petani yang hasil panennya sekitar Rp20 juta hingga Rp25 juta. Jadi yang bersangkutan bisa memperoleh hasil berkisar Rp75 juta hingga Rp100 juta selama masa panen.

Dilihat dari sudut kegiatan ekonomi gaok tadi, kita mencatat peran perempuan di bidang ekonomi rumah tangga petani sangat penting. Ini bukan semata karena jumlah kontribusinya yang besar dalam perekonomian keluarga, melainkan terutama karena kaum perempuan memperlihatkan peran dalam mengurus berbagai urusan di rumah atau urusan domestik maupun urusan di luar rumah, yaitu di sawah, ladang, dan pasar. Mereka mengurusi itu semua dengan kegigihan yang dalam banyak hal melampaui batas-batas kapasitas kaum laki-laki.

Perhitungan kasar mengenai perkiraan penghasilan seorang gaok seperti disebutkan, menunjukkan bahwa kontribusi perempuan terhadap pendapatan keluarga tak bisa dianggap remeh. Kita tahu bahwa tak semua perempuan memiliki kesempatan seperti itu. Namun bila ditinjau dari sudut proses produksi tembakau, perempuan terlibat pula sejak awal. Sebutan perempuan petani dengan sendirinya telah menggambarkan dengan jelas bahwa sebagai petani dia sibuk di sawah atau di ladang, membantu menyebar pupuk agar setiap batang pohon tembakau memperoleh pupuk yang sama dengan batang-batang tembakau lainnya. Untuk mengerjakan tugas ini kaum perempuan lebih teliti, lebih cermat, dibandingkan kaum laki-laki.

Selain itu, di tengah tanaman tembakau selalu ada tanaman-tanaman lain: sawi, kacang panjang, cabai, tomat, jagung, yang harus diperhatikan dengan baik. Kaum perempuan memiliki tugas penting mengambil hasil-hasilnya, lalu dibawa pulang untuk dijual keesokan harinya ke pasar. Kaum laki-laki tidak terlibat atau hampir sepenuhnya menyerahkannya kepada kaum perempuan. Tidak jarang kaum perempuan pergi ke ladang mengurus tanaman sambil momong anaknya yang masih kecil. Bocah kecilnya ditaruh di gubuk atau dangau jika ada, dan disiapkan minuman atau makanannya dengan pengawasan seteliti mungkin—tidak boleh lebih teliti mengurus tanaman dibandingkan dengan mengurus sang anak. Jika tak ada gubuk atau dangau di ladangnya, anak ditaruh di bawah pohon rindang yang aman dan mudah diawasi. Perlu dicatat bahwa letak ladang sering jauh sekali dari rumah, dan tak jarang posisinya di tempat ketinggian. Hal ini tak menjadi soal sama sekali bagi perempuan pedesaan yang tubuhnya kuat dan terlatih melakukan pekerjaan-pekerjaan kasar. Menggendong beban sambil naik gunung juga bukan masalah. Mereka terbiasa bekerja di ladang selama beberapa jam untuk kelak memperoleh imbalan panen yang memadai. Jika perempuan harus pulang lebih dahulu dari kaum laki-laki, itu tidak berarti mereka memperoleh sejenis dispensasi khusus dengan peran lebih ringan.

Mereka pulang lebih awal karena harus memasak dulu untuk kebutuhan makan. Peran ganda seperti ini dijalani perempuan dengan tabah, tanpa keluhan, karena mereka merasa sedang menjalankan kodrat alam, dan kaum laki-laki pun berpendapat begitu, karena pandangan itu menguntungkan mereka. Ketika musim panen, perempuan juga ikut memetik tembakau dan membawanya pulang dengan gendongan, dengan sedikit pengecualian bagi mereka yang memiliki mobil sendiri, yang bisa mengangkut hasil panennya dari ladang.

Memetik tembakau di masa panen bisa memerlukan waktu setidaknya seminggu, dan selama itu pula kaum perempuan dengan sukacita melibatkan dirinya dalam kegiatan keluarga itu. Ketika tembakau sudah sampai di rumah, kerangka daun-daunnya harus dirobek dan dibuang agar siap diperam dengan cara ditumpuk hingga berwarna kuning dan siap dirajang lembut dengan peralatan khusus. Pekerjaan ini pun merupakan tugas khusus perempuan. Dalam bahasa teknis dunia pertanian tembakau, kegiatan membuang kerangka pada daun-daun tadi disebut *ngroweki*. Kemudian memeramnya agar matang, menjadi kuning. Kemudian dicek, apakah seluruhnya sudah matang atau belum. Pada tahap ini, tembakau, dalam istilah setempat, "dipinalisasi", maksudnya *finalization* atau *finalizing*.

Di telinga petani, kata final, yang diucapkan dengan bunyi "pinal", sekarang sudah hampir menjadi bahasa harian, sebagaimana mereka ketahui dari final dalam sepak bola, final dalam badminton, final dalam aneka macam pertandingan, kompetisi atau lomba-lomba, di mana mereka sendiri terlibat langsung di dalamnya. Dengan begitu, kata dalam bahasa Inggris itu dianggap sudah menjadi bahasa mereka sendiri, dengan pengucapan lokal yang sama sekali tak dianggap sebagai masalah. Di kalangan petani tembakau juga dikenal kata "grit", yang akrab dengan mereka, karena hal itu menyangkut kategori, kelas, atau tingkat, yang berhubungan dengan kualitas tembakau, yang dalam bahasa Inggris disebut *grade*. Inilah tahap untuk menetapkan tembakau tertentu masuk dalam kategori atau "grit" (*grade*) A, B, C, dan seterusnya. Dengan begitu, *grade* yang diucapkan dan ditulis menjadi "*grit*", sudah pula masuk ke dalam kosakata maupun perbendaharaan bahasa Jawa di kalangan petani tembakau, terutama di Temanggung. Mereka juga telah akrab dengan kata yang menyangkut peran seseorang yang tugasnya membuat klasifikasi tembakau, yaitu *grader*, sebagai kosakata dan dialek lokal, *grader*, yang enak didengar dan mereka pahami dengan baik maknanya.

Kembali ke peran perempuan sesudah "pinalisasi" tadi, maka terjadilah pergantian peran. Tembakau dirajang oleh kaum laki-laki. Di bagian ini ada ritus dan doa khusus pula, yang akan dibahas lebih rinci di bagian lain yang membahas simbol-simbol. Alat merajang itu berupa pisau lebar, selebar golok pembunuh naga di dalam cerita silat China *To Liong To*, tetapi jauh lebih tipis dan sangat tajam, yang diberi nama "gobel". Seorang informan, ketua adat, yang kedudukannya setaraf dengan kepala desa, menjelaskan bahwa di dalam ritus merajang, golok itu disebut Kiai Blas Kleyas. "*Blas iku landepe, yo iku pitung penyukur, kleyas iku tibane mbako sing dirajang.*" Kiai di sini merupakan sebutan penghormatan. Ada benda-benda atau hewan yang dinamakan dengan sebutan penghormatan seperti itu. Penjelasan mengenai *blas kleyas* di atas menceritakan bahwa *blas* itu menggambarkan ketajaman gobel, yang dianggap *pitung penyukur*, setingkat dengan tujuh kali ketajaman sebuah silet. *Kleyas* dianggap gambaran jatuhnya kepingan-kepingan lembut tembakau yang dirajang dengan pisau setajam tujuh kali ketajaman silet tadi.

Apa yang kemudian menjadi penting bagi kaum perempuan di sini ialah peran pentingnya menempatkan tembakau yang sudah dirajang di tempat khusus yang disebut *rigen* atau *anjang-anjang*, yakni suatu anyaman dari bambu khusus untuk tempat menjemur tembakau rajangan yang masih basah. Untuk tembakau kuning yang akan masuk dalam kategori atau *grade* A, B, C, D, yaitu tembakau kelas bawah, yang murah harganya, diperlukan waktu pengeringan kurang-lebih dua hari—dengan catatan jika panas matahari mencukupi, atau hari tidak mendung dan tidak hujan, sejak pagi hingga sore hari. Adapun tembakau Srintil yang masuk dalam *grade* E, F, G, H, yang merupakan jenis tembakau terbaik dan termahal, memerlukan waktu pengeringan lebih lama, yaitu sekitar 4-5 hari. Daun-daun tembakau jenis ini lebih tebal dibandingkan dengan tembakau jenis pertama tadi.

Petani belum menemukan dan belum memiliki teknologi pengeringan lain kecuali menggunakan panas surya. Maka, ada masa-masa tertentu ketika iklim sama sekali tak bersahabat dengan mereka. Saat hujan turun terus-menerus di daerah berkabut, misalnya, petani pun—dalam ungkapan mereka—berusaha sekuat tenaga "mengejar" matahari ke daerah-daerah lain di sekitar Temanggung yang tidak turun hujan dan panas matahari memancar secara leluasa. Daerah-daerah itu terletak di dataran rendah seperti Secang, Magelang, Muntilan, Sleman, hingga ke wilayah Yogyakarta, bahkan masih ke timur lagi, ke daerah Klaten, tak peduli berapa jauhnya dari Temanggung demi mengeringkan tembakau.

Dalam kesibukan yang membawa harapan itu, perempuan tak pernah tinggal diam. Berbagai ilustrasi foto yang telah ditampilkan memberi kita gambaran bahwa perempuan—tanpa kata-kata, tanpa banyak suara—gigih membuktikan melalui kesibukan kerja sehari-hari, bahwa mereka mampu melawan "mitos" tentang determinisme pembagian kerja berbasis gender, dan merombak ideologi tadi tanpa dukungan media, tanpa restu dari otoritas manapun. Sebab di wilayah itu kaum perempuan lebih otoritatif. Dengan kata lain, kaum perempuan gigih mendekonstruksi "mitos" mengenai pekerjaan laki-laki, atau batas-batas wilayah gender, karena panggilan rasa tanggung jawab terhadap keamanan penghasilan keluarga. Tak dinyana pula demi kenyamanan psikologis mereka.

BAB III

Kepemimpinan Gerakan

"Aksi massa membutuhkan pemimpin yang revolusioner, cerdas, tangkas, sabar dan cepat menghitung kejadian yang akan datang, dan waspada secara politik. Ia harus pula pandai bersemboyan yang memberi semangat pada rakyat sehingga mengubah 'kemauan massa' menjadi 'tindakan massa'." (Tan Malaka, 2013: 103)

DALAM organisasi modern yang tertata baik dan efisien menyangkut organisasi dunia bisnis, organisasi sosial-keagamaan, ataupun organisasi militer, jejak pemimpin dan karakter kepemimpinannya niscaya terlihat, terasa, atau bisa dirasakan melalui berbagai corak tingkah laku organisasional yang ditampilkan oleh setiap orang yang menjadi bagian dari organisasi itu. Pemimpin dan kepemimpinan yang dirumuskan dalam suatu definisi, seabstrak apapun basis teoretik dan filosofisnya, manifestasi praktisnya pada umumnya tak terlalu abstrak untuk diidentifikasikan secara sederhana dalam wujud yang sifatnya sosiologis-kategoris, dan orang kiranya tak perlu menjadi seorang ahli lebih dahulu untuk bisa sekadar mengenali ciri-ciri identitas sederhana tadi.

Mungkin akan sama halnya, misalnya kesalehan seorang anggota jamaah tarekat, biasanya dapat menjadi petunjuk atau ukuran mengenai seberapa dalam kesalehan sang guru Mursid, yang turut mengisi dimensi iman dan sikap mental sang murid, yang kelak akan membentuk kesalehannya. Begitu pula jejak kepemimpinan seorang pemimpin organisasi. Di sana setidaknya ada dua hal penting. *Pertama*, jenis dan karakter kepemimpinan yang dikembangkan sang pemimpin. *Kedua*, ukuran tingkah laku dan sikap sang pemimpin yang berhubungan dengan disiplin dan tanggung jawab sosial, yang sudah menjadi tingkah laku anak buah dan anggota organisasi tersebut. Di sini, cerminan tingkah laku yang berhubungan dengan disiplin dan tanggung jawab sosial di antara anak buah dan anggota organisasi tadi dengan sendiri bisa menjadi ukuran bagaimana disiplin dan tanggung jawab sang pemimpin. Ringkasnya, betapapun samar-samar, besar sekali kemungkinan karakter kepemimpinan sang pemimpin tercermin di balik tingkah laku anak buahnya.

Mungkin penjelasan yang menggambarkan kearifan dunia persilatan mengenai pemimpin dan karakter kepemimpinannya tersebut akan lebih ringkas dan lebih jelas. Kehebatan yang diperlihatkan seorang pendekar muda yang bisa mengguncangkan dunia persilatan dan mengagumkan dapat menjadi indikator betapa tingginya ilmu suhunya, dan pertanyaan yang otomatis muncul adalah murid siapakah dia? Boleh saja diikuti kekaguman khusus: bagaimana mungkin dalam usia semuda itu dia sudah bisa menguasai begitu sempurna pengolahan tenaga dalamnya, dan cara pengungkapannya yang begitu matang melebihi batas yang bisa dilakukan yang tua-tua ini?

Guna menelusuri bagaimana corak kepemimpinan gerakan yang ditampilkan para pemimpin organisasi petani tembakau, yaitu dalam wadah Asosiasi Petani Tembakau (APTI), kita memiliki catatan-catatan yang barangkali bisa disebut sebagai pertanyaan yang mengherankan, yang diperlihatkan para petani tembakau dalam berbagai demonstrasi yang begitu tertata, tanpa teriakan mengancam atau mengutuk. Biarpun dada mereka barangkali hampir meledak menahan kemarahan atau jengkel, mereka mampu menjaga dan menciptakan suasana demo yang *peaceful*. Maka, seperti uraian di atas, kita bertanya: dipimpin siapakah dan dengan karakter kepemimpinan yang bagaimanakah demo hari itu menjadi begitu nyaris serupa dengan orasi ilmiah atau pembacaan puisi yang bisa menimbulkan gairah untuk membela kebenaran? Suasana penuh gairah itu tampil begitu matang sehingga yang terlihat hanya cerminan rasa tanggung jawab yang tak bisa tampil menjadi letupan-letupan kemarahan seperti gejolak jiwa orang yang sedang melakukan protes di jalanan: mengecam, mengutuk, dan kemudian melontarkan ancaman-ancaman.

Demo-demo petani tembakau dalam jumlah rombongan terbatas atau lebih besar di departemen-departemen pemerintahan, atau di parlemen, atau sekadar melakukan lobi politik ke berbagai media, suasananya sama tertatanya, sama damainya. Bahkan kemarahan yang diletupkan ketika demo kepada istana, setelah Presiden menandatangani RPP menjadi PP No. 109 Tahun 2012. Ungkapan kemarahan itu terungkap bukan sebagai teriakan pendemo yang marah sebagaimana umumnya, melainkan suatu ungkapan politik warga negara yang minta perlindungan kepada Presiden, permintaan agar Presiden tidak memihak kepentingan asing dan menelantarkan petani yang secara konstitusional wajib dilindunginya.

Kalau hendak bertanya atau menilai keamanan sebuah demo, pertanyaan bisa saja diajukan kepada menteri atau gubernur. Namun kita tahu mereka bukan aparat keamanan yang paham menjaga dan menilai situasi keamanan. Pertanyaan mengenai perkara itu harus diajukan kepada aparat kepolisian. Selama Jenderal Polisi Untung Rajab menjadi Kapolda Metro

Jaya, pada hampir setiap demo petani tembakau selesai, peneliti datang ke Polda Metro untuk mendengar ulasan dari perspektif keamanan, yaitu cara polisi menilainya, yang sering dilakukan sang Kapolda sendiri. Demo selalu menjadi perhatian penting, mengingat, katanya, "Jakarta ini barometer bagi kota-kota besar lainnya, khususnya bila, misalnya, dilihat dari sudut bagaimana keamanan ditata atau dijaga, atau dipertahankan, syukur juga ditingkatkan. Soalnya Jakarta adalah Ibu Kota negara." Begitu argumen teknis, sekaligus politis, yang selalu disampaikan kepada anak buahnya dalam masa rileks tetapi serius, ketika *morning coffee breakfast* yang diselenggarakan pagi-pagi sekali. Demo besar dan spektakuler dengan sendirinya menjadi perhatian yang lebih penting, ibaratnya semua mata tertuju ke sana.

Meskipun begitu, demo sebesar apapun, bila yang melakukannya petani tembakau, Kapolda kelihatan *ayem* saja. Malam, sesudah jam salat Isya, tamu-tamu berdatangan. Suasana di kantor Polda tenang, apalagi kalau di tengah para tamu itu, Kapolda masih tetap mengenakan sarung dan peci putihnya. Kalau sudah begini, maka ini adalah pertanda bahwa pada malam itu tidak ada persoalan penting yang membuatnya risau. Suasana orang bersalaman, cium pipi, dan ungkapan *alhamdulillah*, atau *insya Allah*, yang mewarnai ruang tamu yang nyaman itu, seolah telah mengubah kantor polisi yang umumnya serem menjadi seperti pertemuan kangen-kangenan para alim ulama dalam suatu kelompok tarekat, atau majelis zikir. Kemudian, ketika pembicaraan mengenai demo yang berjalan lancar dan aman itu disentuh, Kapolda tampak sangat santai. Sambil menyulut kretek yang dimasukkan ke dalam pipa gadingnya yang bagus itu, Jenderal polisi itu berkata ringkas:

"Anak buah siapa dulu?" Dan kemudian tak ada tambahan ucapan lain. Maksudnya, sebagaimana kita bisa menebaknya, sang Kapolda mengatakan pemimpin para petani, yang melakukan demo itu semua orang baik. Rupanya pihak polisi sudah tahu data para pemimpin petani tadi. Dan jika dijelaskan dalam perspektif *leadership*, agaknya Kapolda ingin mengatakan bahwa watak, sikap, dan perilaku para pemimpinnya jelas memberi warna, dan bahkan menjadi kiblat dan patokan tingkah laku bagi anak buahnya, yaitu para petani tembakau yang mengambil bagian dengan penuh semangat dalam demo. Tetapi catatan mengenai sikap Kapolda yang tidak membuat dia wajib selalu mewaspadai demo-demo petani tembakau, sudah dinyatakan beberapa kali sebelum atau sesudahnya, dengan sikap yang menggambarkan bahwa hal itu tidak perlu mendapat perhatian khusus.

Dalam rangkaian demo di Temanggung sendiri sesudah PP No. 109 ditandatangani Presiden, yaitu di Desa Wonosari, disebut-sebut adanya sejumlah anggota kepolisian yang dikirim langsung dari Jakarta untuk mengamankan keadaan jika dipandang perlu. Tampaknya pihak kepolisian tahu bahwa demo akan berlangsung agak panas. Pada hari itu, Jumat, 11 Januari 2013, kemarahan petani memang terasa, terutama dari orasi-orasi yang mengeluarkan ungkapan-ungkapan kemarahan dan ancaman. Kendati demikian hanya sampai di situ. Tak terjadi insiden apapun dalam demo yang membuat kepolisian Temanggung menurunkan anggotanya lebih banyak dari biasanya.

Polisi pun tahu, demo hari itu bisa menjadi ukuran bagi demo-demo selanjutnya, karena dalam demo di Desa Losari, Kecamatan Tlogo Mulyo, yang saya tulis menjadi sebuah esai di *Koran Sindo*, betapapun banyak jumlah petani yang menjadi partisipan demo, keadaan bisa diprediksi dan diantisipasi dengan baik. Demo pada hari kedua ditempuh para petani tembakau Kecamatan Tlogo Mulyo, Kabupaten Temanggung, dengan menekankan sifat damai (Sobary, 2014: 220). Polisi-polisi yang dikirim dari Jakarta sudah ditarik kembali ke Jakarta, dan yang menjaga keamanan di dalam demo tersebut hanya polisi-polisi yang semuanya berasal dari kepolisian Temanggung.

Pada hari itu, Sabtu, 12 Januari 2013, polisi jelas rileks sekali, jauh lebih rileks dibanding demo sebelumnya. Partisipan demo hari itu memang para petani yang sama, yang juga sama-sama menderita akibat kebijakan Jakarta, namun orasi mereka tidak terlalu marah. Selain itu, orasi yang dilakukan oleh partisipan yang lebih senior cenderung lebih lembut dan menekankan perlunya tidak terlalu marah, dan lebih baik memikirkan strategi perlawanan yang lain. Peluang perlawanan masih tersedia. Ada juga di antara tokoh yang menyampaikan orasi di atas panggung itu yang menjumpai petugas kepolisian dan menyatakan terima kasih atas kehadiran mereka, yang mengawal jalannya demo untuk meyakinkan bahwa keamanan tetap terjaga sebaik-baiknya.

Dan memang, keadaan di tempat demo berlangsung tersebut—dalam bahasa aparat keamanan—aman dan terkendali. Mereka senang dengan orasi-orasi yang teduh itu, dan ada polisi yang mendekati panggung—agaknya pemimpin pasukan—yang merasa perlu merespons orasi tadi dengan cara menyalaminya, ketika sehabis orasi itu yang bersangkutan turun dari panggung. Polisi menjaga dan mengamankan keadaan dengan senang. Kecuali itu, tak dapat dilupakan bahwa para pemimpin petani memang sudah berkoordinasi dengan pihak kepolisian, meyakinkan bahwa demo tidak akan melebihi batas orasi dan tanpa tindakan perusakan.

Catatan lain menyangkut suatu *event* akbar yang sudah disebut dalam bagian latar belakang, ketika para petani menyelenggarakan suatu yang di sini saya sebut pentas politik dalam deklarasi Laskar Kretek yang besar itu. Sekali lagi, perlu disinggung kembali di sini bahwa sepuluh ribu peserta yang berhimpun bersama dan serentak menyulut dan mengisap kretek di lapangan bola Maron, yang membuat lapangan bola

Deklarasi Laskar Kretek.

Sumber: Dokumentasi APTI Jateng.

itu terlihat menjadi jauh lebih kecil dari ukuran sebenarnya, apakah ada yang lebih besar sebagai momentum historis yang membuat mereka bangga? Mungkin itulah *event* terbesar dalam sejarah petani tembakau Temanggung yang memperlihatkan sikap dan komitmen mereka untuk menjaga keutuhan seluruh aspek kehidupan mereka, atau merebut kembali suasana damai yang telah terkoyak akibat berbagai kebijakan yang tak mempertimbangkan kepentingan mereka.

Lapangan bola, yang biasanya kosong, kecuali bila pertandingan sepak bola sedang berlangsung, di sepanjang hari itu seolah bermandikan cahaya dan seperti dihias aneka warna busana: ada panggung, lampu sorot, musik, dan penyanyi. Kemudian di berbagai bagian yang strategis maupun yang agak tersembunyi terpasang spanduk-spanduk besar dengan tulisan-tulisan penuh semangat, memeriahkan peristiwa penting pada hari itu. Ada spanduk bertulisan kata-kata provokatif yang bagi mereka menggambarkan gelora jiwa yang penuh gairah perlawanan, ada pula yang memancarkan semangat perjuangan revolusioner, seolah-olah mereka siap melaksanakan suatu revolusi. Tapi juga ada yang nada kalimatnya kalem, sekadar memberitahukan kepada publik yang rata-rata sudah tahu akan kehadiran suatu organisasi petani tembakau: "APTI Jawa Tengah". Berbagai tempat kosong di bagian pinggir-pinggir lapangan dan di pojok-pojok, terutama di tiang-tiang panggung yang tinggi, penuh spanduk besar bertuliskan APTI, Laskar Kretek, dan Komite Nasional Penyelamat Kretek, maupun anggota komunitas lainnya yang mengirimkan wakil untuk hadir dalam acara tersebut. Semua membuat spanduk dengan berbagai tulisan yang memperlihatkan ideologi dan sekaligus bahasa perlawanan.

Dalam ukuran begitu besar, acara berlangsung meriah sekali dengan yel-yel perjuangan. Komitmen kerakyatan keluar dari derap jiwa kaum muda. Namun derap jiwa mereka yang membara itu terungkap secara dewasa, bahkan di tangan beberapa peserta yang ikut naik panggung di sudut lapangan untuk berpidato, derap jiwa itu terasa estetik, mengalir dari kedalaman rasa yang terungkap perlahan seperti puisi, seperti doa, yang dilandasi sikap politik yang jelas: hanya petani yang mampu menjaga keamanan hidup petani. APTI berdiri di garis depan untuk menjaga agar tidak ada kekuatan luar yang mengganggu kehidupan petani.

Mereka pula yang kemudian, ketika dirasa perlu membentuk organisasi pendukung, memperkuat posisi APTI, yang mengeluarkan gagasan pembentukan Laskar Kretek, benteng pertahanan di garis belakang mereka. Dengan benteng itu, baik dalam jiwa maupun dalam wujud organisasi, mereka merasa aman dan nyaman. Acara besar yang spektakuler itu pun berlangsung sangat aman dan damai seperti ketika kita melaksanakan salat Idul Fitri atau Idul Adha di suatu lapangan terbuka.

Spanduk di suatu pojok lapangan ketika Deklarasi Laskar Kretek.

Sumber: Dokumentasi APTI Jateng.

Deklarasi Laskar Kretek.

Sumber: Dokumentasi APTI Jateng.

Uraian-uraian di atas pada intinya hanya untuk memperlihatkan bahwa di sana ada wibawa dan pengaruh pihak yang memimpin, sehingga pertanyaannya pun menjadi: siapa gerangan pemimpin-pemimpin mereka? Bagaimana mereka menyiapkan suatu *event* akbar itu menjadi begitu mengagumkan?

Tritunggal

Para pemimpin itu akan kita tampilkan dan kita bahas secara khusus. Di sini ada tiga tokoh yang sangat menonjol ketokohan mereka, yang disebut sebagai tritunggal. Nama-nama mereka disamarkan supaya uraian saya tak menunjukkan keberpihakan atau berupa penilaian, juga agar tidak memiliki kecenderungan bias persahabatan atau adanya kepentingan. Semua itu bisa mengganggu kejernihan cara memahami mereka sebagai orang-orang yang berada di garis paling depan dalam kehidupan petani. Ketiga tokoh itu akan kita jabarkan satu per satu untuk memperlihatkan kepemimpinan mereka secara umum; dan lebih khusus kita tampilkan di sini karakter kepemimpinan mereka.

Mamuja Semedi

Mamuja Semedi adalah seorang kepala desa yang dekat di hati petani tembakau. Dia juga akrab dengan para seniman setempat karena dia memang anggota kelompok kesenian setempat. Batara Sentanu, merupakan seorang tokoh berpengaruh yang disukai petani. Suaranya didengar dan dipertimbangkan dengan baik, dan dalam Tritunggal dia ditaati dan didorong agar selalu di depan, dan dua anggota Tritunggal lainnya memberikan dukungan dengan ketaatan politik yang dilatarbelakangi oleh kuatnya karakter Batara. Yang terakhir juga tokoh andal dan berpengaruh di kalangan petani yang menyukai keberaniannya, keterbukaannya, kejutan-kejutan sikapnya yang selalu disertai guyon, humor, yang menyegarkan suasana. Tokoh ini namanya Dewa Brata.

Mamuja Semedi adalah pemimpin desa di lereng teratas Gunung Sumbing. Ia dihormati dan wibawanya, biarpun masih muda, terasa oleh para petani desa. Mamuja seorang petani juga. Ia mengatakan tidak tamat SMA, tetapi memiliki beberapa kompetensi teknis yang penting dalam kehidupan petani. Agaknya karena itu ia diterima sebagai pemimpin di desanya. Ia pernah menjabat selama dua periode sebagai pemimpin desa yang terpandang. Ayahnya petani tembakau, dan kakeknya, selain menjadi petani tembakau, juga terampil sebagai pedagang tembakau. Hubungannya dengan pihak pabrik dekat. Kedekatan ini bermanfaat bagi usaha dagangnya. Kakeknya dipercaya betul oleh pihak pabrik. Kepercayaan pihak pabrik kepada kakek ini kemudian turun ke cucunya, Mamuja Semedi, yang juga memiliki hubungan dekat dengan pihak pabrik. Mamuja Semedi sendiri tidak tahu apa gunanya relasi seperti ini. Kelak sesudah terjun dalam kepemimpinan petani baru dia memahami betapa penting hal itu, dan betapa besar gunanya. Begitu pula pertemuan-pertemuannya semasa kecil dengan Batara Sentanu dan Dewa Brata.

Ayah Mamuja Semedi bersahabat dengan Ayah Dewa Brata, seorang kepala desa. Ketika ayah dengan ayah bertemu dan membicarakan urusan orang-orang dewasa, maka anak-anak, yaitu Mamuja Semedi dan Dewa Brata berkenalan, dan bermain bersama. Kenangan masa kecil ini rupanya kelak sesudah sama-sama terjun ke masyarakat, sama-sama aktif dan tertarik pada kepemimpinan sosial di desa, membuat hubungan mereka menjadi semakin kuat. Mereka, Mamuja Semedi, Batara Sentanu, dan Dewa Brata dari dusun yang berbeda-beda, bertemu dalam puncak kepemimpinan petani tembakau, tampil menjadi tiga serangkai, tritunggal yang kompak.

Mamuja Semedi seorang pemimpin desa, Batara Sentanu pemimpin desa, dan Dewa Brata pun pemimpin desa. Selain itu Mamuja maupun kedua sahabatnya itu memegang posisi penting dan strategis dalam organisasi petani tembakau, APTI Kabupaten Temanggung, dan memiliki pula posisi penting di APTI tingkat Provinsi Jawa Tengah. Dia juga menjabat koordinator organisasi nasional yang membentengi keselamatan kretek agar tak dirusak atau dimatikan oleh kekuatan luar, dari mana pun datangnya, dan untuk kepentingan apapun. Kepemimpinannya pula yang membuat dia menjadi bagian dari sedikit kelompok elite di dunia pertanian tembakau di Temanggung yang menggagas berdirinya Laskar Kretek yang menjadi benteng pertahanan petani tembakau menghadapi guncangan dan berbagai ancaman dari luar yang hendak menggoyahkan kemapanan hidup petani tembakau, yang hidupnya sudah turun-temurun sejak berpuluh-puluh generasi hingga hari ini.

Dia Ketua Laskar Kretek Jawa Tengah dan Persatuan Anak-anak Petani Tembakau sebagai gerakan "kreteknisasi". Juga Ketua Koperasi Petani Tembakau Mas Hijau Sejahtera Kabupaten Temanggung. "Ini untuk mengabdi kepentingan petani, kepentingan kita-kita sendiri. Siapa yang mau melakukannya kalau bukan kita?" katanya. Perjuangannya untuk kepentingan petani menunjukkan manfaat besar. Sebagai salah seorang penggagas APTI Peduli Pendidikan yang sudah berhasil menggalang dana buat beasiswa, jasanya jelas besar untuk meningkatkan taraf pendidikan anak-anak petani tembakau. Ia menekankan bahwa yang diutamakan adalah anak-anak dari keluarga yang kurang mampu, setidaknya lebih kurang mampu dibandingkan dengan keluarga-keluarga petani yang lain.

Dia juga merupakan salah seorang penggagas Kredit Usaha Mandiri untuk petani tembakau, ditunjuk sebagai Koordinator Kredit Usaha Mandiri di bidang pertembakauan Kabupaten

Temanggung. Kredit ini diberikan oleh Bank Mandiri. Ia juga menjadi ketua kelompok yang menyusun *policy paper* mengenai pertembakauan. Ia memiliki ungkapan yang menjadi slogan perlawanan terhadap kekuatan-kekuatan yang hendak merusak atau menghancurkan tembakau, yaitu mereka yang memiliki kepentingan dan agenda besar demi pengembangan bisnis mereka. Ungkapan itu juga menjadi simbol dan bahasa perlawanan yang melembaga dalam masyarakat: "*Urip mati tetep nandur mbako*", hidup mati tetap menanam tembakau. "*Ngrokok matek, ora ngrokok yo matek*", artinya merokok mati tidak merokok pun mati. Karena itu "*ngrokok terus nganti matek*", merokok terus sampai mati.

Bagi petani, menanam tembakau bukan pilihan hidup yang menyenangkan, bukan pula, misalnya, pilihan politik yang tampak mewah dan menjadi lebih terhormat. Mereka tak punya pilihan lain. Menanam tembakau merupakan satu-satunya cara yang tersedia bagi mereka untuk bisa *survive* agar tembakau tak hilang dimakan oleh suatu kebijakan yang dibuat para tokoh di Jakarta, dan agar mereka sendiri tak kehilangan satu-satunya sumber kehidupan ekonomi.

Penegasan ini terasa menjadi seperti ungkapan revolusioner sebagaimana diteriakkan di mana pun garis depan perlawanan pada zaman pergerakan kemerdekaan: "merdeka atau mati". Ungkapan ini menandai teriak perjuangan yang paling berani. Demi membelanya, tak terhitung jumlahnya kaum pergerakan rela bertaruh nyawa. Bahkan menjadi tak penting lagi ketika pada akhirnya mereka akan tinggal menjadi "tulang-belulang diliputi debu" yang diabadikan dalam sajak Chairil Anwar. Seperti akan segera dapat dibuktikan dalam uraian yang menyangkut kedua tokoh lainnya sebagai tritunggal, satu-satunya pilihan itu juga menjadi sejenis teriakan perjuangan pula bagi kedua tokoh lainnya.

Dengan kata lain, mati-hidup menanam tembakau dan merokok sampai mati itu telah melembaga dalam masyarakat. Teriakan perjuangan itu sudah bukan lagi milik mereka bertiga, melainkan sudah menjadi milik masyarakat petani tembakau seluruhnya. Barangkali itulah warisan sikap dan cara pandang yang mereka miliki tentang bagaimana cara petani membangun suatu *survival strategy* di tengah tekanan berat yang mengancam kelestarian hidup tembakau.

Mamuja Semedi juga mengerti dunia seni. Dalam kelompok seni Turonggo Bekso dia menjadi penulis dan pengarah lakon, memproduksi simbol-simbol perlawanan yang terungkap dalam cerita dan nama-nama tokoh dalam ceritanya.

Ia terampil melakukan diplomasi dengan sikap yang taktis. Ini adalah sikap bawaan yang tidak dipelajari di sekolah. Melakukan lobi-lobi sosial untuk memperjuangkan kepentingan petani, yakni melakukan pendekatan dengan pihak industri dan mendekatkan petani dengan industri guna membangun saling pengertian. Hal ini meneguhkan saling ketergantungan yang menempatkan masing-masing pihak pada posisi setara.

Masyarakat petani tembakau atau dunia pertembakauan berutang kepadanya. Apa yang sudah dilakukannya dikenang orang dan menjadi kapital khusus, terutama bagi kalangan yang lebih muda untuk menghayati makna perlawanan sebagai perjuangan kaum tani yang harus diteruskan oleh kalangan yang lebih muda, yaitu generasi muda petani dalam masyarakat petani tembakau itu sendiri.

Rumah Mamuja Semedi terletak di ketinggian Gunung Sumbing yang anggun dan dingin, yang suhunya berkisar antara 14-15 derajat Celcius, yang memberi petani lahan subur bergenerasi-generasi. Mamuja dan kawan-kawan waspada akan gejala ini dan berusaha menggalang sikap kolektif di kalangan petani, agar mereka turut bersama-sama mengamati pemalsuan yang merugikan nama baik tembakau Temanggung. Pabrik-pabrik diberi tahu mengenai keculasan ini supaya mereka juga tak terkecoh untuk membeli tembakau berkualitas rendah dengan harga tembakau berkualitas baik khas Temanggung.

"Sebenarnya saya yakin pabrik sudah tahu hal itu. Tapi kalau saya tak pernah menyinggungnya di depan mereka, saya khawatir mereka akan salah paham dan mengira kami tak tahu-menahu mengenai apa yang sedang terjadi di masyarakat. Sekarang terserah bagaimana pabrik akan bersikap. Itu sudah merupakan urusan pabrik," kata Mamuja Samedi mengenai situasi penting dalam lingkungan kehidupan masyarakat petani tembakau. Dia memahami arti kepemimpinan dari segi ini: "Pemimpin itu mewakili aspirasi masyarakat. Apa yang diinginkan mayoritas warga masyarakat, kita kerjakan untuk kepentingan mereka. Dengan cara itu masyarakat gembira menerima apa yang kita lakukan karena kelihatannya kebanyakan orang malas memperjuangkan aspirasi mereka sendiri. Di situlah kira-kira, menurut saya, pemimpin mempunyai arti penting di mata mereka yang dipimpin."

"Apakah itu berarti contoh tindakan nyata dan perbuatan yang bermakna, menjadi lebih penting daripada pendapat, anjuran, atau perintah yang intinya hanya kata-kata?" wajah Mamuja kelihatan gembira, dan merespons ucapan ini dengan ungkapan tanda setuju. "Ya, ya, begitu kira-kira. Yang penting itu bukti." Mamuja Semedi bukan pemimpin dengan tipologi "manusia kata-kata" (*man of words*), yang mengandalkan kepemimpinannya pada kemampuan berbicara, mengemukakan pendapat, memotivasi, dan memberikan dorongan pada orang lain.

Dia pemimpin dengan tipologi "orang kerja" (*man of doing*), riil, praktis, ada bukti nyata. Dalam kelompok seni dia menyusun lakon dengan diam. Dan tahu-tahu kemudian sudah jadi. Dia mengarahkan jalannya cerita dalam suatu lakon, tidak dengan terlalu banyak kata. Begitu juga ide-ide memajukan kehidupan masyarakat. Komunikasi seperlunya dengan berbagai kalangan dianggap penting. Tapi sesudah itu dia mencoba menerobos jalan pendek untuk mewujudkannya.

Gagasannya—tapi sebetulnya juga gagasan para tokoh yang disebut "tritunggal" itu—untuk mengusahakan beasiswa bagi anak-anak petani, maupun buruh tani, merupakan salah satu contoh hasil kerja yang tak banyak menggunakan kata-kata. Ada seratus anak keluarga petani dan buruh tani yang memperoleh beasiswa tersebut. Orang pun mencatat dalam ingatan yang melekat erat bahwa masa kepemimpinannya diwarnai oleh kerja-kerja kreatif yang memberi manfaat pada petani. Dengan gaya seperti orang melaporkan sesuatu yang membanggakan hati, Mamuja mengatakan, "Beasiswa APTI peduli pendidikan untuk anak-anak petani tembakau dan buruh tani tembakau yang di sekolah mereka masing-masing berprestasi, dan secara ekonomi orangtua mereka kurang mampu. Mereka wajib ditolong. Pada umumnya mereka, dan orangtua mereka, bukan hanya senang memperoleh beasiswa tersebut, melainkan juga bangga, karena anak-anak itu berprestasi. Mungkin itu yang terpenting," katanya.

Berikut akan dijelaskan mengenai gambaran para penerima beasiswa, di mana sekolah mereka, dan berapa penerima beasiswa pada setiap sekolah, serta berapa jumlah penerima beasiswa pada tiap-tiap tahun, mulai dari tahun 2011 hingga 2014 dan berapa jumlah keseluruhan mereka selama tiga tahun. Tabel-tabel berikut akan dapat menjelaskannya secara rinci, sederhana, dan jelas. Kecuali itu, diperlukan pula gambaran mengenai jumlah beasiswa yang sudah dikeluarkan oleh pihak pemberi beasiswa, yaitu PT Djarum, yang memiliki kantor pembelian dan gudang tembakau di Temanggung, agar diperoleh gambaran lebih menyeluruh tentang beasiswa APTI Peduli Pendidikan.

Data mengenai sekolah dan jumlah siswa yang menerima beasiswa tersebut, baik dari sumber pertama, PT Djarum maupun dari sumber kedua, berdasarkan catatan APTI, tidak ada perbedaan apapun. Di sini perlu disajikan bahwa pada 2011 terdapat 103 siswa penerima beasiswa tersebut. Kemudian pada 2012, jumlah siswa penerima beasiswa tersebut 96 orang. Sedang pada pada 2013 jumlah penerima beasiswa sebanyak 97 orang. Pada tahun terakhir, 2014, jumlah itu meningkat menjadi 100 orang. Fluktuasi jumlah tersebut terjadi karena proses seleksi yang berdasarkan prinsip untuk memilih penerima beasiswa yang dianggap betul-betul memenuhi persyaratan. Pada prinsipnya, disediakan beasiswa untuk 100 siswa setiap tahun, tetapi jumlah persis 100 tak mudah dipenuhi. Dengan begitu dapat dipahami bila kenyataan lapangan menunjukkan bahwa ada kalanya lebih dari seratus, ada kalanya kurang dari jumlah tersebut.

Untuk menampilkan informasi lebih lengkap mengenai seluk-beluk beasiswa tadi, mulai dari tahun penerimaan, nama-nama sekolah, dan jumlah siswa yang menerimanya, disusunlah tabel-tabel mulai tahun 2011 hingga 2014 (lihat Tabel 3.1).

Dari bagian ini pun kita sudah memiliki gambaran umum mengenai keseluruhan rangkaian yang menyangkut tahun penerimaan, jumlah sekolah, dan para penerima beasiswa tadi. Maka di sini disajikan ringkasan tabel mengenai tahun, jumlah sekolah, dan jumlah penerima beasiswa tersebut.

Tabel 3.1: Jumlah Sekolah dan Penerima Beasiswa APTI Peduli Pendidikan 2011-2014

No.	Tahun	Jumlah Sekolah	Jumlah Penerima
1.	2011	16	103 orang
2.	2012	13	96 orang
3.	2013	8	97 orang
4.	2014	6	100 orang
Total Penerima Beasiswa 2011-2014			396 orang

Sumber: Diolah dari Dokumen APTI Temanggung.

Seorang petani tembakau, yang anaknya memperoleh beasiswa itu mengakui kenyataan tersebut. "Saya merasa tertolong. Pak Mamuja itu orangnya tak bisa tinggal diam. Idenya banyak. Pelaksanaan ide-idenya itu merupakan hasil kerja yang sangat nyata."

Mudah dipahami bila banyak orangtua murid yang berterima kasih kepadanya maupun kepada tritunggal tersebut. Beasiswa yang disebut "APTI Peduli Pendidikan" itu memiliki sejarah dan latar belakang yang merupakan keprihatinan dua pihak: yaitu pihak petani dan pabrikan. Pada 2010, kedua pihak tadi bertemu. Pihak petani diwakili beberapa tokoh, terutama Dewa Brata, yang menjelaskan kondisi sekolah-sekolah lanjutan atas di Temanggung, yang bukan hanya tidak ideal sama sekali, bahkan di berbagai sekolah kondisinya sudah memprihatinkan.

Pihak pabrikan, wakil dari pabrik besar yang memberikan beasiswa itu, kemudian melakukan pengecekan langsung di berbagai sekolah, dan memang menemukan keadaan bahwa apa yang disampaikan Dewa Brata tidak salah. Meja dan kursi siswa bukan hanya miring, dan reyot, tetapi juga kotor, penuh coretan dan tak memadai lagi. Kondisi laboratorium begitu minim fasilitas, sama sekali tak mampu menunjang kegiatan ilmiah para siswa. Perpustakaan dalam keadaan mengenaskan. Gedung-gedung sudah tua, juga tidak memadai lagi. Begitu banyak yang tidak layak dan sangat memerlukan dukungan dana untuk perbaikan.

Namun apakah kebijakan yang keluar adalah kebijakan bersama antara pihak petani, yang mengajukan gagasan dan minta dukungan, yang diwakili APTI, dan pihak pabrikan, yang memberikan dukungan tersebut? Kebijakan itu berupa beasiswa bagi anak-anak petani, siswa-siswa sekolah lanjutan atas di Temanggung. Pihak pabrikan mengajukan pendapat bahwa bukan hanya anak-anak yang pintar, tetapi anak-anak yang bodoh tapi miskin juga harus dimasukkan ke dalam kategori yang layak memperoleh beasiswa APTI peduli pendidikan. Dan pendapat itu diterima, bukan karena keluar dari pihak yang memiliki dana, melainkan karena hal itu adil dan masuk akal, buat menolong mereka yang layak ditolong.

Pada 2011 beasiswa diberikan kepada siswa-siswa angkatan pertama, anak-anak kelas satu. Tahun 2012 mereka naik ke kelas dua, dengan tetap memperoleh beasiswa. Tetapi datang generasi baru, kelas satu, yang juga memperoleh beasiswa, dan ketika kelas satu menjadi kelas dua, dan kelas dua menjadi kelas tiga, pada 2013 muncul kelas satu, generasi baru penerima beasiswa tadi. Dengan begitu, tahun 2013 tersebut genaplah tiga kelas, yaitu kelas satu, kelas dua, dan kelas tiga, yang semuanya memperoleh beasiswa. Sejak masuk sekolah lanjutan atas hingga lulus, mereka menikmati bantuan beasiswa yang disebut APTI Peduli Pendidikan. Kebutuhan para siswa yang dijamin oleh beasiswa tadi meliputi pakaian seragam, SPP bulanan, kebutuhan akan buku-buku dan alat tulis, dan uang transportasi. Di daerah, transportasi merupakan elemen yang tergolong mahal dibanding unsur-unsur beasiswa lainnya. Bila SPP bulanan hanya sekitar Rp100.000, uang transpor bisa mencapai lima kali jumlah tersebut.

Tak mengherankan bila "hanya" 100 siswa pada tiap-tiap kelas, yaitu kelas satu, kelas dua, dan kelas tiga selama setahun, sementara pihak pabrik mengeluarkan dana sekitar Rp1 miliar hingga Rp1,2 miliar. Dana keseluruhan untuk kelas satu, kelas dua, kelas tiga, untuk mudahnya hanya tinggal dikalikan tiga, rata-rata Rp3 miliar hingga Rp3,6 miliar. Di antara anak-anak yang dibiayai ini ada pula yang masuk SMA Taruna Magelang, dan sesudah lulus, para penerima beasiswa ini ada 7 siswa yang melanjutkan kuliah di Undip (Universitas Diponegoro), Semarang, ada 4 anak yang diterima di UGM (Universitas Gadjahmada), Yogyakarta, dan selebihnya di UIN (Universitas Islam Negeri). Dengan kata lain, mereka bisa mencapai jenjang pendidikan tinggi yang baik, karena nilai mereka mencukupi. Beasiswa yang mereka terima sangat mendukung kemajuan mereka.

Mamuja sendiri menjelaskan, tidak semua urusan tersebut dikerjakannya sendiri. Tokoh-tokoh lain, dua orang pasangannya, yang tergabung dalam tritunggal tadi juga memiliki peran yang tak bisa diabaikan. Mamuja selalu berkoordinasi dengan kedua temannya ini. Langkah-langkah untuk menyejahterakan para warga masyarakatnya tidak hanya tampak dalam lobi untuk memperoleh beasiswa tersebut. Mereka juga mengusahakan kredit—yang disebut kredit Mandiri—agar para petani, terutama yang sangat memerlukan, memperoleh kemudahan untuk meminjam uang di bank. Dalam tritunggal itu Mamuja sering maju lebih dahulu untuk melakukan lobi ke berbagai pihak, termasuk ke bank dan pabrik sebagaimana disebutkan di atas.

Dilihat secara sepintas, kehidupan petani tembakau Temanggung, terutama mereka yang memiliki cukup lahan pertanian dan keterampilan perdagangan tembakau yang teruji, termasuk kategori warga masyarakat yang makmur. Apalagi bila kita perhatikan kehidupan mereka pada masa panen dan pascapanen, mereka merenovasi rumah atau membeli kendaraan baru seperti mobil atau motor. Pada umumnya dilakukan secara tunai, bukan kredit. Sekali lagi, secara sepintas, para petani seolah tak memiliki masalah yang bersangkut-paut dengan uang. Tetapi sebenarnya di kalangan masyarakat terdapat juga petani dengan lahan terbatas. Apalagi buruh tani yang sangat memerlukan dukungan keuangan untuk mendukung kelangsungan hidup keluarga, terutama untuk kebutuhan pertanian.

Mereka membutuhkan uang *cash*, sedangkan uang jenis ini tidak diperoleh dari pinjaman bank, melainkan—di masa lalu—dari rentenir, yang sangat penolong, kelihatan ramah, dan mudah mengeluarkan uang. Dari mereka, uang bisa dikeluarkan kapan saja—pada pagi, siang, sore, atau malam ketika dibutuhkan—dengan cara fleksibel, tidak berbelit-belit, dan tidak birokratis seperti persyaratan di bank. Dalam hal ini lembaga keuangan resmi seperti bank kalah gesit, kalah fleksibel, kalah senyum dibanding rentenir. Untuk jangka waktu lama, bank pada umumnya, tak terlalu peduli dengan kekalahan seperti itu.

Tetapi rentenir yang baik hati dengan pelayanan publik yang fleksibel juga memiliki semangat kapitalisme yang ketat, tegas, dan sering tak mudah menaruh belas kasihan pada para nasabahnya. Nasabah rentenir semacam ini ialah orang-orang yang dalam keadaan terdesak terpaksa menerima syarat-syarat yang diajukan: bunga yang tinggi hingga 50% dan jaminan aset terbatas: lahan pertanian, satu-satunya sumber kehidupan ekonomi, atau rumah. "Bunga utang 50% yang harus dibayar, dilihat dari segala segi, jelas jauh dari azas keadilan. Inilah sebabnya mengapa petani yang terjerat rentenir biasanya mengalami perubahan, dari petani berlahan, menjadi buruh tani semata" (Brata, 2012: 116). Kondisi sosial-ekonomi yang memberatkan ini merupakan masalah kronis di dunia pertanian, apalagi bila dunia perbankan tidak menaruh perhatian kepada mereka. Berkat lobi-lobi yang dilakukan para pemimpin masyarakat yang menginginkan kemudahan bagi anggotanya, perubahan kebijakan perbankan di Temanggung berdampak nyata. Beban keuangan para petani menjadi lebih ringan sejak secara massal, dan untuk kali pertama, petani diperbolehkan meminjam uang di bank. Program ini disebut dengan kredit petani Mandiri, yang kedengarannya agak melegakan, baik bagi para petani maupun bagi warga masyarakat secara umum.

Di bawah ini disajikan tabel yang menggambarkan jumlah penerima kredit Mandiri, yaitu pinjaman yang diperoleh dari Bank Mandiri. Seperti dijelaskan dalam ringkasan tabel berikut, dapat dilaporkan bahwa data tentang kredit merupakan kesinambungan kredit pertama tahun 2012, disusul kredit tahun berikutnya, 2013, dan terakhir data mengenai kredit tahun 2014. Ringkasan ini menggambarkan jumlah keseluruhan, baik jumlah penerima kredit maupun jumlah kredit itu sendiri.

Tabel 3.2: Penerima Kredit Mandiri 2012-2014

Tahun	Jumlah Penerima Kredit	Jumlah Pinjaman
2012	66 orang	Rp342.900.000
2013	66 orang	Rp342.900.000
2014	66 orang	Rp 342.900.000

Sumber: Diolah dari Dokumen APTI Temanggung.

Catatan yang dapat disampaikan di sini bukan terutama jumlah penerima kredit Mandiri yang disyukuri para petani, melainkan mengenai corak kepemimpinan para tokoh dalam tritunggal tersebut. Gaya kepemimpinan mereka terwujud dalam bentuk tindakan-tindakan untuk membantu para petani, para warga masyarakat yang mereka pimpin, untuk mencapai aspirasi mengenai hidup tenteram, tak terusik oleh hal-hal tak menyenangkan, untuk hidup sejahtera. Dengan begitu, tabel-tabel tersebut hanya sarana untuk menjelaskan fungsi kepemimpinan mereka, yang di sini dapat disebut sebagai kepemimpinan dalam tampilan lebih praktis, lebih berupa tindakan nyata, yang dapat dirasakan manfaatnya oleh para petani yang mereka pimpin. Tipe kepemimpinan mereka dianggap lebih cocok dengan aspirasi para petani serta harapan mereka mengenai pemimpin dan kepemimpinan, yang memiliki fungsi-fungsi nyata dalam kehidupan mereka.

Batara Sentanu

Tokoh kedua, Batara Sentanu, juga seorang Kepala Desa, pemimpin tertinggi organisasi yang menampung petani, aspirasi petani, dan memberi latihan-latihan pemikiran strategis yang membuat petani-petani tembakau melek politik, mengerti bagaimana memperjuangkan hak-hak politik mereka, dan melindungi hak-hak itu agar tak diambil alih pihak lain. Batara adalah seorang sarjana ekonomi, lulusan Universitas Islam Indonesia Sunan Kalijaga, Yogyakarta. Dia juga mengerti cara berbisnis, meskipun selama ini bidang bisnis tidak menjadi perhatiannya, karena waktunya digunakan untuk kepentingan mengabdi warga petani. Selain kepala desa, ia memimpin organisasi petani dan berdiplomasi ke mana-mana demi kepentingan petani.

Pergaulannya luas. Selain menyatu dengan komunitas kaum tani sendiri, ia dekat dengan para pejabat kabupaten dan para pimpinan kepolisian setempat. Ia mudah menggalang kerja sama dengan aparat keamanan. Karena itulah demo-demo petani dijaga dan dilindungi dengan baik oleh aparat polisi di lapangan, karena mereka sudah diinstruksikan oleh atasan mereka sendiri agar polisi tidak memberi kesan menakutkan pada warga masyarakat. Gagasan *community policing* diterapkan. Warga masyarakat merasa tak berjarak dengan aparat kepolisian. Pihak kepolisian pun aktif menempatkan diri di tengah-tengah masyarakat petani tanpa dicurigai menimbulkan kesan takut.

Batara Sentanu dan kawan-kawan menjaga dengan baik relasi-relasi yang sudah terbentuk ini untuk dikembangkan lebih jauh menjadi kekuatan penting yang bermanfaat bagi para petani. Sentanu juga terampil melobi pihak industri untuk memperjuangkan kepentingan petani. Usahanya mendekati pihak industri dilakukan dengan baik, dengan sikap berusaha membangun kerja sama. Ia mengatakan:

> "Suara-suara yang berkembang di dalam masyarakat, yaitu di kalangan sebagian petani tembakau, memang terasa mengandung sejenis tuntutan agar industri menjadi lebih murah hati lagi. Khususnya jika dalam suatu masa panen kualitas

> tembakau kita agak kurang bagus, mohon diterima dengan baik. Jangan terlalu keras menuntut kualitas, karena seperti tanaman lain, tembakau juga sangat tergantung pada cuaca yang berubah-ubah. Pada suatu masa panen cuaca buruk, kebanyakan hujan, membuat kualitas tembakau kurang baik. Akan tetapi pada masa panen berikutnya, cuaca baik dan kualitas tembakau pun baik. Jadi mohon dipahami bahwa begitulah keadaan yang tak bisa dihindari petani. Keprihatinan ini saya perhatikan baik-baik, dan saya membawa pesan-pesan seperti ini kepada pihak industri dengan hati-hati sekali. Pihak industri pun tahu bahwa keadaan seperti itu tak mungkin dihindari, sehingga pendekatan saya tidak boleh terdengar menuntut. Karena kalau terjadi perdebatan, petani pasti kalah. Jadi saya tak mau memasuki ruang perdebatan. Pendekatan untuk minta perhatian, disertai ketawa atau senyum, hasilnya lebih baik karena mereka lebih merasa tersentuh mendengar bahwa petani banyak mengalami kesulitan. Saya kira orang tak begitu suka mendengar tuntutan, tetapi kalau kita mengimbau, atau mohon perhatian, orang lebih mudah ikut memahami kondisi kehidupan kita..."

Batara Santanu menjelaskan cara pendekatan dalam melobi pihak industri di atas, di tengah pertemuan tiga hari sebelum Deklarasi Laskar Kretek berlangsung. Ia juga menjelaskan bahwa relasi petani dan pihak industri dekat, sedekat relasi petani dengan petani lainnya, atau relasi petani dengan pihak kepolisian maupun dengan pemerintah setempat. Keadaan itu tidak timbul dengan sendirinya, melainkan diciptakan dengan sengaja oleh pihak petani, terutama melalui para tokoh di tubuh APTI yang sangat menyadari bahwa petani berada dalam posisi lemah. Batara Santanu juga ikut secara aktif dan memberi andil besar dalam menciptakan relasi-relasi dengan berbagai pihak yang memegang peranan penting dalam tata pemerintahan di Kabupaten Temanggung. Pihak industri, yang merupakan kekuatan swasta dan berada di luar lingkungan pemerintahan setempat, memiliki posisi yang tidak kalah penting dibanding berbagai pihak yang sudah disebutkan di atas.

Di sini tampak jelas bahwa para tokoh di tubuh APTI memang memainkan peran kepemimpinan yang penting, dan ditaati oleh warga masyarakat. Kondisi kehidupan petani memang memerlukan kepemimpinan. Dan itu pemimpin maupun tokoh-tokoh yang siap berbagi kepentingan politik dan siap menerjemahkannya ke dalam tindakan nyata dalam kehidupan mereka sehari-hari, agar petani tidak hanya diam dan mengeluh dalam menghadapi kesulitan yang sering di luar batas kemampuan mereka untuk mengatasinya. Dua hal itu, yaitu sikap diam dan mengeluh, tidak akan pernah bisa memecahkan masalah sekecil apapun. Sudah tiba masa untuk bertindak. Batara Sentanu orang yang memiliki kemampuan mengolah kesadaran umum, yaitu kesadaran pada tingkat diam dan mengeluh tadi menjadi kesadaran untuk berbuat. Dia pun mengajak kawan-kawannya untuk bersama-sama, betapapun pelannya langkah mereka, meyakinkan banyak pihak agar berbuat sesuatu yang bisa mengawali perubahan sejarah mereka sendiri.

Batara Sentanu sering bertemu Mamuja Semedi. Tidak mengherankan, karena mereka orang-orang yang *mobile* dan anak-anak muda yang selalu bergaul ke sana kemari. Sebetulnya, yang mula-mula bersahabat Kakek Mamuja Semedi dengan Ayah Batara Sentanu. Kedua anak itu—saat itu mereka masih remaja—"terbawa" oleh situasi keakraban orang-orang dewasa itu. Dua orang dewasa bersahabat dan dua anak remaja sering bertemu dan saling mengenal. Kelak, ketika sudah sama-sama lebih matang dan merasakan rasa tanggung jawab sosial yang lebih besar untuk memikirkan nasib para petani, mereka bertemu lagi. Saat itu mereka bergabung, dan menyatukan sikap dan pemikiran mereka untuk membela "kaumnya" sendiri, yang tak mampu membela diri sendiri.

Pada 2000 Sentanu turut membidani lahirnya Paguyuban Petani Tembakau Sindoro Sumbing dan berdirinya APTI, dan duduk di posisi pimpinan APTI. Tidak banyak orang yang hidupnya semewah Batara Sentanu: rumahnya di daerah yang udaranya segar, posisinya begitu strategis, di tepi jalan raya, tetapi juga berdekatan dengan lahan persawahan yang ditanami tembakau. Posisi rumahnya sedemikian strategisnya sehingga ibarat memangku Gunung Sumbing. Pemandangan yang mewah itu mungkin tak terlalu disadarinya karena pemberian alam, dan diterima begitu saja. Dia memimpin rakyat desa, para petani dengan semangat kebersamaan, memberi peluang besar untuk berdialog dan menghadapi semua masalah secara bersama-sama, dengan keterbukaan yang serba transparan. Ia pun menjadi kepala desa selama dua periode dengan nyaman. Dia sering muncul di media mengomentari kebijakan pemerintah yang dianggapnya tak adil di bidang pertembakauan.

Dia juga menulis buku tentang tembakau. Dalam buku ini digambarkan sebuah kesaksian, kegelisahan, dan harapan seorang petani tembakau. Baginya, juga bagi semua petani tembakau, tanaman itu penting sekali. Dia tidak punya pilihan lain selain menjaga agar tembakau berkembang dengan baik dan petani makmur, atau biarlah tembakau dimatikan dan petani pun akan dengan sendirinya turut mati. "Tembakau atau Mati", yang menjadi pilihan judul bukunya, kelihatan menarik. Apa bedanya ungkapan itu daripada ungkapan lama dalam perjuangan kemerdekaan bangsa, yang berteriak tegas: "Merdeka atau Mati"? "Tembakau atau Mati" dan "Merdeka atau Mati" bukan dua fenomena yang disama-samakan supaya kelihatan mengesankan bahwa kedua-duanya memancarkan semangat revolusioner.

Petani tembakau tak bermaksud seperti itu. Mereka hanya mengatakan keadaan sebenarnya: sesuatu yang bersifat apa adanya mengenai posisi keterancaman mereka secara langsung.

Dilema berat dunia pertanian tembakau menempatkan mereka pada pilihan tanpa alternatif, artinya pilihan tanpa pilihan, karena yang ada hanya: Tembakau atau Mati, suatu keadaan rumit yang bersentuhan dengan filsafat *either-or*, hanya "ini" atau "itu", *either this or that*, terasa begitu getir, muram, dan terancam. Meskipun begitu Batara Sentanu tetap tegar. Di ruang tamu rumahnya, di tengah banyak tamu lain, dia mengemukakan: "Tugas kita melawan. Kita ada di rumah kita sendiri kok diancam. Pemerintah kok mengancam. Katanya harus melindungi? Posisi kita memang sulit. Jadi, bagi kita, pilihannya hanya melawan. Melawan wajib dilakukan. Mengenai hasilnya, kalah atau menang, soal lain. Maunya kita menang. Itu jelas. Kalau ternyata kalah, ya melawan lagi.

Gejala bahwa perlawanan akan makin mengeras sudah terasa sejak perlawanan ditujukan pada RPP yang membuat petani berulang kali harus ke Jakarta. Mereka melobi tokoh-tokoh penting di parlemen yang memiliki komitmen kuat membela tembakau. Dukungan mereka memberi rasa lega bagi petani. Mereka juga melobi media, yang memiliki komitmen serupa, dan selalu membela petani. Jumlah mereka lebih kecil dibanding media yang anti-tembakau. Tapi jumlah yang kecil ini diterima dengan baik, sebagai tambahan modal perlawanan. Kecuali itu, mereka mendemo pemerintah. Istana kepresidenan, terutama sang Presiden sendiri, Menteri Kesehatan, dan Menteri Koordinator Kesejahteraan Rakyat, menjadi sasaran tembak mereka. Tapi para pejabat itu hampir tak pernah menanggapi. Meskipun begitu para petani tak pernah merasa bosan mengunjungi para pelindung rakyat itu. Makin lama makin terasa, api kemarahan siap meletup kapan saja. Tapi di bawah kepemimpinan ketiga tokoh gerakan tersebut, kemarahan mereka terkontrol. Belum pernah terjadi kekacauan selama mereka berdemo di Jakarta.

Dewa Brata

Seperti Batara Sentanu, Dewa Brata juga seorang sarjana. Ia merupakan lulusan Universitas Islam Indonesia. Tokoh muda dari Kecamatan Tretep, yang selalu dia sebut dengan bangga sebagai negeri di atas kabut. Udara di Gunung Prahu dingin pula, bahkan lebih dingin dibanding udara Gunung Sumbing. Ayahnya dulu juga kepala desa, yang memberinya inspirasi untuk menjadi kepala desa. Ia memimpin desanya selama dua periode. Dengan begitu kita tahu bahwa ketiga tokoh dalam tritunggal itu kepala desa. Dewa Brata juga mengikuti jejak sang ayah dalam hal yang lain lagi, yaitu ketika ayahnya menjadi salah anggota penggagas Paguyuban Petani Tembakau Sindoro Sumbing tahun 2007, di tahun yang sama Dewa Brata bergabung ke Asosiasi Petani Tembakau Indonesia Jawa Tengah, di mana dia bertemu kembali dengan Mamuja Semedi dan Batara Sentanu.

Setiap kali ditanya, apa yang diperjuangkannya melalui APTI, Dewa Brata selalu menjawab: kedaulatan ekonomi petani tembakau. "Kita berjuang agar pemerintah melindungi petani tembakau sehingga para petani semuanya bisa hidup aman dan sejahtera dari menanam tembakau. Kita tidak meminta terlalu banyak dan muluk-muluk. Kalau tidak dilindungi, minimal jangan diganggu. Biarlah kami melindungi diri kami sendiri."

Dewa Brata lahir, remaja, dewasa, hingga sekarang, di Dusun Krajan, Desa Campurejo, Kecamatan Tretep, Temanggung. Sekarang pun ia hidup di sana, dalam sebuah keluarga muda yang tenteram, dengan seorang istri dan empat orang anak, semua laki-laki. Jika dari rumahnya kita memandang ke arah selatan, serong sedikit ke arah barat, tampaklah Gunung Prahu, yang kelihatan tak peduli sama sekali biarpun sepanjang masa disaput kabut pagi dan sore, yang membikin beku. Di lembah sana, jauh di bawah, batas Kabupaten Kendal dan Wonosobo.

Dewa Brata juga memiliki idiom, seperti dimiliki Mamuja Semedi dan Batara Sentanu. Bedanya hanya sedikit pada pengucapan atau penulisannya: "*Ngrokok matek gak ngrokok matek, luwih becik ngrokok nganti matek*". Maksudnya, merokok mati, tidak merokok pun mati, lebih baik merokok sampai mati. Pendeknya, Tembakau atau Mati. Kalau diperpanjang, logikanya menjadi: apa urusannya perkara merokok saja diatur-atur. Jangan kebanyakan aturan. Kami sudah tahu, petani sama sekali tak diberi pilihan. Jadi kami tahu, memilih hidup dengan tembakau seperti sediakala, meneladani tradisi generasi leluhur kami, atau, kami disuruh mati? Kami melawan. Diperlukan suatu analisis terhadap model atau sifat kepemimpinan ketiga tokoh dalam tritunggal ini. *Pertama*, yang sangat mencolok, model kepemimpinan mereka yang diperlihatkan dalam persiapan dan pelaksanaan deklarasi Laskar Kretek. Ada berbagai macam kegiatan organisasi yang memperlihatkan kepemimpinan tritunggal dan pengaruh, atau kewibawaan mereka di mata para petani anggota-anggotanya. Jenis-jenis kegiatan organisasi itu dapat disebutkan, antara lain, persiapan demo ke Jakarta, yang semuanya betul-betul memerlukan perencanaan dan pematangan rencana sebelum hari yang dimaksudkan tiba. Di Jakarta, semua diingatkan kembali akan apa yang sudah direncanakan, dengan menekankan "demo tertib", "demo aman", dan bahwa hal itu tak boleh dilanggar.

Organisasi petani, APTI, juga menyelenggarakan kegiatan bersama dengan skala besar, yaitu Musyawarah Daerah, yang penting bagi pengembangan organisasi, antara lain kemungkinan penggantian pengurus dan memilih tokoh-tokoh pimpinan pada berbagai tingkatan. Namun hal ini dianggap rutinitas kerja yang penting tetapi tidak memiliki unsur-unsur kegiatan yang bisa membawa kemungkinan risiko seperti terjadi dalam suatu demo. Adapun demo itu sendiri, baik di

Jakarta maupun di kampung halaman mereka sendiri, dalam arti tertentu, juga dapat dianggap sebagai perkara rutin karena sudah berpuluh-puluh kali dilakukan, dan dihayati berulang kali dengan unsur-unsur pengalaman relatif serupa.

Tetapi deklarasi Laskar Kretek adalah *event* besar dan penting. Deklarasi itu adalah momentum bersejarah. Inilah rencana besar dan strategis yang memerlukan pengerahan massa besar yang belum pernah mereka alami. Perencanaan dilakukan secara cermat dan hati-hati sekali. Hal itu tampak jelas pada sikap hati-hati dan penuh perhitungan sebagaimana dapat dibaca melalui berbagai persiapan dan koordinasi yang dilakukan oleh para pimpinan dalam tritunggal tadi. Hal itu juga dapat dibaca pada wajah mereka yang tampak serius sekali pada sekurang-kurangnya satu minggu sebelum rencana besar mereka itu terjadi.

Batara Sentanu ketika ditanyakan mengenai perasaan yang ia rasakan ketika hari makin mendekati acara deklarasi Laskar Kretek menjelaskan:

> "Saya gembira, karena kami memiliki agenda besar dan penting ini. Tetapi saya agak berdebar-debar. Hari ini saya merasa menghadapi tantangan mendebarkan itu, tiap membayangkan sebuah kerumunan besar yang akan memenuhi lapangan bola Maron, dan boleh jadi membikin macet jalanan. Semoga tak ada gangguan apapun sampai acara itu kelak selesai."

Tampak ketegangan di wajah Batara Sentanu. Dan perlu diingat pula, bahwa pada hari-hari yang dianggapnya mengandung tantangan "mendebarkan" itu saya bersama mereka. Tiga serangkai itu, yang satu, Batara Sentanu, duduk di jok tengah, di sebelah saya, Mamuja Semedi di depan, di samping sopir, dan Dewa Brata duduk di bagian belakang bersama tiga orang teman, para petani tembakau setempat.

Ketika Mamuja Semedi ditanyakan mengenai antisipasi keamanan dan cara mengamankan sedemikian banyak orang, kabarnya berkisar hingga sepuluh ribuan peserta, jawabannya ringkas, seperti keluar dari alam mimpi: "Nanti saya akan berpidato tentang keamanan di depan orang banyak."

Dewa Brata ditanya mengenai para pemuda yang khusus ditugaskan menjaga keamanan, apakah mereka bisa diandalkan. Selain itu, apakah kita—peneliti sengaja menggunakan 'kita'—memiliki pemuda-pemuda dengan ketangkasan seperti Banser (Barisan Ansor Serbaguna), pemuda di dalam organisasi NU. Sambil mengantuk Dewa Brata menjawab ringkas: "Jangan khawatir, kita punya, dan mereka juga tangkas, dan terlatih."

Di suatu ruang kelas, milik sebuah SD setempat, yang kira-kira cukup menampung 200 orang, biarpun berdesak-desak, acara dimulai. Para peserta duduk di atas karpet hijau, kami di panggung dengan satu meja agak panjang—boleh jadi itu meja guru karena banyak tetesan tinta di sana-sini—dan empat kursi yang berdempetan satu sama lain. Di sana duduk Mamuja Semedi, Batara Sentanu, saya, dan Dewa Brata. Moderator, yang tak kebagian kursi karena tempatnya tidak cukup, berdiri dan mengarahkan acara sambil mondar-mandir ke sana kemari. Para hadirin mulai menyulut kretek dan mengisapnya. Semua melakukan hal yang sama tanpa dikomando oleh siapapun. Semua kelihatan begitu serentak dan khusyuk dengan kreteknya masing-masing, seperti sebuah ritus tersendiri.

Mamuja Semedi menyinggung fatwa haram bagi rokok. Suaranya jelas menunjukkan orang capek, kurang tidur, mendekati pilek. Kedua sahabatnya, Batara Sentanu maupun Dewa Brata, memiliki gejala sama. Adapun mengenai fatwa haram tadi, warga Muhammadiyah sendiri, yaitu para petani tembakau yang berdomisili di Temanggung, menyatakan fatwa itu tak berlaku bagi mereka. Warga Muhammadiyah Temanggung tak mengakui adanya fatwa tersebut. "Kita menolaknya!" teriak seseorang. "Kita anggap tidak pernah ada fatwa seperti itu," yang lain menjawab. "Berani?" tanya yang lain lagi.

"Itu urusan *intern* Anda sendiri, terserah. Saya, yang bukan anggota seperti Anda, berpendapat lain," katanya dengan suara orang yang jelas hampir pilek. Ia lalu mengeluarkan sebungkus kretek dari saku depan sebelah kiri bagian atas bajunya, kemudian berkata lagi, "Karena benda ini haram, maka biarkanlah saya membakarnya...." Lalu korek di tangannya dinyalakan. Kretek itu menyala, dan didekatkan pada ujung kreteknya yang mulai terbakar, lalu diisapnya. Aroma khas cengkeh yang terbakar di kreteknya tercium dari tempat duduk saya. Ada efek humor segar dari pernyataan Mamuja yang mempengaruhi keadaan. Orang-orang yang semua mengisap kretek itu memperhatikan dia lebih saksama. Ada yang tertawa mendengar humornya.

Mamuja kemudian mulai berpidato. Tekanannya pada pengamanan deklarasi. "Pada prinsipnya deklarasi itu acara kita, milik para petani tembakau. Orang lain pasti ada yang datang biarpun tak diundang. Tapi acara itu acara kita. Jadi kita yang mengamankannya." Dan dia pun menekankan lagi bahwa bisnis utama kita keamanan. "Keamanan itu kita jaga. Sukses bagi kita artinya aman. Tanpa keamanan kita tidak bisa bicara tentang sukses. Kita aman dulu baru sukses. Saudara-saudara petugas keamanan, para anggota Satgas mengerti, ya? Aman dulu, baru sukses." Pemuda-pemuda itu menyatakan kesiapan mereka.

"Kalau petani sendiri tak bisa menjaga keamanan acara yang dibuatnya, polisi tak akan tertarik memberikan bantuan. Jadi kita harus...?"

"Aman lebih dahulu." Jawaban para hadirin terdengar serentak.

Mamuja Semedi menjelaskan lebih lanjut: "Kalau terjadi gangguan keamanan, para pemuda tak boleh bertindak sendiri.

Siapapun yang berusaha menimbulkan gangguan, laporkan kepada polisi agar polisi yang bertindak. Saya tahu Saudara tidak takut berkelahi. Bahkan malah senang, kan? Tapi kali ini jangan gegabah. Ini membawa nama baik kita semua. Nama baik para petani tembakau." Lalu dia berhenti sejenak, bertanya kepada para hadirin, adakah pertanyaan, atau komentar, dan sejenisnya. Ketika para hadirin diam saja, Mamuja melanjutkan pembicaraannya mengenai kehidupan petani tembakau yang terancam berbagai regulasi yang pemerintah, dan kepentingan bisnis asing. Mamuja Semedi mengimbau agar petani tidak tinggal diam.

"Kita melawan dengan cara kita sendiri," kata Mamuja.

"Maju..." terdengar sebuah teriakan dari bagian pojok belakang.

"Serang..." terdengar jawaban justru dari barisan bagian depan, dekat dengan panggung di mana Mamuja masih duduk. Suara-suara anak muda dibiarkan diluapkan di tempat tertutup itu. Namun kata-kata seperti itu tak boleh, sama sekali tak boleh, diucapkan dalam acara deklarasi minggu depan. Mamuja Semedi menekankan hal itu berulang kali dan anak-anak itu diam.

Pidato demi pidato sesudahnya, yang intinya menekankan pengamanan acara, dan menjauhkan semua kemungkinan gangguan, disampaikan lagi oleh para pembicara lain. Mereka sambut-menyambut, saling mendukung, dan saling memperkuat dengan satu tujuan yang sama: membuat acara deklarasi Laskar Kretek kelak berlangsung meriah, menggugah kesadaran politik para petani untuk menghadapi nasib bukan dengan mengeluh, tapi bekerja, dan berani bersikap terbuka menghadapi siapapun yang berniat buruk kepada mereka.

Suara Mamuja jelas menandakan bahwa dia lelah dan mengantuk, tapi masih tetap kelihatan bersemangat. Beberapa malam terakhir ini, baik Mamuja maupun kedua sahabatnya, melakukan koordinasi di berbagai desa, bicara dengan para petani, dan mendengar tanggapan mereka tentang rencana deklarasi Laskar Kretek tersebut. Jadi ketiga-tiganya sama-sama lelah dan kurang tidur. Para warga desa tahu akan hal itu. Mereka mengakui bahwa ketiga tokoh dalam tritunggal itu sangat kompak, saling membantu dengan wujud kerja sama yang saling menopang. Orang mengakui pula besarnya tanggung jawab yang mereka perlihatkan dalam tindakan-tindakan nyata.

"Mereka ringan langkah, seperti orang yang tak mengenal lelah. Siang malam berada di tengah para petani," kata seseorang, sambil berjalan keluar ruang pertemuan mengantar ketiga pemimpin mereka ke tempat parkir mobil. Di jalan menuju ke tempat pertemuan berikutnya, Batara Sentanu pun berbisik: "Kalau ada pilihan untuk tidak berpidato lagi, saya akan menyuarakan kemerdekaan itu dengan penuh gairah," katanya. Tapi kedengarannya dia sendiri seperti orang yang hampir kehabisan gairah. Duduknya tidak tegak lagi. Dia menyandarkan beban tubuhnya ke jok mobil bagian tengah, membuat dirinya merosot dan matanya terpejam. Posisi tubuh Mamuja di tempat duduk depan di samping sopir, dan Dewa Brata, di jok paling belakang, pun sama. Semua kelihatan seperti tak berdaya lagi.

Sesudah itu, acara kunjungan untuk melakukan koordinasi keamanan itu berpindah ke Desa Kruisan, Kecamatan Kledung juga. Jumlah hadirin kurang-lebih sama dengan hadirin di tempat acara sebelumnya, di Desa Tlahap tadi. Hadirin duduk di atas tikar dengan tertib. Masing-masing dari para tokoh tritunggal berpidato lagi, menekankan kondisi kehidupan petani yang terancam, dan menjelaskan perlunya mengamankan deklarasi Laskar Kretek yang akan datang. Bedanya, dibanding acara di Desa Tlahap, di Desa Kruisan ini hadirin menyanyikan lebih dahulu lagu "Mars Laskar Kretek" dengan penuh semangat. Mars itu memang diciptakan untuk memberi daya semangat para petani. Hal-hal lainnya nyaris sama persis, tema pembicaraan juga sama.

Maka, dengan cara lebih singkat acara segera diakhiri dan rombongan meninggalkan tempat itu menuju ke Desa Petarangan, masih di lingkungan Kecamatan Kledung. Di sini hadirin sama banyaknya. Tetapi tema diskusinya lebih teknis, lebih merupakan perundingan anggota-anggota Satgas mengenai akan mengendarai motor semua atau mobil ketika berangkat ke Lapangan Maron minggu depan. Dalam diskusi itu diingatkan agar bila memakai motor, haruslah motor yang surat-suratnya lengkap supaya tidak menimbulkan masalah dengan aparat kepolisian, yang sedang menjadi *partner* kerja para petani.

Para pimpinan tidak menunggu sampai pembicaraan teknis itu mencapai kata mufakat. Soal-soal teknis seperti itu diserahkan sepenuhnya pada mereka yang menanganinya. Tiga pemimpin petani, tritunggal itu, sudah selesai menjalankan tugas masing-masing. Hari itu mereka merasa perlu sekali pulang ke rumah masing-masing yang berjauhan satu sama lain untuk beristirahat secukupnya sesudah apa yang "penting-penting" dianggap sudah "selesai". Persiapan boleh dikatakan sudah selesai. Tetapi uraian ini tidak berhenti di sini. Diperlukan suatu uraian khusus mengenai APTI—tempat ketiga tokoh yang dalam tulisan ini berkali-kali disebut tritunggal itu bergulat—untuk memperjuangkan aspirasi dan segenap kepentingan petani.

Seperti telah diuraikan mengenai pengalaman organisasi ketiga tokoh tadi, APTI, khususnya APTI Jawa Tengah, memiliki embrio Paguyuban Petani Tembakau Sindoro Sumbing. Paguyuban inilah yang memberi dasar-dasar pemikiran yang cukup memadai sebagai loncatan dalam suatu periode transisional yang tak terduga dan tak diperhitungkan menuju suatu wadah organisasi yang lebih besar dan lebih memadai bagi perjuangan petani. Paguyuban Petani Tembakau Sindoro Sumbing yang sangat lokal Temanggung, lebih kecil dibanding APTI wilayah Jawa Tengah. Wilayah jangkauan APTI bukan hanya Jawa Tengah, melainkan organisasi nasional. APTI adalah wadah petani tembakau seluruh Indonesia yang memperjuangkan aspirasi dan hak-hak mereka. Tetapi APTI Jawa Tengah tampak lebih menonjol dibanding APTI pusat maupun APTI daerah-daerah lain dalam memperjuangkan aspirasi petani. Di bawah kepemimpinan ketiga tokoh tadi, APTI Jawa Tengah memang tampak gigih di dalam percaturan nasional demi memperjuangkan aspirasi politik petani tembakau di daerahnya. Mereka memahami betul seni menggalang aliansi dengan berbagai pihak terutama pejabat daerah yang bisa diharapkan memberi manfaat bagi perjuangan petani tembakau. Kemampuan mereka mengantisipasi kemungkinan politik masa depan juga tampak jelas dalam rumusan dokumen mengenai gagasan pembentukan Laskar Kretek. "Laskar Kretek" dicetuskan untuk melakukan kontra wacana terhadap ancaman dari luar. Laskar Kretek juga merupakan garda terdepan perjuangan petani dan menjadi corong yang memancarkan gema perjuangan petani tembakau Temanggung.

Laskar Kretek pun dengan keras menyuarakan pernyataan bahwa sesuai dengan UU No. 12 Tahun 1992, petani memiliki kebebasan untuk menentukan pilihan jenis tanaman dan pembudidayaan. Dokumen ini menegaskan lagi bahwa Laskar Kretek adalah wujud perlawanan petani tembakau Temanggung.

Tuntutan mereka jelas: tembakau harus ditanam terus, dan Kretek harus diselamatkan. Tuntutan ini terasa seperti pisau bermata dua: jika tembakau ditanam terus dan tidak ada gangguan bagi kelestariannya, maka dengan sendirinya kretek dapat diproduksi secara terus-menerus pula. Sebaliknya, bila kretek selamat, dan tak diganggu oleh kekuatan manapun, maka tembakau dengan sendirinya juga selamat, karena kretek tak mungkin diproduksi tanpa tembakau.

Dukungan Media

Deklarasi Laskar Kretek diselenggarakan dengan dukungan media yang sangat luas. Beberapa media nasional yang memiliki pengaruh luas memberi dukungan tersebut. Begitu juga media lokal yang memiliki pengaruh pada tingkat lokal. Semuanya merupakan dukungan penting. Dasar pemikiran diselenggarakannya deklarasi tersebut, menurut panitia penyelenggara, pertama-tama karena petani merasa bahwa kretek hendak dihancurkan. Dengan begitu mereka menyadari bahwa tembakau dengan sendirinya juga terancam kehancuran. Kecuali itu petani juga tahu bahwa industri kretek semakin dikekang dan dibatasi sebagaimana sudah dijelaskan secara panjang lebar dalam bagian yang membahas peraturan perundang-undangan yang mengadopsi FCTC tersebut.

Kelihatan di sini perlu sekali diperlihatkan bahwa petani berjuang itu satu hal. Pemerintah membisu itu hal yang lain. Tampaknya kedua hal itu tak bisa dipertemukan. Petani berdiri di atas posisi menolak kebijakan pemerintah. Sementara pemerintah bersikukuh dengan sikapnya sendiri, dan mengabaikan kenyataan bahwa tembakau merupakan satu-satunya sumber kehidupan ekonomi bagi para petani. Maka APTI (Jateng) berusaha dengan sungguh-sungguh, melalui berbagai cara, mencegah agar RPP tadi tidak disahkan menjadi PP. Deklarasi Laskar Kretek ini dapat dipandang sebagai salah satu mekanisme untuk melawan kebijakan pemerintah agar RPP tersebut tidak disahkan menjadi suatu kebijakan resmi pemerintah. Namun harapan ini tak terpenuhi karena kita tahu pada akhirnya RPP tersebut disahkan menjadi PP No. 109 Tahun 2012. Munculnya Laskar Kretek merupakan pernyataan paling keras dari petani tembakau bahwa, sesuai dengan UU No. 12 Tahun 1992, petani memiliki kebebasan untuk menentukan pilihan jenis tanaman dan pembudidayaan. Inilah hal-hal pokok yang dianggap sebagai dasar pemikiran diadakannya deklarasi tersebut.

Media hadir di sini bukan karena mereka ingin hadir. Kehadiran dan dukungan mereka pada gerakan petani merupakan hasil suatu pendekatan yang dilakukan para pemimpin gerakan tersebut. Kita tahu media memang membutuhkan berita. Namun tanpa pendekatan dari para pemimpin gerakan tersebut bisa saja media tidak hadir. Persahabatan ini cermin dari kemampuan lobi para tokoh tadi kepada media dan kemampuan mereka meyakinkan bahwa deklarasi bakal menyajikan berita penting. Pendekatan, lobi, persahabatan, dan memanfaatkan jaringan dengan media merupakan unsur penting dalam kepemimpinan mereka. Kemampuan mereka menjaring persahabatan dengan media merupakan modal besar yang dapat dimanfaatkan di saat mereka perlukan. Mungkin termasuk seperti yang terjadi pada pagi hari ketika deklarasi dilaksanakan.

Kepada Mamuja Semedi ditanyakan bagaimana media bisa hadir sebanyak itu. Pendekatan apa yang dilakukan kepada mereka. Jawabannya, media sangat diperlukan. Kami bisa berteriak sekeras-kerasnya di sini. Tapi tanpa media suara petani akan hilang ditelan angin lalu.

Ketika ditanya lebih lanjut, apakah petani yakin suara media akan membuat suara mereka tidak lenyap begitu saja, jawabnya, yakin. Ketika ditanya lebih lanjut, apakah kalau para pejabat mendengar apa yang terjadi di sini mereka akan memberikan respons yang diharapkan petani, mereka menjawab: "Ya memang belum tentu. Target kita yang penting mereka mendengar aspirasi kami. Kalau mereka tak memberi respons apapun, ya terserah, itu bukan urusan petani lagi."

Kepada Batara Sentanu diajukan pertanyaan lain: Apa yang akan dilakukan para petani kalau deklarasi ini ibaratnya berlalu tanpa kesan, suara media hanya didengar masyarakat yang tak memiliki kekuasaan apapun. Ia menjawab, petani tak memiliki agenda lain kecuali ini. "Ya terserah para pejabat negara. Kita sudah menyampaikan suara petani. Itu memang belum cukup. Tapi mau apalagi? Kita jengkel, tapi mau apalagi? Kalau bicara soal jengkel, ini kejengkelan luar biasa. Tapi kita sudah tunjukkan, rakyat, petani, pagi ini memperlihatkan aspirasi sekaligus sikap menolak terhadap kebijakan pemerintah. Kita punya aspirasi yang wajib didengar. Kita punya sikap. Mau apalagi?"

Pertanyaan lain kepada Dewa Brata tentang sikap pemerintah yang tak peduli. Ia menjawab: "Mereka yang berkuasa. Mau peduli atau tidak, itu urusan mereka. Tapi kita berharap seharusnya mereka peduli. Pejabat negara, pemimpin masyarakat, kalau tak peduli pada petani, yang mereka pimpin, mau peduli kepada siapa? Kepada pihak asing? Pihak yang kuat? Yang punya duit? Yang besar pengaruhnya? Terserah pada mereka. Tapi kita tahu, seharusnya mereka berbuat apa dan memihak siapa. Kita tahu. Kalau mereka tidak tahu, itu tidak wajar."

Pertanyaan kepada rohaniwan desa, ketua adat, yang disebut "Simbah" mengenai gerakan pagi hari itu, dijawab: "Sudah bagus. Terasa bagus. Mereka, tokoh-tokoh gerakan yang bertiga itu, sudah kerja keras, dan sudah membuktikan bahwa gerakan sudah berjalan dengan baik. *Wis becik. Ora ono sing kurang. Kabeh wis mlaku. Kabeh slamet. Lahir batine slamet kabeh. Wis becik.* Syukurlah—Sudah bagus. Tak ada yang kurang. Semua sudah berjalan. Semua selamat. Lahir batin selamat semuanya. Sudah baik. Syukurlah."

Di bawah ini disajikan tabel mengenai pemberitaan media yang merupakan dukungan tak ternilai untuk mensosialisasikan secara meluas deklarasi Laskar Kretek. Dalam tabel di bawah ini terlihat jelas dukungan media nasional terhadap gerakan perlawanan petani tersebut.

Tabel 3.3: Pemberitaan Media

No.	Nama Media
1.	*Tempo*
2.	*Kompas*
3.	*Seputar Indonesia*
4.	*Antara*
5.	*Republika*
6.	*Tribun*

Sumber: Diolah dari Dokumen Panitia Deklarasi.

Untuk media massa papan atas seperti *Kompas*, setidaknya ada tiga kali pemberitaan, yaitu *Kompas online* dua kali dan satu kali *Kompas* cetak. *Tempo* tercatat memunculkan berita sebanyak satu kali, yaitu pada hari menjelang deklarasi Laskar Kretek. Sementara itu, media *online* lain seperti *detik.com* kita amati tidak ada pemberitaan sama sekali. Dari segi substansi isi pemberitaan, hampir semua media masa memberikan pemberitaan secara cukup objektif. Isu bahwa regulasi RPP Tembakau membawa kepentingan modal asing, khususnya korporasi rokok, sehingga pengesahan regulasi tersebut adalah bentuk keberpihakan atau ketidakberdayaan pemerintah pada tekanan luar beserta isu tentang munculnya nasionalisme dalam advokasi kretek, setidaknya telah menjadi wacana yang mulai terbentuk cukup kuat. Meskipun demikian, tidak semua media massa memberitakan elemen-elemen pembentuk Laskar Kretek, yaitu keberadaan KNPK beserta tokoh-tokoh nasional pendukungnya.

Selain itu, di sini perlu dicatat bahwa kehadiran Wakil Gubernur Jawa Tengah, Rustriningsih, dan mantan Menteri Kehutanan MS Kaban tampaknya telah memberikan dukungan politik dalam pemberitaan deklarasi Laskar Kretek.

Sebagai penutup bab ini, perlu kita kemukakan suatu analisis mengenai fungsi kepemimpinan dalam gerakan perlawanan petani tembakau di Kabupaten Temanggung, yang merupakan tema pokok tulisan ini. Ada enam unsur yang agaknya cukup penting dalam tipe dan watak di masyarakat petani tersebut mereka.

Pertama, kepemimpinan gerakan perlawanan yang diperlihatkan oleh ketiga tokoh sebagaimana sudah dikemukakan di atas, tidak mudah untuk dikategorikan ke dalam tipe karismatik, bila terutama watak dan kewibawaan tersebut harus sama dengan ciri-ciri yang dimiliki Bung Karno (Jawa), Bung Hatta (Minang), Bung Sjahrir (Minang), maupun kewibawaan yang dimiliki tokoh Minang lainnya, yaitu Tan Malaka. Ketiga tokoh gerakan perlawanan petani ini pun akan sulit dikategorikan ke dalam tipe pemimpin karismatik apabila watak dan kualitas moral mereka harus sama dengan apa yang dikemukakan Weber. Lebih-lebih lagi bila diingat bahwa ketiga tokoh tersebut juga petani yang sama dengan para petani tembakau pada umumnya. Agaknya patut menjadi catatan di sini, selama ini rujukan konsep karisma dan corak kepemimpinan karismatik itu terlalu sempit.

Kedua, ketiga pemimpin petani tersebut akan terasa menjadi semakin jauh dari kualitas maupun tipologi karismatik apabila kita sepenuhnya merujuk pada pemikiran Weber, yang menjelaskan bahwa *charisma*, yaitu "*a certain quality of an individual personality, by virtue of which he is set apart from ordinary men and treated as endowed with supernatural, superhuman, or at least specifically exceptional powers or qualities*" (Weber 1947: 358-359). Namun demikian, mereka tergolong pemimpin yang memiliki kemampuan menggerakkan massa yang meneladani pemikiran Tan Malaka sebagaimana dikutip di bagian awal tulisan ini. Para tokoh yang didengar, diteladani, memberi inspirasi banyak pihak, dan tindakannya diikuti warga masyarakat, yang dapat pula disebut para pengikut mereka, ini pun sebetulnya patut disebut tanda-tanda kepemimpinan karismatik. Kecuali itu, pemimpin yang memiliki kemampuan mengubah kemauan massa menjadi tindakan massa, yang berupa gerakan perlawanan tadi, jelas menambah ciri-ciri tingkah laku dan kualitas moral mereka untuk disebut pemimpin karismatik.

Ketiga, mereka bukan tipe orang-orang luar biasa, melainkan kaum muda biasa, dengan penampilan seperti kaum muda pada umumnya. Namun mereka paham akan aspirasi komunitas petani yang mereka pimpin dan memiliki kesediaan bekerja keras untuk mewujudkan aspirasi tersebut. Dengan demikian tampak jelas bahwa pemimpin di sini merupakan representasi aspirasi bersama dan mewujudkannya ke dalam kehidupan mereka sehari-hari. Contoh mengenai beasiswa APTI Peduli Pendidikan dan kredit Mandiri menunjukkan adanya model kepemimpinan yang bekerja untuk mewujudkan apa yang mereka cita-citakan bersama.

Keempat, komitmen kepemimpinan mereka itu ditunjukkan dalam berbagai macam demo yang telah mereka tempuh maupun rencana deklarasi Laskar Kretek yang telah terbukti menjadi *event* besar yang berjalan damai dan aman—semua dirancang sebagai kegiatan-kegiatan penting yang dilaksanakan atas landasan rasa aman, tertib, dan tidak menimbulkan corak kerusuhan apapun yang tak mereka inginkan.

Kelima, tingkah laku dan sikap kepemimpinan mereka menimbulkan ketaatan di kalangan petani. Mereka memiliki kewibawaan yang membuat perintah mereka diikuti para petani yang mereka pimpin. Dalam kategori dan tipe kepemimpinan macam itu mereka dapat dianggap sebagai pemimpin yang menimbulkan keteladanan umum yang cocok dengan kebutuhan masyarakat petani bersangkutan. Di sini jelas pemimpin itu tampil sebagai wakil kepentingan dan aspirasi para warga masyarakat yang dipimpinnya, dan bahwa pemimpin memang harus bersedia bekerja keras dan bisa menunjukkan hasil nyata, yang menggembirakan mereka yang dipimpin.

Keenam, petikan pemikiran Tan Malaka yang dikutip di awal bab ini, bahwa pemimpin harus mampu mengubah kemauan massa menjadi tindakan massa, hal itu tampaknya memang merupakan bagian dari kompetensi mereka. Contoh mencolok dan tak terbantah tampak pada kepemimpinan mereka selama masa persiapan-persiapan menjelang deklarasi Laskar Kretek yang dibahas panjang lebar di atas. Harus segera ditambahkan pula di sini bahwa pelaksanaan deklarasi tersebut boleh disebut berhasil dengan gemilang. Peristiwa pengerahan massa besar-besaran itu tidak menimbulkan gangguan apapun. Kepemimpinan mereka memang ditaati oleh para warga masyarakat. Tanpa bermaksud melebihkan apa yang memang suatu kelebihan, perlu dinyatakan bahwa gagasan mengenai apa yang disebut mengubah kemauan menjadi tindakan itu bukan hidup hanya di dunia kata-kata, melainkan telah terbukti menjadi kenyataan. Mereka memiliki pengaruh dan kewibawaan di depan para warga masyarakat yang mereka pimpin. Bila di sini dianggap masih ada lagi yang perlu ditegaskan dalam hubungan dengan kepemimpinan mereka, yang perlu ditegaskan itu mungkin adalah pemikiran Tan Malaka di atas, bahwa seolah merupakan penjelasan atas sifat dan tingkah laku kepemimpinan mereka. Pendek kata, mereka memiliki kewibawaan dan pengaruh. Apakah ini namanya bila bukan tanda-tanda kepemimpinan karismatik?

BAB IV

Ideologi Gerakan

MENURUT Althusser, simbol adalah *the representation of the imaginary relationship of individuals to their real conditions of 'existence'* (Althusser dalam Robert J.C Young, 1995: 159). Kita tambahkan di sini pemikiran Octavio Paz: "Simbol adalah segala sesuatu yang bermakna, bahwa dia mempunyai makna referensial" (Octavio Paz 1991: xxxiv). Dimensi yang agak lain ditampilkan oleh Hary Susanto: "Semua kegiatan manusia pada umumnya melibatkan simbolisme. Karena itu, manusia bukan hanya merupakan *animal rationale* tapi disebut juga *homo simbolicus* (Hary Susanto 1987: 61). Ketiga definisi ini diharapkan dapat menjadi sejenis panduan dalam usaha kita memahami apa-apa yang simbolik maupun ideologis dalam gerakan perlawanan petani.

Di dunia akademik, orang bisa menerima pemikiran mengenai 'ideologi' dengan rumusan kategoris-sosiologis, seperti ideologi petani dan ideologi pedagang, tetapi di sini bisa juga dimasukkan kategori ideologi makelar. Kecuali itu dunia akademik bisa juga menerima dengan baik gagasan mengenai ideologi keagamaan yang terdiri atas, misalnya, ideologi abangan dan ideologi santri, sebagaimana Geertz memetakannya dalam *The Religion of Java* (Geertz 1969: 126-130). Sering pula tampil gagasan ideologi berbasis kelas: 'ideologi penguasa' dan ideologi *Middle Class Muslim*. Ada pula pemisahan yang bersifat dikotomis dari Paulo Freire mengenai ideologi *the oppressor* dan *the oppressed* sebagai kategori dua lapis kekuasaan yang bermusuhan, tapi selalu berdampingan. Selebihnya, di dunia politik, orang dapat pula berbicara tentang "ideologi perlawanan" atau "ideologi kaum pergerakan". Tiap jenis atau kategori ideologi di atas memiliki bahasa dan ungkapan masing-masing yang berbeda, khas, dan menandai sejenis ciri yang membedakan identitas suatu kelompok yang tak sama dengan identitas kelompok lain.

Di kalangan para penulis, ideologi dipahami dan didefinisikan dengan berbagai cara yang berbeda, dengan pemikiran dan renungan filsafat yang juga tidak sama karena jangkauan pemikiran yang ruang lingkupnya berbeda-beda pula. Dalam kata pengantar untuk terjemahan buku karangan Karl Mannheim, Arief Budiman mendefinisikan ideologi sebagai pengetahuan yang subjektif, dan karena itu, salah. Di sini dikemukakan suatu alasan bahwa pengetahuan objektif yang bisa bersifat absolut dan universal benar untuk segala zaman dan segala tempat. Pengetahuan yang seperti ini sering disebut sebagai ideologi.

Ideologi merupakan sistem berpikir, sistem kepercayaan, praktik-praktik simbolik yang berhubungan dengan tindakan sosial politik (Thompson 2003: 17). Ideologi juga berhubungan dengan proses pembenaran hubungan kekuasaan yang tidak simetris, berhubungan dengan proses pembenaran dominasi, dikondisikan oleh satu konsensus yang berisi nilai-nilai dan norma-norma. Murni ilusi, yang terbalik dan menyimpang dari sesuatu yang riil (Thompson 2003: 19).

Mannheim menyebut ideologi sebagai ramalan tentang masa depan yang didasarkan pada sistem yang sekarang sedang berlaku (Mannheim 1979: 177).

Jika ideologi perlu dicari kesamaannya dengan utopia, maka di sini Mannheim menyebut bahwa utopia berarti ramalan tentang masa depan yang didasarkan pada sistem lain yang pada saat ini tidak sedang berlangsung (Mannheim, 1991: 214).

Apakah ideologi diartikan sebagai *false ideas, true ideas* atau definisi lain? Dalam tulisan ini akan dibiarkan saja tetap menjadi persoalan pada diskursus ideologi yang tak harus menemukan titik kesamaan pandangan di antara para penulis. Dalam tulisan ini ideologi kira-kira dapat diungkapkan dengan analogi yang menggambarkan sikap seseorang terhadap suatu hadis Nabi. Sikap itu mengandaikan bahwa ada seorang muslim atau muslimah yang iman dan ibadahnya khusyuk, dan telah mengamalkan hadis tersebut selama bertahun-tahun dalam hidupnya. Amalan-amalannya tadi telah membuat dia dikenal luas di kalangan masyarakat sebagai orang yang sangat saleh dan terpuji namanya.

Andaikata suatu saat tiba-tiba saja orang saleh yang terpuji namanya tadi menemukan sebuah buku hadis yang menjelaskan bahwa hadis yang diamalkannya tersebut ternyata *dhaif,* artinya lemah, dan tak dapat dijadikan suatu orientasi nilai dalam hidup, maka bagaimana kira-kira sikap kita selanjutnya? Mungkin, jawabannya, pertama-tama jelas kita tidak akan menilai hadis tersebut dari sudut keilmuan, yaitu ilmu hadis, dan tidak pula mempersoalkan otentisitasnya. Kedua pertimbangan itu terlalu elite dan abstrak. Dengan begitu kira-kira sudah jelas bahwa yang penting, hadis, sebuah ungkapan, kata-kata atau sabda telah terbukti berhasil mengubah dunia, yaitu dunia kehidupan pribadi dan tingkah laku seorang muslim/muslimah tadi, tak peduli bahwa hadis yang dijadikan orientasi nilai tadi lemah. Untuk memberi gambaran lebih kontras lagi, kita bisa tetap tak peduli andaikata barang yang sebetulnya tidak ada—maksudnya hadis tersebut tidak ada—tetapi kita menyaksikan bahwa barang yang tidak ada tadi bisa membuat dunia sosial kita berubah.

Tak perlu dikatakan bahwa diskursus ilmiah itu penting, mempersoalkan *sahih-dhaif*-nya, artinya kuat-lemahnya, dan asli-palsunya suatu hadis itu dalam studi hadis dan diskursus di antara para ahli ilmu hadis sendiri memang merupakan persoalan penting dan mendasar. Tapi bila kita memilih unsur strategisnya maupun segi-segi kemanfaatannya bagi penataan hidup di dunia ini, maka pilihan strategis tadi memang betul-betul strategis karena bukankah agama memang memanggul misi profetik untuk mengubah dunia?

Hal ini akan terasa lebih menggetarkan jiwa lagi karena dilihat dari sudut "amaliah", mungkin kita tak perlu menyesali amalannya, karena lemah, atau bahkan palsu sekalipun, karena hadis tersebut telah telanjur membuat seseorang menjadi saleh dan terpuji, dan kiranya Tuhan tidak akan mencabut kembali kebaikan maupun derajat kesalehannya.

Sikap akademik yang digunakan untuk memahami pengertian, dan terutama manfaat sosial, suatu ideologi pun begitu. Rujukan buku-buku ilmiah diperlukan untuk memperkaya referensi, tetapi makna ideologi di sini lebih digali dari kehidupan para petani sendiri, yaitu ungkapan mereka sendiri, hasil kesadaran mereka sendiri, kreativitas mereka sendiri dalam usaha mereka menciptakan bahasa dan ideologi perlawanan yang mereka anggap tepat dan relevan, atau secara kuat mewakili aspirasi mereka sendiri. Bahasa atau ungkapan perlawanan yang datang dari rasa jengkel dan kemarahan, yang dikomunikasikan dalam relasi-relasi kekuasaan di antara para petani yang merupakan orang-orang pergerakan, tanpa disadari, akan berubah menjadi suatu ideologi perlawanan.

Jika gerakan-gerakan petani tadi merupakan aspirasi untuk mengubah kehidupan mereka menjadi suatu tata kehidupan yang lebih aman tanpa ancaman dan keresahan, ada suatu pemikiran hipotetis yang dapat dikutip dari Selo Soemardjan. Menurut dia, ada rangsangan yang cukup kuat untuk mengatasi hambatan-hambatan yang merintangi tahap permulaan proses perubahan. Maka, hasrat akan perubahan sosial bisa berubah menjadi tindakan untuk mengubah (Soemardjan 1981: 453). Kata kunci yang dapat dipetik dari pemikiran tersebut ialah "hasrat" yang berubah menjadi tindakan.

Dalam jenis ini, dan tipologi seperti ini, maupun kategori macam inilah makna ideologi yang lebih relevan untuk dipakai dalam buku ini. Suatu kreativitas telah lahir dari pemikiran para petani mengenai suatu corak ideologi, *pertama*, digunakannya kata kretek sebagai bahasa perlawanan, sekaligus landasan ideologi perlawanan, dan yang *kedua* idiom "Laskar Kretek" sebagai gagasan yang dalam bahasa Jawa disebut *nunggak semi* atau reinkarnasi "Laskar Bambu Runcing" yang legendaris dan merupakan kebanggaan masyarakat Temanggung. Tak diragukan lagi, keduanya merupakan bagian dari pemahaman dan basis ideologi pada tingkat lapangan.

Diskusi kita tentang ideologi di sini bertolak dari pemaknaan terhadap konstruksi kesadaran ketika membaca tindakan-tindakan dalam kehidupan sehari-hari yang dapat dikategorikan ke dalam apa yang oleh Marx dinamakan praksis, suatu tindakan pembebasan dari berbagai belenggu kehidupan, sehingga orientasi pemikiran ideologi di sini tidak memiliki hubungan dengan gagasan-gagasan konvensional dalam buku-buku sejarah ideologi atau filsafat ideologi, yang dirumuskan dalam kemapanan isme-isme, yang dapat disebut sebagai ideologi resmi. Di sini ideologi juga tidak perlu ditinjau dari segi keresmiannya, karena di sini ideologi dipahami sebagai fenomena lapangan, yang berhubungan dengan kekinian, dan dengan sendirinya "baru". Ideologi resmi bukan hanya tak berlaku di sini, melainkan barangkali juga dihindari karena apa yang resmi itu biasanya tidak datang dari kaum pergerakan, yang lebih suka mengembangkan ideologi perlawanan ciptaan dan hasil kreativitas mereka sendiri.

Dengan kata lain, orientasi pemikiran kita mengenai ideologi di sini lebih tertuju pada suatu jenis semangat perlawanan atau gerakan pembebasan diri dari sesuatu yang membuat para aktor gerakan merasa ada penindasan, hegemoni, dan tekanan-tekanan yang berasal dari, atau bersumber pada suatu kekuatan yang besar—baik dari dalam maupun dari luar masyarakat mereka—yang harus dihadapi dengan berani, meskipun ada risiko-risiko tak terduga yang tak dapat mereka hindari. Penting kita cermati makna kretek dan Laskar Kretek yang dikembangkan sendiri oleh para kaum pergerakan di kalangan petani, yang menjadikannya bahasa perlawanan dan sekaligus menjadi ideologi perlawanan yang sudah disinggung secara sepintas di atas. Ungkapan ini lahir dari suatu konteks sejarah yang begitu berarti bagi para petani sendiri. Dalam sejarahnya, hingga setidaknya lima tahun terakhir, kretek merupakan sebuah produk dari suatu industri, sebuah nama, yang diperoleh dari suaranya, corak identitas, dan sebuah simbol. Kretek merupakan nama bagi dirinya sendiri, sebuah corak identitas yang menjelaskan dirinya sendiri dan simbol bagi dirinya sendiri pula.

Kretek juga sebuah gengsi dari Timur, eksotik, khas, dan penting untuk dirinya sendiri. Di sini, kretek belum pernah menjadi penting bagi diri pihak lain. Nama itu sudah lama dikenal masyarakat Nusantara, bahkan juga masyarakat dunia, melalui produk, benda, bernama kretek itu sendiri, yang mengagumkan bagi sementara orang Barat, peminum, dan pemuja kretek. Di pasaran dunia itu, sebutan dan ciri identitas tersebut berjuang sendiri mencari posisi penting, dan di sana dia telah menjadi simbol bagi dirinya sendiri secara meyakinkan. Buku lama bahkan masih menyebutnya dengan nama "rokok", seperti tampak dalam tulisan Castle, *Tingkah Laku Agama, Politik dan Ekonomi di Jawa: Industri Rokok Kudus*, yang diterjemahkan oleh J. Sirat STH dan diterbitkan oleh Penerbit Sinar Harapan (Castle, 1982). Kita juga tahu bahwa masyarakat dunia membaca buku Hanusz: *Kretek: the culture and heritage of Indonesia's clove cigarettes* (Hanusz, 2003). Ada pula yang menggunakan gabungan kedua nama itu, yaitu *Rokok Kretek: Lintasan Sejarah dan Artinya bagi Pembangunan Bangsa dan Negara* (Amen Budiman dan Onghokham, 1987). Apa yang penting dan terasa mencolok di sana tampaknya jelas, kretek adalah kretek. Sekali lagi, ia penting dan menjadi simbol bagi dirinya sendiri. Dia ibarat bergerak ke dalam dirinya sendiri.

Sangat berbeda dibanding dengan beberapa buku baru, yang semuanya menggunakan nama dan menampilkan kembali dengan rasa hormat identitas kretek tadi. *Kretek Jawa: Gaya Hidup Lintas Budaya* (Badil, 2011). Dalam pengantarnya bahkan ada penegasan yang terasa begitu tajam, "*Ngrokok Matek!, Kaga ngrokok Matek!!*" Suatu jenis bahasa atau ungkapan perlawanan. Dan di akhir pengantar ditegaskan lebih tajam, lebih melawan, untuk lebih baik memilih "*ngrokok sampai matek*". Maksudnya jelas: kalau merokok menyebabkan orang mati, tidak merokok pun orang juga mati, maka lebih baiklah merokok sampai mati. Ini merupakan bahasa perlawanan yang sangat keras.

Buku lain, *Perempuan Berbicara Kretek* (Handayani, dkk., 2012), bukan lagi membahas sekadar rokok. Ini merupakan kumpulan esai jurnalistik yang digarap dengan gaya para wartawan dan bermaksud "mengumumkan" perlawanan. Begitu pula *Kretek Indonesia: Dari Nasionalisme hingga Warisan Budaya* (Margana, dkk., 2014). Lebih-lebih *Divine Kretek: Rokok Sehat* (Idris, 2011). Meskipun sesudah *divine kretek* tersebut ada kata 'rokok', di baliknya ada kata 'sehat' yang memperlihatkan suatu tanda perlawanan. Bahasa perlawanan. Di sini cara pandang baru terhadap produk yang disebut kretek itu bukan ungkapan tanpa maksud, melainkan peneguhan sikap dan cara pandang bahasa. Bahwa yang ini kretek, bahkan *divine kretek* yang sedang menerobos cara pandang lama dalam masyarakat untuk menyampaikan sesuatu yang sama sekali tidak konvensional.

Mulai dari sini, semua corak perlawanan yang datang dari komunitas petani tembakau hendak dibahas secara saksama untuk mengidentifikasikan betapa dari bawah, dari dalam kehidupan sehari-hari para petani tembakau, telah tumbuh sebuah ideologi yang sama sekali bukan bagian dan bukan pula jenis "isme-isme". Ideologi ini merupakan ideologi dominan tingkat dunia, bukan corak ideologi resmi yang diciptakan secara sengaja untuk melindungi kelompok-kelompok mapan di masyarakat. Di bawah ini disampaikan catatan mengenai identifikasi tentang ungkapan kebahasaan yang merupakan tanda perlawanan.

"Mars Laskar Kretek": Semangat Perlawanan. Di sini hampir tak diperlukan pembahasan apapun jika kebutuhan pokoknya hanya untuk menegaskan adanya bahasa perlawanan dan ideologi perlawanan itu. Teks Mars Laskar Kretek itu begitu jelas meneriakkan bahasa dan ideologi perlawanan itu.

Laskar Kretek

Song:

Tergugah dari ketidakadilan
Yang kan mematikan kehidupan kami—kehidupan kami
Sehingga kami bertekad
Untuk bersatu demi kejayaan
Demi kemakmuran kebersamaan

Coda:

Dengan semangat pemuda pemudi LASKAR KRETEK (jiwa kami)
Dengan semangat tetap semangat

Pemuda pemudi laskar kretek
Jiwa kami

Refrein:

Dengan semangat laskar kretek pantang menyerah
Tetap semangat laskar kretek terus maju
Maju bersama laskar kretek takkan mundur
Dengan semangat tetap semangat laskar kretek
Dengan semangat tetap semangat laskar kretek
Jiwa kami
Dan siap tempur menolak ketidakadilan
Maju bersama melawan penindasan

Klimaks:

Untuk menjadikan kretek sebagai jati diri bangsa kami
Bangsa kami bangsa kami

Beberapa kata kunci yang diambil dari "Mars Laskar Kretek" tersebut sebetulnya tak begitu perlu diperlihatkan di sini. Apa yang terasa penting dan mendesak sudah terungkap secara jelas. Namun untuk menggarisbawahi ungkapan jiwa petani dalam mars tersebut, maka menampilkan lebih terbuka kata-kata kunci tersebut tidak akan kehilangan arti pentingnya. Inilah beberapa kata kunci tersebut:

- Ada ketidakadilan atau ancaman;
- Bertekad bersatu demi kejayaan, demi kemakmuran;
- Semangat pemuda-pemudi laskar kretek jiwa kami;
- Dengan semangat laskar kretek, pantang menyerah;
- Laskar kretek terus maju;
- Laskar kretek takkan mundur;
- Siap tempur melawan ketidakadilan;
- Maju bersama melawan penindasan;
- Untuk menjadikan kretek jati diri bangsa kami, bangsa kami.

Penjelasan lebih jauh:

1. Laskar Kretek: Benteng perlawanan. Jika lagunya saja demikian penuh perlawanan, kita tak perlu merasa heran bila laskarnya, yang menjadi benteng perlawanan itu memperlihatkan secara sangat jelas apa yang dibela, apa yang ditegakkan, dan apa tujuannya.
2. Kretek: Bahasa perlawanan.
3. *Ngrokok matek, ga ngrokok matek, luwih becik ngrokok nganti matek*: Tekad perlawanan.
4. Tembakau atau Mati: Api perlawanan.

Kondisi kehidupan di mana pilihan tak tersedia maka mempertahankan tembakau adalah keharusan, dan jika tak bisa maka kemungkinan untuk harus menghadapi kematian bukanlah hal menakutkan, karena sudah diperhitungkan. Dilihat dari aspek kejiwaan petani yang sedang marah, ungkapan yang menunjukkan sikap revolusioner itu dapat dipahami juga, sebab tidak ada yang mengherankan di dalamnya.

Namun dibaca dari segi lain dengan interpretasi lain, maka sebetulnya ungkapan itu hanyalah pernyataan untuk minta dilindungi. Jika tak memperoleh perlindungan, ancaman itu bisa mematikan mereka. Jadi ungkapan itu tidak menantang, tidak mengundang kekerasan sama sekali.

Interpretasi di atas bukan dibuat berdasarkan "imajinasi" hampa dan berada di luar konteks kehidupan keseharian para petani, melainkan diambil dari apa yang hampir setiap hari terungkap secara terbuka untuk menunjukkan bahwa tanaman tembakau hanya satu-satunya tempat mereka menggantungkan kehidupan ekonomi. Dilihat dari sudut sejarah sosial mereka sendiri, tembakau merupakan masa lalu dan harapan masa depan dalam hidup mereka dan generasi penerus mereka.

Sebagai bukan “isme-isme”, dan bukan pula ideologi resmi, sebagaimana sudah disebutkan di atas, ideologi yang dimaksud telah menemukan kesamaan orientasi kesadaran dan pemikiran dengan ideologi yang menampakkan tumbuhnya kesadaran akan tantangan yang dihadapi, misalnya ideologi feminis, terutama mungkin feminis Indonesia, yang diasosiasikan dengan Sarinah, kadang-kadang dengan Srikandi, dan boleh juga dengan Kartini. Dengan demikian, penggunaan ideologi dalam uraian-uraian pada bagian-bagian lebih lanjut diharapkan dapat segera dipahami maknanya tanpa harus membuka buku-buku referensi mengenai sejarah ideologi maupun filsafat ideologi. Sebagai fenomena lapangan, ideologi di sini dapat dibaca dan diberi makna dalam konteks lapangan pula, yaitu ideologi gerakan, dengan tafsir dan pemaknaannya, sekaligus relevansinya dalam Kartini, Sarinah, Srikandi. Di sini, ideologi feminis merupakan pemikiran teoretik.

Dengan demikian maka temuan-temuan mengenai berbagai sikap, pemikiran, maupun tindakan yang bersifat ideologis di kalangan kaum tani dalam kajian ini tidak akan berhenti sebagai fenomena lapangan, yang bersifat lokal, melainkan dapat ditempatkan dalam wilayah pemikiran yang lebih luas lagi.

Uraian di atas juga bersifat ekstensif, yang menggambarkan relevansi ideologi tersebut bagi bukan hanya petani setempat, melainkan juga bagi kepentingan pengembangan wawasan yang lebih luas dalam suatu konteks kepentingan yang lebih luas pula. Selain itu, untuk membuat temuan-temuan lapangan ini menjadi lebih luas dan relevan dalam diskursus teori, maka uraian-uraian tentang pemikiran dan temuan lapangan yang bersifat ideologis ini juga perlu dipahami dalam konteks perspektif teoretik.

Ideologi yang tersirat di balik penggunaan kata kretek—untuk apa yang sudah sangat lama mapan dinamai rokok—

berkembang dalam masyarakat petani tembakau Temanggung, terutama di kalangan aktivis. Mereka selalu hadir berkumpul dalam berbagai pertemuan atau rapat-rapat koordinasi sehubungan dengan demonstrasi, misalnya sebelum suatu demo dilaksanakan, atau rapat-rapat evaluasi sesudah suatu demo berlangsung. Begitu juga pertemuan-pertemuan lain, yang bersifat resmi maupun tak resmi, yang para pesertanya terbatas maupun cukup banyak. Selain itu ada pula seminar-seminar besar yang melibatkan peserta banyak sekali, baik kalangan petani tembakau dan para aktivisnya maupun komunitas-komunitas pembela tembakau atau kretek yang sangat beragam.

Dalam pertemuan, seminar, atau rapat-rapat itu, kata kretek sebagai ganti kata rokok digunakan sebagai ungkapan yang memiliki sifat atau tujuan untuk melakukan resistensi terhadap kekuatan-kekuatan luar yang mengancam kelestarian tembakau. Para aktivis petani maupun pembela tembakau—kata yang lazim dipakai di dunia internasional—menggunakan kretek sebagai sebutan untuk tembakau maupun rokok pada umumnya, termasuk rokok kretek. Pada mulanya, penggunaan sebutan atau nama kretek hanya bersifat perorangan dan mengandung unsur gurau yang memperlihatkan sikap enggan atau kecenderungan menolak, bahkan anti-penggunaan kata rokok. Sikap ini timbul karena rokok yang bagi mereka memiliki konotasi rokok putih sebagai produk asing, bukan hanya saingan bagi produk tembakau kita, melainkan menjadi ancaman bagi kelangsungan hidup petani tembakau di negeri kita.

Para pemilik industri rokok putih itu terlibat, dan bahkan turut memegang tampuk pimpinan dalam usaha merebut, atau menguasai bisnis tembakau di negeri kita, dengan cara memojokkan kretek sebagai biang keladi yang mengancam kesehatan. Hal itu dapat dibaca dalam dokumen resmi yang disebut FCTC, yang mengatur muatan produk olahan tembakau, cara mengiklankan produk tersebut, dan larangan mengonsumsinya sebagaimana diatur dalam berbagai Perda di tanah air kita. Sebagaimana kita ketahui, FCTC itu dokumen resmi yang dikeluarkan oleh lembaga kesehatan dunia, WHO, yang diterapkan secara global. Bagi petani tembakau, aturan-aturan yang sudah disebutkan di atas tampak sebagai ancaman serius bagi kelangsungan hidup pertanian tembakau. Dengan sendirinya, hal itu juga mengancam kehidupan petani itu sendiri.

Dokumen FCTC tidak mencantumkan hal-hal yang mendetail. Tetapi pemerintah kita mencantumkan gambar-gambar yang menjadi bahan perdebatan berkepanjangan antara pemerintah dan petani tembakau, industri kretek, maupun para aktivis pembela tembakau. Perdebatan ini berlangsung setidaknya sejak RPP yang kemudian menjadi PP No. 109 Tahun 2012 mencantumkan pasal gambar-gambar tersebut. Dimasukkannya peringatan "merokok membunuhmu" merupakan keputusan pemerintah yang menjadi bahan perdebatan panjang, diikuti, dan dipahami dengan baik oleh para petani tembakau, para aktivis pembela tembakau dan banyak pihak lain yang menjadi bagian dalam gerakan membela tembakau dan produk olahannya.

Dalam perdebatan ini kepentingan dagang yang menang. Semenjak sebuah website yang memakai nama Bloomberg Initiative, dengan program *Bloomberg Initiative To Reduce Tobacco Use Grants Program* (*http://tobaccocontrolgrants.org*) mengumumkan sejumlah besar dana yang diberikan ke seluruh dunia untuk mendukung penelitian anti-tembakau. Dalam buku berjudul *Muslihat Kapitalis Global*, yang ditulis Pinanjaya dan Giri, disebutkan bahwa:

> "...pada tahun 2006, Bloomberg menginvestasikan dana sebesar US$125.000.000 dalam bentuk hibah. Kemudian

> pada tahun 2008 Bloomberg mengeluarkan dana sebesar US$250,000,000 untuk Bloomberg Initiative, untuk melakukan kampanye gerakan global anti-tembakau. Gate Foundation juga turut menginvestasikan dana sebesar US$125,000,000. Jadi jumlah yang diinvestasikan untuk *Bloomberg Initiative To Reduce Tobacco Use-Grants Programme* mencapai jumlah US$500,000,000." (2012: 64)

Perlu pula dicatat di sini bahwa di balik propaganda global anti-tembakau itu ada kepentingan dagang (Daeng, dkk. 2011: 62). Dalam halaman itu pula terdapat berbagai lembaga di Indonesia yang menerima dana tersebut. Perlu diperjelas bahwa program yang memberikan dukungan global untuk melawan tembakau yang secara resmi disebut mengatur kesehatan, yang dilakukan oleh WHO, di belakangnya terdapat suatu jenis perang dagang untuk menguasai kretek.

Kita telah mencatat hadirnya kekuatan baru dalam lingkungan petani tembakau yang bernama "Laskar Kretek", yaitu organisasi kaum muda petani, generasi yang lebih muda dibanding para aktivis yang menguasai panggung perlawanan terhadap kekuatan-kekuatan anti-tembakau pada dewasa ini. "Laskar Kretek" menjadi nama resmi organisasi perlawanan tersebut, dan kata, atau sebutan itu, sejak saat itu—hari, tanggal, bulan, dan tahun—telah menjadi lebih melembaga sebagai ideologi perlawanan dan bahasa perlawanan mereka. Ideologi lain yang juga merupakan ekspresi perlawanan terhadap ancaman yang ditujukan pada tembakau, tampil dalam ungkapan yang mengandung konotasi nekat atau keras kepala dan bentuk sikap tak peduli, yaitu *merokok sampai matek*, merokok hingga mati, dikembangkan dalam masyarakat oleh para aktivis. Mereka menyatakan, orang yang tidak merokok juga *matek*, mati, maka kita merokok sampai *matek*.

Merokok sampai matek menjadi ideologi perlawanan yang kuat. Dengan sikap sedikit menantang mereka mempertanyakan apa bedanya merokok dan tak merokok, kalau orang yang tak merokok pun *matek*? Ini menjadi argumen kuat yang terasa agak nekat, seperti disebut di atas, untuk menolak apa yang mereka sebut rezim kesehatan. Mereka tampak menjadi sangat apriori menghadapi argumen dunia kesehatan yang dipandang sebagai salah satu kekuatan yang mengancam kehidupan mereka. Ideologi yang diucapkan dan menjadi sikap hidup, pandangan hidup, yang berhubungan dengan kemandirian bangsa. Ungkapan ideologis ini muncul sebagai aspirasi, atau sebagai gambaran mengenai hidup yang mereka cita-citakan, ketika menghadapi sikap pemerintah yang tampak lebih tunduk pada kepentingan asing. Rela dicampurtangani oleh kepentingan asing, atau semacam didikte oleh kekuatan-kekuatan pelobi yang membela kepentingan asing. Penyeragaman Perda-Perda antirokok di seluruh tanah air, melakukan *copy paste* atas FCTC, yang sebagian besar diadopsi dalam PP No. 109 yang tetap menjadi perdebatan itu, semuanya memperlihatkan bahwa sikap pemerintah kita tak berpijak pada ideologi kemandirian bangsa, karena kita hanya mengiblat, bahkan tampak begitu patuh pada apa yang merupakan kepentingan asing, yang menginterversi kehidupan bangsa kita, dan mengancam kemandirian bangsa kita.

Ideologi yang menampilkan diri sebagai wawasan tentang kepentingan nasional ini lahir dalam hubungannya dengan sikap petani memandang perumusan Undang-Undang maupun Peraturan Pemerintah, yang disusun tanpa melibatkan warga masyarakat yang bakal dikenai peraturan tersebut. Semua UU, Perda-perda, Peraturan Pemerintah, yang disusun tanpa menampilkan aspek partisipatif, tanpa melibatkan mereka yang bakal memanggul, atau dikenai kebijakan tersebut. Lebih-lebih lagi, aturan-aturan tadi didiktekan oleh kepentingan asing yang bermaksud meraih suatu keuntungan dari kebijakan tersebut. Hal ini mengabaikan sama sekali apa yang disadari secara mendasar oleh para petani, sebagai kepentingan nasional yang ditelantarkan.

BAB V

Perlawanan Politik dan Puitik

"Semakin jauh saya menghayati jiwa bangsa saya, semakin saya menganggapnya hebat. Ras kami kaya akan seniman dan penyair, dan barang siapa merasakan puisi tidak mungkin berbuat kebatilan. Cinta, pengabdian, kepercayaan, semuanya berubah menjadi puisi dalam hidup orang Jawa." (Lombard 1996: 235)

"Pikiran adalah *puisi*, pelaksanaannya *seni*! Tapi mana bisa ada *seni* tanpa *puisi*? Segala yang baik, yang luhur, yang keramat, pendeknya segala yang indah di dalam hidup ini adalah *puisi*!" (Toer, 2003: 179)

KEDUA kutipan di atas, baik yang diambil dari Lombard maupun Ananta Toer, memiliki sumber yang sama. Keduanya berasal dari pernyataan tokoh yang sama: Ibu Kartini. Lombard maupun Ananta Toer mengutip pemikiran "*The Princess of Java*" itu ketika dia sedang berbicara mengenai dunia yang sama: Jawa. Di sini kedua kutipan ini pun memiliki relevansi yang kuat dan menjadi orientasi utama dalam bab ini, setidaknya karena dua alasan penting. *Pertama*, puisi menggambarkan sesuatu yang serius dan mendalam. Sebab, cinta, pengabdian, dan kepercayaan dalam hidup orang Jawa berubah menjadi puisi, sebagaimana dijelaskan dalam kutipan di atas. *Kedua*, puisi turut memainkan peranan sangat penting dalam perkembangan pemikiran antropologi, terutama ketika seni atau ekspresi seni dapat diterima dalam gaya penulisan etnografi. Bahkan, seperti akan segera menjadi lebih jelas dalam uraian berikut, gaya penulisan seni, gaya literer, bersastra, harus mewarnai penulisan etnografi.

Kita mengamati perkembangan mutakhir, yaitu bahwa pada abad ke-20 yang belum lama lewat, telah terjadi suatu proses pembauran antara ilmu pengetahuan dan seni. Dengan pembauran itu, dengan sendirinya batas-batas antara ilmu pengetahuan dan seni, lebih khusus antara antropologi dan sastra, menjadi lenyap. Berkembangnya kajian antropologi seni, termasuk seni pertunjukan, membuktikan besarnya minat di kalangan para antropolog terhadap tren baru yang pelan-pelan memantapkan posisinya sebagai suatu disiplin ilmu tersendiri. Gaya *poetic* atau literer, dan dalam pengertian tertentu bisa disebut gaya naratif, dalam penulisan etnografi, atau laporan ilmiah di bidang antropologi, sungguh-sungguh menandai lahirnya sebuah gejala baru yang menggembirakan. Paul Benson, editor buku *Anthropology and Literature*, membuat pernyataan di lembaran *preface and acknowledgments* yang terasa seperti sebuah deklarasi yang dia sadari, yang di dalamnya penuh kejutan.

> *"The fusion of anthropology and literature is one in which the language of the science employs the aesthetics of art. Ivan Brady has called it artful-science. It is a discource where the beauty and the tragedy of the world are textually empowered by the artful-science carefully chosen construction and subjective understanding of the author. The product is one that stimulates the situation under study with all the imaginative advantage poetically crafted prose. It is my hope that this literary and poetic anthropology will not only contribute to anthropological canon but will be useful to those in other di-*

ciplines in this inter disciplinary moment." (Benson 1993: xi)

Dalam buku *Predicament of Culture: Twentieth-Century Ethnography, Literature and Art,* James Clifford menulis pendahuluan dengan mengutip judul sebuah puisi untuk menjadi judulnya: *Introduction: The Pure Products Go Crazy.* Penyair yang dikutip itu William Carlos Williams, yang mulai menulis dengan ungkapan yang dijadikan subjudul buku sebagaimana dikemukakan di atas:

> *The pure products of America*
> *go crazy,*
> (Clifford 1988: 1)

Ini sebuah sajak panjang yang memerlukan dua halaman buku untuk dikutip secara utuh. Dalam *Writing Culture: The Poetics and Politics of Ethnography* (James Clifford dan George E. Marcus [ed.]), ada suatu penjelasan yang patut dikutip di sini mengenai telah lenyapnya, atau menjadi semakin tidak jelasnya, batas antara seni dan ilmu pengetahuan.

> "*Literary approaches have recently enjoyed some popularity in the human sciences. In anthropology intellectual writers such as Clifford Geertz, Victor Turner, Mazry Douglas, Claude Levi-Strauss, Jean Duvignaud, and Edmund Leach, to mention only few, have shown an interest in literary theory and practice. In their quite different ways they have blurred the boundary separating art from science....*" (Clifford and Marcus 1984: 3)

Tiga kutipan di atas menjelaskan makin kaburnya batas-batas wilayah ilmu dan seni, terutama antropologi dan sastra. Tradisi yang sudah lama mapan di bidang antropologi dipandang tidak lagi cukup memadai untuk menampung perkembangan baru dalam apa yang disebut *literary approach* yang menjadi semakin populer dalam antropologi. Sejumlah penulis terkemuka disebut sebagai perintis tradisi baru yang memperlihatkan bahwa *they have blurred the boundary separating art from science*. Dalam kesadaran konvensional kita, ilmu dan seni, antropologi dan sastra, masih terpisah jauh karena keduanya berada dalam disiplin yang berbeda. Kita tahu bahwa ilmu pengetahuan memiliki batas-batas normatif, rumus-rumus, atau dalil-dalil yang kaku dan serba ketat sehingga haramlah bagi siapapun untuk melanggarnya. Ilmu pengetahuan memiliki dalil-dalil yang tak bisa ditawar: objektif, terbuka untuk diuji, bisa dibuktikan secara empiris. Dalam bukunya yang sudah diterjemahkan ke dalam bahasa Indonesia menjadi *Humanisme Sosiologi*, Peter Berger mengejek fenomena dunia ilmiah macam itu secara sinis: "Ilmuwan sosial berseru-seru dengan istilah-istilah empiris, data, validitas, atau bahkan fakta sebagaimana seorang tukang sihir memanggil-manggil hantu" (Berger 1985: 230).

Dalil-dalil dalam ilmu sosial mengharuskan seorang ilmuwan menjaga jarak secara ketat dan tegas dari godaan subjektivitas yang dianggap terkutuk oleh aksioma dan hukum-hukum objektivitas ilmu pengetahuan tadi. Selebihnya, ilmu pengetahuan memiliki bahasa tersendiri, yang disebut bahasa ilmiah yang membuat kita merasa bukan bagian dari dunia itu jika kita tidak mengenal dengan baik bahasa tersebut.

Dalam bahasa ilmiah konvensional, kata 'saya' bukan pengganti nama diri kita, karena saya merupakan wakil dunia subjektif, sedangkan bahasa ilmiah menghendaki sikap "objektif". Agar memenuhi prasyarat objektif, saya tak boleh menjadi 'saya', melainkan harus diganti menjadi 'penulis'. Kita lupa bahwa ilmiah-tidaknya suatu tulisan sama sekali tak ditentukan oleh kata ganti, baik 'saya' yang dianggap wakil dari subjektivitas, maupun 'penulis' yang mewakili objektivitas. Sebaliknya, faktor penentu utamanya ialah metode, dibantu teknik yang memperkuat metode itu, dan oleh kejujuran dalam memahami atau menginterpretasi suatu data dilandasi pemahaman bahwa kita sedang mencari kebenaran ilmiah yang masih tersembunyi di dalam kegelapan. Di sini kita tidak boleh fanatik terhadap suatu filsafat yang kita sukai, atau terhadap suatu teori tertentu tanpa disertai sikap kritis. Data lapangan, fakta empiris, dan fenomena yang kita temukan harus dipahami dan diinterpretasikan secara jujur. Selain itu, kejujuran bisa menggugurkan filsafat tentang suatu hal, sementara suatu teori kalah kritis dengan temuan baru yang diterima dan disikapi secara jujur. Dengan kata lain, 'saya' pada satu sisi maupun 'penulis' pada sisi yang lain sama sekali tak memiliki kualitas apapun yang menentukan kebenaran ilmiah.

Sementara itu, kesenian, misalnya sastra, mengalir dari suatu sumber inspirasi yang wujud estetikanya dalam hidup kita sehari-hari sangat bergantung pada sang seniman secara individual yang menjunjung tinggi kebebasan ekspresi sebegitu tingginya. Maka, apa yang dihasilkan sifatnya subyektif, tanpa bingkai hukum apapun, tanpa adagium, dan tanpa formula maupun aturan baku, karena yang berlaku ialah subjektivitas diri dan kapasitas kesenimanan yang bersifat pribadi. Dalam paradigma keilmuan baru, ketika batas ilmu pengetahuan dan seni telah lenyap, di mana ilmu pengetahuan dan seni menjadi satu, kita mencatat fenomena bahwa ilmuwan memiliki kebebasan untuk menggunakan idiom *the artful-science* yang disebut di atas. Dengan demikian, "*The beauty and the tragedy of the world are textually empowered by the artful science carefully chosen construction and subjective understanding of the author*" (Benson 1993: xi).

Ekspresi politik dan puitik etnografi yang dikemukakan di atas menampilkan diri sebagai formula ilmiah sekaligus estetis. Di sana terkandung "semangat" melawan kemapanan tradisi.

Dengan begitu, unsur *novelty* yang dibawanya merupakan kekuatan penting yang telah membuat ilmu sosial tampak lebih estetis, dan juga lebih—kata Benson—*artfull*. Implikasi psikologisnya, ilmu sosial menjadi lebih humanis karena seni memancarkan diri dari dalam pribadi sang seniman, sedangkan ilmu menampilkan gejalanya dari luar. Dalam ungkapan lain, seni merupakan pancaran fenomena dalam atau dimensi esoteris dari kehidupan, sedangkan ilmu sebaliknya: tampilan gejala eksoteris dari suatu aspek kehidupan sosial kita.

Hal ini menjadi lebih jelas, karena dalam hubungan dengan ilmu tadi—di sini maksudnya ilmu sosial—para ilmuwan sosial menggali ilmu melalui relasi-relasi kemanusiaan, dan menggunakan kehidupan sosial sebagai sumbernya. Unsur-unsur paling simbolik pun, yang tersembunyi di balik realitas sosial, tetap diperoleh di dalam, atau melalui, relasi-relasi sosial di dalam suatu kehidupan sosial pula. Sebaliknya, seniman menampilkan seni dan segala unsur estetika dari kehidupan ini bukan dari luar, melainkan dari kedalaman pengalaman maupun penghayatan hidupnya.

Di sini dapat dikemukakan sebuah contoh mengenai seorang empu di dunia tari yang memiliki kapasitas mencipta suatu gaya tari. Empu seni tari itu, ketika muncul di atas panggung, menari bukan menuruti kaidah-kaidah mapan dari dunia seni tari yang sudah dikenal luas di kalangan para seniman tari itu sendiri, melainkan secara kreatif menggali atau menciptakan suatu gaya dalam olah gerak baru melalui improvisasi di atas panggung. Gerak yang dipandu oleh improvisasi itu tidak di bawah kendali kesadaran pemikiran, bukan hasil olah teori, melainkan hasil sebuah spontanitas, dipandu oleh kekuatan-kekuatan dalam dirinya sendiri yang selama ini sama sekali tak dikenalnya, atau belum dikenalnya.Apa yang dikenalnya dengan baik, yaitu kapasitas estetika pribadinya yang selama ini sudah dieksplorasi, mungkin baru bagian-bagian permukaannya yang terbatas. Dengan kata lain, kapasitas estetikanya yang besar belum dikenal seutuhnya dengan baik. Karena itu, tak mustahil bila sang empu tadi tak bisa mengulangi gerak yang satu itu. Unsur eksoteris dari dunia ilmu dan unsur esoteris dari dunia seni yang hebat ini, oleh para pencipta "tradisi" baru dalam penulisan etnografi digabung menjadi satu, dan batas-batas dunia ilmu dan dunia seni terhapus oleh penggabungan tadi.

Berger membandingkan ilmu pengetahuan alam yang lebih matang dan lebih menyadari bahwa metodenya serba terbatas, yang mengakibatkan para ahli ilmu pengetahuan alam memiliki rasa humor, yang juga disebutnya *sense of play*, dalam memandang dunianya. Mereka tampil dengan cara tidak "sok serius" dengan *sense of play* sebagai tandanya. Sementara ilmuwan sosial, khususnya para ahli sosiologi, begitu kering, dan serba serius. "Ilmuwan sosial masih cenderung untuk menerima disiplinnya dengan suasana buram, tanpa humor" (Berger 1985: 229). Kalau Berger mengetahui bagaimana sikap dan tingkah laku ilmiah para ilmuwan sosial di Indonesia dan tahu bagaimana dunia kampus mengembangkan cara menulis suatu karya ilmiah, kita tidak tahu apa kira-kira yang akan terjadi padanya.

Semenjak awal perkembangan baru di bidang antropologi yang mampu merobohkan tembok pembatas dunia ilmu dan dunia seni itu, kita belum tahu adakah hal itu pernah membuat Berger tersenyum. Ketika bahasa ilmu pengetahuan telah menggunakan bahasa yang disebut *the aesthetics of art* (Benson 1993: xi) dengan melibatkan estetika dunia seni, yang menandakan bahwa adagium dan dalil-dalil keilmuan lama sudah tidak berlaku, muncul implikasi etis dalam relasi antara ilmuwan (peneliti) dengan warga masyarakat (yang diteliti). Dan ungkapan tentang *artful-science* (Benson 1993:xi) itu menjadi begitu kuat, begitu meyakinkan, bahwa pengaruh dari gelombang baru ini tak lagi terbendung.

Pendekatan naratif, literer, atau puitik bukan sekadar menjadi gaya penulisan ilmiah baru, melainkan merupakan suatu ekspresi yang dianggap lebih memenuhi kebutuhan ilmiah mutakhir. Hal ini menjadi begitu menggembirakan, dan diterima dengan baik di dunia akademik, terutama dalam disiplin ilmu antropologi. Kehadiran puisi dalam dunia ilmiah bukan perkara remeh seperti debu yang harus dibersihkan sebersih-bersihnya. Ekspresi puitik menjadi suatu temuan baru yang ditimang-timang dan diperlakukan penuh rasa hormat di kalangan para pendukungnya yang gigih mengukuhkan unsur kebaruan itu. Di sini, sekali lagi pernyataan Benson penting untuk dihadirkan kembali. "*It is my hope that this literary and poetic anthropology will not only contribute to anthropological canon but will be useful to those in other diciplines in this interdisciplinary moment*" (Benson 1993:xi). Dalam perkembangan dunia ilmu pengetahuan yang menerima dengan baik idiom *artful-science* seperti saat ini, rasanya apa yang dinyatakan oleh seorang "*Javanese Princess*", Ibu Kartini, yang dikutip sejarawan Lombard, dan dikutip lagi di awalan tulisan ini, tampaknya menjadi begitu relevan: "Cinta, pengabdian, kepercayaan, semua berubah menjadi puisi dalam hidup orang Jawa." Kalau pengabdian itu dibingkai dan diakomodasi dalam politik, bukankah hal itu dengan sendirinya menjadi sebuah *artful politics.* Dan bila kepercayaan di situ ditampilkan dalam suatu bingkai agama, bukankah implikasinya menjadi suatu *artful religion,* yang kita bayangkan begitu akomodatif dan toleran?

Dan bila pernyataan Ibu Kartini yang dikutip Pramoedya kita tampilkan pula di sini buat melengkapi apa yang sudah dinyatakan sejarawan Lombard di atas, tampaknya pemikiran Ibu Kartini mengenai hidup dan puisi menjadi lengkap, mungkin lebih utuh: segala yang baik, yang luhur dan keramat, pendeknya segala indah dalam hidup ini adalah puisi. Di sini perlu dijelaskan bahwa bila segala yang luhur itu berhubungan dengan tradisi dan segenap mantra di dalamnya, dan yang disebut keramat itu hubungannya dengan ziarah kubur, kebesaran para wali dan leluhur yang sangat dihormati, apa tak berarti bahwa dalam hidup ini segenap tradisi dan mantra itu lalu menjadi puisi, dan ziarah kubur dan segenap leluhur yang sudah lama tidak ada, bukankah juga berarti puisi? Kecuali itu, bukankah di mata Ibu Kartini segalanya lenyap, sehingga yang tinggal hanyalah puisi? Bila pemikiran ini dapat dijadikan pemandu jalannya pencarian kebenaran yang kita tempuh di lapangan, maka segenap tindakan petani dalam gerakan perlawanan mereka itu juga puisi. Mantra mereka puisi. Tradisi mereka puisi. Doa, tarian, dan kidung-kidung mereka, semuanya puisi. Dan dengan begitu komitmen, kekecewaan, kecemasan, dan sikap politik mereka pun tidak kurang dan tidak lebih semuanya juga puisi. Maka, dengan sendirinya seluruh corak perlawanan politik yang dilakukan petani tersebut merupakan perlawanan puitik sehingga bila kita menyebut segenap perlawanan petani tersebut sebagai perlawanan politik dan puitik hal ini dan dapat diterima dengan gembira oleh akal sehat dan aspek puitik dalam diri kita.

Bila demikian yang terjadi, maka pekerjaan akademik ini pun dapat disebut—bahkan dengan sendirinya menjadi—suatu *artful academic work* yang memperoleh nama dan esensinya dari realitas kehidupan petani yang kita gali dari gerakan perlawanan tersebut. Harus diperjelas bahwa seluruh kompleksitas gerakan perlawanan yang puitik itu pada hakikatnya lahir sendiri, tanpa seorang pun berperan membidani kelahirannya, kemudian memilih sendiri namanya secara bebas tanpa campur tangan pihak lain. Maka, apa yang bersifat politik dan sekaligus puitik itu bukan fenomena baru yang dipaksa untuk diberi nama politik dan puitik.

Bila hal itu benar adanya, maka dengan begitu seluruh kerja keras merumuskan tulisan ini menjadi dokumen *artful academic work* pun pada hakikatnya lahir sendiri dan memilih sendiri namanya secara bebas dari campur tangan pihak lain. Di sini dengan sendirinya terdapat suatu implikasi teoretik yang berhubungan dengan cara kita melakukan *exegesis* atau penafsiran. Apa makna sebuah fenomena yang lahir sendiri dan memberi sendiri namanya secara otonom seperti itu? Di sini maknanya jelas: peneliti yang mengamati fenomena itu di lapangan dan kemudian menuliskannya telah dibebaskan untuk tidak perlu lagi membuat suatu tafsiran atau interpretasi apapun. Sifat politik dan puitik itu bukan hasil rekayasa dan tafsiran sang peneliti yang menuliskannya di kemudian hari. Implikasi bahwa hasil karya itu memiliki sebutan sebagai *artful academic work* pun sama sekali bukan sebutan yang lahir dari peneliti yang kemudian menuliskannya tadi. Demi kejelasan, harus ditegaskan lagi bahwa fenomena itu lahir sendiri dan memilih sendiri namanya secara bebas.

Semua fenomena ini terjadi karena kita berutang pada Ibu Kartini yang menemukan suatu realitas bahwa cinta lenyap menjadi puisi, perjuangan hilang dan berganti nama baru menjadi puisi, dan kepercayaan pun kemudian lahir kembali menjadi puisi. Maka Ibu Kartini pun mengukuhkan pernyataannya dengan tambahan: "segala yang baik, yang luhur dan keramat menjadi puisi". Pendeknya, dalam hidup ini tidak ada yang lain kecuali puisi dan puisi belaka. Kemudian puisi demi puisi mengukuhkan perlawanan politik petani menjadi perlawanan politik dan puitik. Di sini puisi pun lahir sendiri dari realitas kehidupan. Dan karya akademik ini menjadi suatu *artful academic work* pun bukan diciptakan, melainkan lahir sendiri dari rahim kehidupan dunia pergerakan petani.

Mungkin buku ini berusaha hadir untuk turut serta memberikan dukungan—dan dengan sendirinya juga memperkaya—perkembangan pemikiran yang secara mendasar menghapuskan batas-batas ilmu dan seni tersebut. Dengan begitu buku ini menampilkan dirinya untuk mencoba memenuhi harapan yang dirumuskan dengan ungkapan: "*...but will be useful to those in other diciplines in this inter disciplinary moment*" di atas. Maka, jelaslah kiranya bahwa meskipun dalam buku ini puisi-puisi dihadirkan, sejak awal mula kita telah menyadari bahwa kehadirannya bukan untuk mengubah kajian utamanya menjadi suatu kajian kesenian. Dengan kata lain, dihadirkannya puisi di sini sama sekali tidak dimaksudkan untuk mengubah kajian mengenai gerakan perlawanan petani menjadi suatu kajian kesusasteraan. Sebagaimana akan segera jelas dalam uraian lebih lanjut, penelitian ini menggambarkan dunia petani yang terancam, para petani yang resah, dan mereka yang resah itu kemudian melawan.

Sampai di sini, untuk sementara cukup dikatakan bahwa perlawanan mereka merupakan perlawanan politik yang demikian jelas diekspresikan secara puitik sehingga ekspresi itu terasa seperti sebuah perlawanan tersediri. Mungkin dapat dirasakan dengan agak jelas bahwa cita rasa puitik dalam tulisan ini mampu memperhalus dimensi politik dalam gerakan perlawanan tersebut. Karena itu tak perlu dikatakan lagi bahwa tulisan ini pun merupakan suatu corak artikulasi puitik, sesuatu yang bersifat seni, estetik, dari suatu penelitian mengenai gerakan perlawanan politik. Selanjutnya, diskusi kita di bagian ini kita buat menjadi lebih fokus untuk semata membahas puisi secara konsepsional, mengulas definisi dan berusaha memberikan makna bukan sekadar untuk memperoleh kejelasan, melainkan juga untuk mendapatkan suatu landasan berpijak yang cukup memadai.

Puisi dalam Perspektif Umum

Pembahasan awal ini akan bersifat umum, berkisar dari apa yang mungkin dapat dianggap sebagai definisi seperti telah disebutkan di atas, kemudian diikuti contoh-contoh puisi dan apa kandungan maknanya. Untuk memulai pembahasan ini, kiranya perlu lebih dahulu ditegaskan bahwa dalam kajian ini puisi bukanlah sekadar *klangenan*, suatu pelipur duka lara bagi perantau yang rindu akan kampung halaman, bukan pula kerinduan seorang pemuda pada kekasihnya di tempat yang jauh, yang dengan memandang bulan tampak wajah kekasihnya tadi untuk kemudian diolah menjadi sebait puisi. Puisi dalam kategori itu sama sekali tak menjadi perhatian kita dalam kajian ini.

Dalam perjuangan hidup yang sesungguhnya—mungkin disebut perjuangan sejati—ada keteguhan jiwa, sikap gigih, dan semangat pantang menyerah yang jauh lebih serius daripada kerinduan pribadi seperti disebut dalam contoh di atas. Manusia bisa saja bersedih dan mengalami suatu krisis berat, tetapi jiwanya harus tetap tegak. Jika puisi harus disusun dalam suasana kejiwaan seperti itu, maka puisi tadi harus memancarkan suatu energi kehidupan, tanda bahwa kita tidak takluk atau menyerah kalah begitu saja. Sutan Takdir Alisjahbana, STA, pernah merasa sangat sedih dan berada dalam krisis berat karena kematian istrinya pada 1933. Puisi-puisinya menggambarkan betapa beratnya derita dan perjuangan hidup yang dilaluinya. Kita ambil contoh penggalan dari salah satu puisinya, yang ditulis bulan Mei 1953.

Sudah Dibajak

Aku merasa bajakMu menyayat
Sedih seni mengiris kalbu
Pedih pilu jiwa mengaduh

Gemetar menggigil tulang seluruh
(Alisjahbana, 1984: 13)

Seberat apapun derita yang membuatnya berada dalam krisis itu, STA bahkan menganggapnya "modal" dan bukan trauma yang menghantui perjalanan hidupnya. "...bagaimana beratnya saya berjuang untuk melepaskan kesedihan dan keputusasaan, untuk akhirnya menerima kesedihan itu dan menjadikannya modal untuk menerima tugas hidup sesudahnya" (Alisjahbana, 1984: 13). STA menggambarkan dengan jelas bahwa puisi lahir dari derita yang dihadapi dengan ketegaran jiwa dalam perjuangan hidup. Penyair Sitor Situmorang menjawab perjuangan STA melawan kesedihan dan keputusasaan tersebut, sekaligus meneguhkan pendirian STA bahwa puisi lahir dari duka dan kepedihan, dengan puisinya yang diberinya catatan: Untuk Takdir Alisjahbana.

Dari Hal Mimpi dan Sajak

Dari segala kebenaran hanya ada satu:
Tak ada sajak yang cukup berharga
Yang lahirnya menimbulkan luka
Dari segala derita, ini selalu
Dari segala kebenaran hanya satu:
Tak ada sajak yang tidak dari duka.
(Situmorang 2004: 45)

Scbclum kita lupa, di sini pada tempatnya kita ulang kembali inti pemikiran Sitor yang memperteguh pendirian STA bahwa 'tak ada sajak yang tidak dari duka', karena semua sajak pada hakikatnya cerminan duka dan kepedihan. Pernyataan ini menjadi begitu terang benderang menegaskan bahwa tidak ada puisi yang sungguh-sungguh berkualitas puisi yang lahir hanya dengan memandang "bulan" tadi. Sekali lagi, puisi selalu lahir dari duka, seperti duka dan kepedihan STA tersebut. Jenis duka dan kepedihan yang lain menimpa Chairil Anwar, seperti tercermin dalam puisinya yang berjudul *Nisan*, ditulis tahun 1942, sesudah neneknya meninggal dunia.

Nisan

Bukan kematian benar menusuk kalbu
Keridlaanmu menerima segala tiba
Tak kutahu setinggi itu atas debu
Dan duka maha tuan bertahta
(Anwar, 2012: 5)

Puisi duka yang lain kita temukan dalam karya Chairil Anwar yang lebih berat lagi, karena di dalamnya Chairil bukan sekadar berduka, melainkan menjadi frustrasi dan kehabisan pengharapan. Puisi yang berjudul "Tak Sepadan" menggambarkan frustrasi itu begitu jelas.

Tak Sepadan

Aku merangkaki dinding buta
Tak satu juga pintu terbuka
Jadi baik juga kita padami
Unggunan api ini
Karena kau tak 'kan apa-apa
Aku terpanggang tinggal rangka
(Anwar, 1986: 10)

Sampai di sini kiranya sudah lebih dari jelas bahwa puisi itu demikian serius sampai bisa menimbulkan efek psikologis yang dalam, yang menyebabkan bukan hanya frustrasi melainkan juga keputusasaan dan hilangnya harapan. Hal itu tampak jelas pada sikap Chairil Anwar yang mengibaratkan usahanya yang terkesan sudah mati-matian untuk menarik perhatian seseorang yang dipujanya. Ringkasnya, Chairil Anwar telah menempuh berbagai usaha dengan sungguh-sungguh untuk menarik perhatian 'pujaan' hatinya tapi tanpa hasil, seperti orang yang merangkaki dinding buta, yang tak satu pun pintunya terbuka. Jadi, sekali lagi, seperti pernyataan Sitor Situmorang di atas, tak ada sajak yang tidak dari duka. Jika dinyatakan dengan cara lain, maka akan menjadi jelas bahwa tak sepenggal pun sajak yang lahir hanya dengan memandang bulan.

STA berpendapat mengenai seriusnya dunia sastra pada umumnya, jadi juga keseriusan puisi, dengan melihat tugas yang dipikul dunia sastra itu sendiri.

> "...dalam zaman kita kesusasteraan mempunyai tugas yang tak berhingga banyaknya oleh perkembangan budi dan kebudayaan manusia. Hanya apabila kesusastraan dengan sadar menghadapi soal-soal itu dan tidak takut dan lari daripadanya, ia akan dapat sesungguhnya menjadi relevan dalam sejarah dan kebudayaan. Sebab, tak urung umat manusia sekarang sedang mengalami transformasi mahabesar oleh perbuatan dan tanggung jawabnya sendiri, seperti tak ada taranya dalam sejarah." (Alisjahbana, 1984: 15).

Mungkin harus ditegaskan lagi di sini bahwa puisi bisa menjadi tampak lebih serius bila kita pahami dengan baik tanggung jawab dunia sastra yang bcsar, dan mcliputi wilayah kchi dupan manusia yang luas. Ada tanggung jawab sastra terhadap kemanusiaan, kebenaran, dan keadilan. Juga tanggung jawab sastra terhadap kehidupan sastra itu sendiri dan dunia kesenian pada umumnya maupun tanggung jawab sastra dalam kehidupan politik.

Dalam bukunya yang membicarakan zaman Pujangga Baru dan kehidupan dunia sastra, Keith Foulcher menghubungkan kesusastraan dan nasionalisme. Di sini perlu dijelaskan lebih jauh bahwa melalui dunia sastra, nasionalisme diperjuangkan. Berkembangnya kesadaran nasionalisme di berbagai daerah itu terjadi karena kesediaan dunia sastra yang telah menyerahkan dirinya ke dalam perjuangan tersebut. Ini hanya untuk menegaskan lagi betapa serius dunia sastra, maksudnya juga dunia puisi, dalam perjuangan politik. Penegasan ini juga dimaksudkan untuk mengingatkan sekali lagi bahwa kajian utama dalam buku ini sekali lagi bukan kesusastraan, melainkan gerakan perlawanan politik petani yang tampil sebagai corak perlawanan politik dan puitik tadi.

Puisi yang serius itu harus dipahami dengan menggunakan cara pandang kaum sastrawan, atau penyair, yang tidak mungkin tidak serius. Menurut STA, puisi ialah "penjelmaan perasaan dengan perkataan. Tidak tiap-tiap perasaan menimbulkan puisi. Perasaan itu hendaknya lebih mulia dari perasaan setiap hari... Puisi itu tidaklah lain daripada perasaan kita tentang hidup, terlepas dari segala yang kebetulan atau yang fana" (Alisjahbana 1984: 17). Di sini STA juga mengutip pendapat Willem Kloos, penyair Belanda, "Puisi itu penjelmaan yang seasli-aslinya dari perasaan yang seasli-aslinya" (Alisjahbana, 1984: 17). Bagi William Henry Hudson, "*...poetry is made out of life, belongs to life, exists for life*" (Alisjahbana 1984: 55).

Agar tak menimbulkan suatu kesalahpahaman yang tak perlu, di sini harus ditegaskan bahwa dalam puisi Indonesia modern memang ada jenis-jenis puisi ringan, sangat ringan, sekadar berteka-teki, atau ungkapan sifat jenaka yang menggambarkan kearifan para leluhur kita di dunia Melayu dahulu. Tetapi di sini, puisi-puisi dipilih dari jenisnya yang serius dan mendalam, atau sengaja ditampilkan dalam keseriusan yang mendalam agar memiliki kesetaraan dengan pokok bahasan kita mengenai perlawanan politik dan puitik petani tembakau Temanggung yang penuh keseriusan pula.

Tampaknya di sini kita menemukan momentum yang tepat untuk menghadirkan kembali pernyataan Ibu Kartini mengenai cinta menjadi puisi, kepercayaan menjadi puisi, dan perjuangan menjadi puisi. Begitu banyak hal berubah menjadi puisi, bukan untuk mengesankan bahwa pokok-pokok persoalan yang diulas di sini maupun cara kita mengungkapkannya dibuat sedemikian rupa untuk membuat pikiran pembaca menjadi ruwet.

Akan kelirulah bila akibatnya orang beranggapan bahwa tulisan ini sengaja diruwet-ruwetkan. Kita tidak bermaksud membuat pembaca mengerutkan kening terus-menerus selama membaca. Bukankah kita sudah menyatakan persetujuan dengan Peter Berger akan perlunya sosiologi yang tampil dengan lebih rileks, dengan senyum, sebagaimana sudah kita ulas sebelumnya? Maka, biarpun kita sama sekali tidak sedang berusaha memancing pembaca untuk ketawa, tetapi menyediakan ruang dan kesempatan—biarpun bersifat sejenak—dalam suatu tulisan akademik yang memungkinkan pembaca tersenyum, tak diragukan hal itu masih merupakan kemurahan hati dan sikap bijaksana.

Ungkapan bahwa cinta berubah menjadi puisi, keyakinan dan perjuangan pun berubah menjadi puisi, semuanya lahir dari jiwa yang tersenyum. Ada yang mungkin menjadi begitu perlu untuk ditambahkan di sini, bahwa di masyarakat Jawa masih terdapat begitu banyak sisi kehidupan lain selain cinta, kepercayaan, dan perjuangan yang berubah menjadi puisi. Sebagaimana akan jelas dalam contoh-contoh puisi Jawa yang akan dibahas kemudian, maka asketisme, keluhuran budi, kepahlawanan, keberanian, juga berubah menjadi puisi. Dibawah ini akan disajikan suatu gambaran mengenai puisi, yang menegaskan sekali lagi bahwa puisi bukan sekadar *klangenan*, bukan semata pelipur duka lara.

Ada lima kategori yang dipandang penting untuk disajikan dalam bagian ini, yaitu: (1) Puisi Jawa, yang diambil dari buku-buku karangan para pujangga Surakarta; (2) Puisi di zaman pergerakan kemerdekaan, artinya puisi Indonesia, yang di sini disebut puisi perlawanan terhadap penjajah Belanda, terutama karya Chairil Anwar; (3) Puisi perlawanan di zaman Orde Lama; (4) Puisi perlawanan di zaman Orde Baru; (5) Puisi perlawanan petani Temanggung, yang di sini disebut Perlawanan Politik dan Puitik Petani Tembakau.

Kita bahas lebih dulu puisi Jawa, yang menjelaskan betapa serius dan mendalamnya kandungan makna puisi. Para pujangga dari Surakarta, yaitu Pangeran Mangkunegara IV, penulis *Wedhatama*, artinya ajaran utama, dalam tembang-tembang, kidung, dan suluk yang menjadi rujukan dalam sastra pedalangan. Ini semua sekadar contoh untuk memperkuat argumen bahwa dalam masyarakat Jawa puisi merupakan ekspresi estetik yang sangat penting, mencakup urusan-urusan kehidupan yang sangat serius dan mendalam, yang sekali lagi menegaskan bahwa puisi lahir dari duka lara, bukan semata obat duka lara seperti sudah disebutkan di atas.

Kecuali itu, di masyarakat Jawa juga dikenal karya-karya dalam corak puisi yang menjadi tembang dengan isi mantra sakti yang memiliki pengaruh besar dalam kehidupan sehari-hari. Biasanya tembang seperti itu disebut secara khusus sebagai kidung seperti yang sudah disebut di atas. Dalam pupuh 2, *Dandanggula*, Pakubuwana IV dari Surakarta menyusun kidung ini:

Dandanggula

Sasmitaning ngaurip puniki
Mapan ewuh yen ora weruha
Tan jumeneng mring uripe

Akeh kang ngaku aku
Pangrasane sampun utami
Tur durung weruh ing rasa
Rasa kang satuhu
Rasane rasa punika
Upayanen darapon sampurna ugi
Ing kauripan nira
(Pakubuwana IV 1988: 6)

(Perlambang kehidupan ini/ memang repot kalau kita tak memahami/ tak berpijak pada hidupnya/ banyak yang meng-klaim/ bahwa dia merasa sudah sampai tingkat keutamaan yang tinggi/ padahal belum memahami rasa/ yaitu rasa sejati/ rasanya rasa sejati itu/ capailah agar hidup menjadi sempurna)

Mangkunegara IV memiliki pengaruh besar dalam dunia tasawuf Jawa. Disusunnya tembang *Pucung* sebagai berikut:

Pucung

Ngelmu iku
kalakone kanthi laku.
Lekase lawan kas,
tegese kas nyantosani,
Setya budya
pangekese dur angkara
(*Pupuh Pucung*, bait 1)

Artinya: *Ngelmu,* ilmu, itu hanya dapat dicapai dengan *laku* (*mujahadah*) dimulai dengan niat yang teguh, arti kas menjadikan sentosa. Iman yang teguh untuk mengatasi segala godaan rintangan dan kejahatan (Simuh 1999: 159).

Puisi menjadi sarana komunikasi keilmuan, komunikasi kesenian, dan tempat di mana urusan etika dipelihara dengan baik. Sekadar untuk memberi contoh akan betapa seriusnya puisi, yang bukan sekadar sebuah '*klangenan*' dan pelipur duka lara, kiranya kita cukupkan contoh ini sampai di sini saja.

Masyarakat Jawa kuno sudah memiliki kisah-kisah kepahlawanan yang disusun dalam bahasa puisi. C.C. Berg, seorang ahli sastra Jawa kuno, menjelaskan dalam buku *Historiografi Indonesia* (1995: 71) bahwa "gaya tembang dan fungsi magis berjalan seiring". Naskah Jawa yang pada saat permunculannya digunakan untuk pengucapan mantra gaib, di kemudian hari bisa menjadi bagian dari gambaran mengenai masa lampau jika keadaannya menguntungkan".

Babad Tanah Jawi disusun dalam suatu prosa yang bobot liriknya sangat besar. Pujangga Ranggawarsita juga memiliki buku *Serat Kalatidha*, selain itu dia juga meninggalkan karya besar lainnya yang berjudul *Serat Cemporet*. Tanpa bermaksud membuat pembaca merasa bosan, di sini perlu ditegaskan kembali bahwa puisi yang kita bahas dalam bab ini bukan puisi sebagai puisi seperti lazimnya kajian sastra, melainkan puisi dalam konteks gerakan perlawanan petani.

Dengan kata lain, di sini kita sedang berbicara tentang politik, khususnya politik perlawanan petani. Untuk membuat pernyataan ini menjadi lebih tegas, lebih jelas, perlu ditekankan bahwa ulasan ini tidak ada sama sekali hubungannya dengan kajian seni dalam perspektif seni, tetapi seni dilihat dari sudut pandang gerakan dan untuk kepentingan gerakan. Juga tidak ada salahnya bila di sini dinyatakan bahwa seni—puisi—dibicarakan bukan karena kita bermaksud mengubah fokus kajian perlawanan petani menjadi kajian sastra.

Sekali lagi, di sini kita sedang mengulas perlawanan petani dari aspek kesenian, yang kita sebut sebagai ungkapan puitik dalam gerakan protes petani. Jadi untuk kesekian kalinya penegasan ini dinyatakan agar kita tidak lupa—dan tidak akan pernah lupa—bahwa kajian ini menggambarkan perlawanan politik dan puitik petani tembakau yang sedang menuntut hak-hak hidup, sekaligus untuk membebaskan diri dari suasana psikologis yang mengancam kelestarian dunia pertanian mereka.

Puisi Perlawanan

Selanjutnya kita akan membahas puisi perlawanan yang ditulis Chairil Anwar, yang mungkin kita semua mengetahuinya.

> ***Karawang-Bekasi***
>
> Kami yang kini terbaring antara Karawang-Bekasi
> Tidak bisa teriak "Merdeka" dan angkat senjata lagi.
> (Anwar 2012: 108)

Sekadar berteriak merdeka di zaman perang kemerdekaan, artinya di zaman ketika kita melakukan perlawanan terhadap kaum penjajah, itu sudah merupakan perlawanan yang sangat nyata. Di sini, merdeka merupakan ideologi perlawanan dan bahasa perlawanan. Dengan satu kata, yaitu merdeka, kita telah melakukan perlawanan yang membuat kesadaran kita bangkit, jiwa kita bergolak. Kita tak mengenal takut. Bertaruh nyawa, kita tak berkeberatan. Mati bukan sesuatu yang menakutkan, bukan karena kita mengenal mati syahid, tetapi dari jiwa yang paling dalam, yaitu panggilan paling primordial dalam hidup, yang tanpa kalkulasi apapun kita siap mati dalam perang membela negara. Pendek kata, kita siap mati, dan rela mati, bukan karena di balik kematian ada surgaloka yang di bawahnya mengalir sungai-sungai. Dalam hidup kita yang susah, tiap hari kita melihat sungai, bahkan begitu banyak sungai, dan kita berfoya-foya mandi di dalamnya, mencuci baju di dalamnya, dan kita menunggu baju itu kering sambil tetap mandi di sungai itu.

Ketulusan untuk siap mati dalam perang tak diganggu oleh keinginan memperoleh hadiah berupa surgaloka. Dalam semangat berjuang dan melakukan perlawanan untuk membela tanah air, kita tak sempat tertarik akan taman surga dan sungai-sungai yang mengalir di bawahnya. Apalagi, di dunia yang fana ini sudah terlalu banyak sungai kita lihat, dan kita mandi di dalamnya, sambil, sekali lagi, menanti baju yang kita cuci kering kembali.

Dilihat dari sudut bahasa, di sini merdeka bukan lagi sekadar kata sifat, melainkan juga kata kerja. Merdeka yang merupakan kata sifat sekaligus kata kerja, membuat kita tak peduli mati muda. Gairah kita melakukan perlawanan membuat kita tak peduli, kita tinggal tulang diliputi debu. Satu-satunya keluhan pada kita, yaitu kenyataan pahit bahwa kita bukan hanya tak bisa berteriak merdeka tetapi juga tak bisa angkat senjata lagi. Gerakan perlawanan masih berlangsung dengan lebih bersemangat, tapi kita sudah tak bisa berbuat apapun. Dengan penuh semangat puisi ini berteriak:

> ...
> Teruskan, teruskan jiwa kami
> Menjaga Bung Karno
> Menjaga Bung Hatta
> Menjaga Bung Sjahrir
> (Anwar 2012: 108-109)

Mereka itu tiga nama, tiga simbol, tiga makna, tiga tokoh sejarah, sekaligus menjadi sejenis tokoh mitologi, yang dalam gerakan perlawanan kita jaga, kita lindungi, kita selamatkan. Pernyataan "beribu kami terbaring antara Krawang-Bekasi" itu bukan keluhan, bukan tanda penyerahan, melainkan jerit perlawanan yang memberi semangat juang bagi mereka yang tinggal. Artinya, perlawanan harus dilanjutkan. Dengan contoh ini, tak mungkin orang bisa berkata bahwa puisi itu perkara sepele yang tidak punya sangkut-paut dengan kehidupan nyata.

Chairil Anwar juga menuliskan kekagumannya kepada Pangeran Diponegoro dalam sajaknya yang lain:

Diponegoro

Di depan sekali tuan menanti
Tak gentar. Lawan banyaknya seratus kali.
Pedang di kanan, keris di kiri
Berselempang semangat yang tak bisa mati
MAJU
Bagimu Negeri
Menyediakan api
(Anwar 2012: 9)

Ada lagi suatu jenis puisi perlawanan, ditulis pada zaman yang lain, oleh penyair yang lain, dari generasi yang juga lain, dimuat dalam kumpulan puisi *Tirani dan Benteng*. Kita, pembaca, turut menjadi saksi sejarah yang pernah mencatat hadirnya perlawanan rakyat dengan pengorbanan yang besar: hidupnya sendiri. Tanpa peduli akan korban yang besar itu, perlawanan tetap berlangsung terus dengan gigih dan keberanian yang tak terukur. Inilah puisi itu.

Sebuah Jaket Berlumur Darah

Sebuah jaket berlumur darah
Kami semua telah menatapmu
Telah berbagi duka yang agung
Dalam kepedihan bertahun-tahun

Sebuah sungai membatasi kita

Di bawah terik matahari Jakarta
Antara kebebasan dan penindasan
Berlapis senjata dan sangkur baja

Akan mundurkah kita sekarang
Seraya mengucapkan 'Selamat tinggal perjuangan'
Berikrar setia kepada tirani
Dan mengenakan baju kebesaran sang pelayan?

Spanduk kumal itu, ya spanduk itu
Kami semua telah menatapmu
Dan di atas bangunan-bangunan
Menunduk bendera setengah tiang

Pesan itu telah sampai ke mana-mana
Melalui kendaraan yang melintas
Abang-abang beca, kuli-kuli pelabuhan
Teriakan-teriakan di atap bis kota, pawai-pawai perkasa
Prosesi jenazah ke pemakaman
Mereka berkata
Semuanya berkata
Lanjutkan Perjuangan!

1966
(Ismail 1993: 67)

Jaket berlumur darah, tanda gugurnya seorang pahlawan muda yang mungkin belum saatnya menerima ajal, tak membuat mereka gentar. Sesudah merasa berbagi duka yang agung, mereka sama sekali tak larut dalam duka, melainkan ingat akan perjuangan suci yang harus dilaksanakan, dan berteriak: Lanjutkan Perjuangan! Patut dicatat di sini bahwa teriakan ini bukan tanda jiwa yang sudah kalap, bukan pula gairah yang mendambakan mati syahid, siap menjadi martir. Ini keberanian yang tidak terlalu lumrah. Apalagi bila dilihat dari zaman lain, zaman yang lebih tenang, yang membuat kita bisa mengobrol dan minum kopi di suatu kafe, daerah tanpa risiko, nyaman dan tanpa agenda perlawanan apapun. Di kafe itu musik meredam semangat juang, meninabobokan kita untuk tak usah menjadi pemberani.

Puisi perlawanan Taufiq Ismail yang lain menggambarkan solidaritas anak-anak yang boleh dikatakan belum tahu politik. Meskipun begitu, gairah mereka untuk berpartisipasi dalam perjuangan dan kekaguman pada para mahasiswa pejuang membuat mereka turut tampil begitu heroik sebagaimana dapat dirasakan dalam sajak berikut.

Karangan Bunga

Tiga anak kecil
Dalam langkah malu-malu
Datang ke Salemba
Sore itu
'Ini dari kami bertiga
Pita hitam pada karangan bunga
Sebab kami ikut berduka
Bagi kakak yang ditembak mati
Siang tadi.'

1966
(Ismail 1993: 75)

Kelihatannya ibu seorang demonstran yang tulus dan merelakan anaknya turun ke jalan juga menggambarkan semangat zaman itu ketika perlawanan dengan risiko apapun harus dilakukan. Dalam puisi di bawah ini digambarkan bahwa kesediaan untuk melakukan perlawanan itu tampak berbingkai ideologi mengenai usaha menyempurnakan kemerdekaan, ideologi yang suci dan mempesona, yang tak boleh dinodai. Bagi sang ibu, yang akan segera jelas sosok pemikirannya dalam sajak berikut, momentum perlawanan itu juga memberinya rasa bangga ketika mengenang suaminya almarhum, yang dulu juga seorang demonstran.

Dari Ibu Seorang Demonstran

Ibu telah merelakan kalian
Untuk berangkat demonstrasi
Karena kalian pergi menyempurnakan
Kemerdekaan negeri ini

Ya, ibu tahu, mereka tidak menggunakan gada
Atau gas airmata
Tapi langsung peluru tajam
Tapi itulah yang dihadapi
Ayah kalian almarhum
Delapan belas tahun yang lalu

Pergilah pergi, setiap pagi
Setelah dahi dan pipi kalian
Ibu ciumi
Mungkin ini pelukan penghabisan
(Ibu itu menyeka sudut matanya)

Tapi ingatlah, sekali lagi
Jika logam itu memang memuat nama kalian
(Ibu itu tersedu sesaat)

Ibu relakan
Tapi jangan di saat terakhir
Kauteriakkan kebencian
Atau dendam kesumat
Pada seseorang
Walaupun betapa zalimnya
Orang itu

Niatkanlah menegakkan kalimah Allah
Di atas bumi kita ini
Sebelum kalian melangkah setiap pagi
Sunyi dari dendam dan kebencian
Kemudian lafazkan kesaksian pada Tuhan
Serta Rasul kita yang tercinta

Pergilah pergi
Iwan, Ida dan Hadi
Pergilah pergi
Pagi ini.

1966
(Ismail 1993: 129)

Sampai di sini kita memiliki beberapa catatan yang tak boleh dilupakan. *Pertama*, tiap puisi di atas menggambarkan semangat zaman yang terasa begitu jelas dan kental. Dengan begitu juga menjadi jelas bahwa puisi merupakan cermin masing-masing zaman ketika puisi tersebut ditulis. Semangat zaman dan cermin zaman itu memiliki arti tersendiri bila dilihat dalam konteks sejarah kelahiran masing-masing puisi. *Kedua*, puisi-puisi di atas ditulis oleh tokoh yang hidup dalam generasi yang berbeda. Bila generasi ini pun harus dilihat secara khusus dalam sejarah proses kreatifnya, generasi bersangkutan juga memiliki arti khusus pula. *Ketiga*, puisi demi puisi yang dihadirkan di sini hendaklah dibaca dan dipahami dalam konteks sejarahnya masing-masing untuk memperoleh pemahaman yang jernih mengenai apa makna tiap puisi dalam zaman yang berbeda tersebut. *Keempat*, di sini kita mengulas tiap puisi dari sudut isinya, dengan ulasan yang menggunakan disiplin ilmu sosial untuk memahami arti penting puisi dalam gerakan perlawanan petani. Kita mencatat bahwa perlawanan petani itu merupakan perlawanan politik, sekaligus perlawanan puitik.

Bisa juga dirumuskan dengan cara lain, bahwa fokus kajian kita menggambarkan perlawanan politik dan puitik petani tembakau Temanggung. Pernyataan ini memperjelas persoalan pokok kita bahwa kita menelaah puisi demi puisi di sini bukan untuk melakukan kajian sastra. Di sini puisi demi puisi yang dibahas tidak dianggap sebagai bahan mentah kajian dunia sastra dan seni pada umumnya, melainkan jembatan memahami fenomena sosial dalam masyarakat. Hal ini sementara dapat dianggap cukup untuk diakhiri di sini. Kita akan meneruskannya lagi dalam bahasan lebih lanjut sesudah ulasan puisi perlawanan dari generasi yang lain lagi, generasi yang lebih muda dari dua generasi sebelumnya.

Kita sedang bergerak dari suatu medan perlawanan ke medan perlawanan lain, yang menggambarkan zaman berganti zaman dan tokoh-tokoh datang silih berganti tak putus-putusnya, tetapi psikologi kekuasaan tetap saja cenderung menyimpang dan mengundang perlawanan untuk menyehatkan politik yang telah menyimpang itu. Dari generasi-generasi yang jauh lebih tua, kita beralih ke generasi Wiji Thukul, yang menulis puisi perlawanan di bawah ini:

Peringatan

jika rakyat pergi
ketika penguasa pidato
kita harus hati-hati
barangkali mereka putus asa

kalau rakyat sembunyi
dan berbisik-bisik
ketika membicarakan masalahnya sendiri
penguasa harus waspada dan belajar mendengar

bila rakyat tidak berani mengeluh
itu artinya sudah gawat
dan bila omongan penguasa
tidak boleh dibantah
kebenaran pasti terancam

apabila usul ditolak tanpa ditimbang
suara dibungkam kritik dilarang tanpa alasan
dituduh subversif dan mengganggu keamanan
maka hanya ada satu kata: lawan!

Solo, 1986
(Thukul 2004: 77)

Ini puisi Thukul yang paling mengejutkan, paling dikenang di dalam komunitas sastra dan kalangan kaum aktivis, lebih lebih bila diistimewakan sedikit: kaum aktivis muda di zaman Orde Baru. Ungkapan terakhir puisi itu: *maka hanya ada satu kata: lawan!* bukan hanya populer, melainkan seperti memancarkan energi hidup untuk menjadi berani menghadapi risiko, apapun bentuknya. Sebaris puisi itu juga memantik keberanian untuk siap memasuki medan pergerakan melalui organisasi apapun, juga melalui pamflet-pamflet, terbitan gelap, terbitan setengah resmi nyolong-nyolong di dunia kampus. Semangat ini merambah pula kalangan anak-anak yang turut berbagi kesadaran akan kondisi politik yang menyesakkan dada.

Demi menunjukkan bahwa ini puisi perlawanan, haruskah disusun suatu argumen secara rinci dan lengkap, disusul pembahasan teliti dan komentar-komentar atas ungkapan demi ungkapan? Puisi ini tak memerlukan komentar apapun. Inilah puisi perlawanan. Orang tak harus menjadi sarjana sastra untuk tahu bahwa ini memang puisi perlawanan. wdi bawah ini tak kurang-kurang tegasnya menyuarakan sindiran dan perlawanan yang dikandung puisi tersebut.

Nyanyian Akar Rumput

Jalan raya dilebarkan
kami terusir
mendirikan kampung
digusur
kami pindah-pindah
menempel di tembok-tembok
dicabut
terbuang
kami rumput
butuh tanah
dengar!
Ayo gabung ke kami
Biar jadi mimpi buruk presiden!

Juli 1988

(Thukul 2004: 9)

Thukul memiliki ketajaman sikap dan wawasan politik. Lebih daripada itu dia pun punya keberanian yang banyak orang lain tak memilikinya. Menghimbau yang lain-lain untuk menyatukan pikiran dan perlawanan *biar jadi mimpi buruk Presiden* terasa luar biasa. Penyair ini pun memiliki kemampuan mengolah kata, menata lirik, dan efek bunyi serta maknanya sehingga puisinya diungkapkan dengan kata-kata harian, dengan bahasa biasa, dan tak pernah berpretensi untuk memperlihatkan agar kualitas sastranya menonjol. Efek puitik dari puisi-puisi Thukul tetap luar biasa tajam dan membangkitkan kesadaran sosial kita bahwa kekuasaan, yang terkadang tampak tersenyum itu, sebenarnya bengis dan tak pernah peduli pada pihak lain. Di dunia kekuasaan pun tak terdapat indikasi yang menunjukkan bahwa penguasa pernah tertarik untuk belajar mendengar suara pihak lain, karena penguasa tak tertarik mendengar suara lain selain suaranya sendiri. Bagi Thukul, hal ini tak bisa dibiarkan. Maka, dia pun berteriak: Ucapkan kata-katamu, agar kau tak menjadi korban sia-sia bagi keputusan demi keputusan sepihak untuk enaknya mereka sendiri, sedang kita akan diperlakukan bukan sebagai manusia.

Ucapkan Kata-Katamu

Jika kau tak sanggup lagi bertanya
Kau akan ditenggelamkan keputusan-keputusan
Jika kau tahan kata-katamu
Mulutmu tak bisa mengucapkan apa maumu
Terampas
Kau akan diperlakukan seperti batu
Dibuang dipungut
Atau dicabut seperti rumput
Atau menganga
Diisi apa saja menerima

Tak bisa ambil bagian
Jika kau tak berani lagi bertanya
Kita akan jadi korban keputusan-keputusan
Jangan kau penjarakan ucapanmu
Jika kau menghamba kepada ketakutan
Kita memperpanjang barisan perbudakan

(Thukul 2004: 11)

Penyair ini usianya sangat muda, tetapi matang secara psikologis maupun politik. Dia pun tampak terlalu berani. Di kalangan penguasa, terutama dunia orang-orang yang merasa lebih patriotik daripada pihak lain, banyak musuhnya, termasuk mereka yang tak tahu apapun tentang puisi. Sekarang dia hilang tanpa jejak. Buku puisi berjudul *Aku Ingin Jadi Peluru* merupakan kumpulan puisi Wiji Thukul yang diterbitkan oleh Indonesiatera pada 2004. Kecuali itu, puisi-puisi Thukul juga bisa diperoleh melalui laman secara komplit dan utuh. Banyak sekali puisi yang ditulisnya dengan kualitas sastra yang tak kalah dari karya para penyair lainnya. Dia memiliki keistimewaan mengolah suatu fenomena sosial yang tampaknya hanya 'biasa-biasa' saja dalam kehidupan sehari-hari menjadi suatu kenyataan baru yang penting dan mengejutkan.

Kuburan Purwoloyo

di sini terbaring
mbok Cip
yang mati di rumah
karena ke rumah sakit
tak ada biaya

di sini terbaring
pak Pin
yang mati terkejut
karena rumahnya digusur

Di tanah ini
terkubur orang-orang yang
sepanjang hidupnya memburuh
terhisap dan menanggung hutang

di sini
gali-gali
tukang becak
Orang-orang kampung
yang berjasa dalam setiap Pemilu
terbaring
dan keadilan masih saja hanya janji

di sini
kubaca kembali
: sejarah kita belum berubah!

jagalan, kalangan
solo, 25 oktober 1988

(Thukul 2004: 27)

Kandungan kritik, protes, atau perlawanan yang begitu tajam dalam puisi-puisinya membuat Thukul sebagai penyair tampak istimewa, bahkan bila dibandingkan dengan para penyair lain yang lebih senior, lebih mapan, dan sudah memiliki reputasi penting. Kita memetik pelajaran dari penghayatannya yang intens atas kehidupan di sekitarnya. Di bagian yang mengulas ekspresi perlawanan politik dan puitik ini kita berutang besar pada para penyair yang puisi-puisinya memberi inspirasi dan membukakan wawasan lebih luas untuk memahami dunia pergerakan yang memancarkan protes dan perlawanan. Di sini puisi-puisi mereka juga menjadi landasan untuk melangkah lebih jauh ketika membahas perlawanan yang diekspresikan secara puitik oleh para petani tembakau Temanggung.

Penghadiran puisi-puisi mereka, baik sebagai dasar maupun perbandingan, membuat ulasan mengenai puisi perlawanan petani—di sini disebut sebagai perlawanan puitik—terasa sebagai suatu gejala kehidupan yang 'mengalir' dalam logika yang wajar dan tampil dengan rasionalitas yang tak perlu diragukan lagi.

Dengan kata lain, puisi-puisi perlawanan para penyair tersebut hidup dalam logika zaman mereka sendiri, yang sudah lampau, dan perlawanan puitik para petani tembakau pun memiliki alasannya sendiri untuk hadir sebagai fenomena kebudayaan yang memiliki makna tersendiri bila kita membacanya dengan saksama di dalam atau melalui konteks zamannya. Bila penyederhanaan ungkapan diperlukan, maka menjadi jelas bahwa corak perlawanan para penyair yang puisi-puisinya dikutip di atas lahir dalam suatu konteks sejarah—di zaman yang sudah lampau.

Perlawanan puitik para petani lahir dalam konteks sejarah yang lain lagi di zaman kita sekarang. Namun demikian ada suatu kesamaan makna yang terkandung dalam semangat zaman yang berbeda tadi. Di sini agaknya jelas tidak cukup bila kita hanya mengatakan bahwa sejarah selalu berulang kembali. Kesamaan-kesamaan tersebut harus diberi makna lain: jawaban sejarah atas suatu persoalan yang terjadi di suatu masa, yang tampaknya sama dengan jawaban sejarah yang terjadi di masa yang lain, sebenarnya esensinya berbeda. Di zaman ini orang tak hanya sekadar meniru begitu saja apa yang dilakukan orang di zaman sebelumnya. Ada alasan baru, cara baru, dan logika baru yang turut menentukan terjadinya suatu peristiwa.

Sebelum melangkah lebih jauh untuk membahas perlawanan puitik petani, perlu dijelaskan bahwa puisi yang dihadirkan di sini bersifat lintas zaman karena lahir di zaman berbeda—meskipun perbedaan zaman ini tak mendapat arti khusus. Puisi yang dihadirkan di sini juga memiliki sifat lintas generasi yang jaraknya relatif jauh dari satu generasi ke generasi berikutnya. Perbedaan dan jarak generasi ini pun tak begitu penting artinya dalam gerakan perlawanan petani, karena ada yang lebih penting dari keduanya, yaitu ungkapan jiwa dan semangat perlawanan tersebut. Selain itu, masih tetap penting untuk dinyatakan kembali bahwa mengulas puisi ini bukan demi kepentingan puisi itu sendiri, melainkan untuk kepentingan politik dalam konteks perlawanan politik dan puitik sebagai tema pokok pembahasan bab ini.

Perlawanan Puitik Petani

Supaya tak terlalu jauh dari kebutuhan buku ini, ulasan mengenai puisi-puisi perlawanan para penyair memberi kita suatu latar belakang yang luas bahwa puisi bukan hanya sebagai *klangenan*, bukan pula sekadar pelipur duka lara. Kita anggap cukup untuk diakhiri di sini dengan satu pemahaman bahwa latar belakang tadi kiranya telah dianggap memadai untuk mengantarkan kita pada ulasan persoalan-persoalan lebih lanjut mengenai perlawanan puitik yang begitu kompleks.Kita telah mengambil contoh-contoh puisi terbaik, puisi-puisi perlawanan yang memiliki kedudukan yang begitu monumental di dunia sastra kita.

Akan tetapi puisi-puisi perlawanan petani tak perlu diharapkan tampil sebaik puisi-puisi para penyair tersebut.

Biarkanlah puisi-puisi petani hadir di sini dalam kalibernya sendiri, memenuhi kepentingan lokal mereka sendiri dan kandungan makna yang relevan dengan sikap, wawasan kosmologis, dan perjuangan mereka sendiri pula. Supaya kita pahami sejak awal, apa yang disebut ekspresi puitik petani tak selamanya tampil dalam sosok puisi sebagaimana kita pahami secara konvensional, dengan judul, dengan larik-larik ungkapan estetik dan simbolik, dengan pesona bunyi dan rima yang memikat hati, dan kandungan makna yang menggebrak-gebrak, merombak dan menggoyahkan kemapanan hidup kita. Namun "puisi" yang tidak memiliki di dalam dirinya hal-hal istimewa dan agung seperti itu, rasanya masih juga puisi, terutama puisi petani yang kita hargai tinggi bukan dimensi kesastraannya, melainkan justru keluguan ungkapannya.

Di sini keluguan itu memiliki daya pesona tersendiri yang menarik. Apalagi—dan ini yang lebih penting—kandungan maknanya yang jelas, tegas menyatakan perlawanan terhadap sesuatu yang jauh lebih besar dan lebih berkuasa daripada diri mereka sendiri. Makna perlawanan di sini menjadi "puisi" tersendiri, yang tak kurang daya pesona dan kekuatan gebrakannya terhadap apa yang memang harus digebrak. Di sini ada sebelas jenis ekspresi puitik yang ditampilkan petani di dalam berbagai peristiwa, yang hendak diulas satu per satu untuk memahami maknanya, yakni: (1) Kembang beraneka warna; (2) Kembang dan dupa menyala; (3) Tumpeng tulak; (4) Mengadukan penguasa bumi kepada penguasa langit; (5) Drama tari "Tundhung Kolo Bendu"; (6) Manunggaling kawula alit; (7) Pangkur Suro Greget; (8) Turonggo Bekso; (9) Ziarah kubur; (10) 10.000 petani mengisap kretek bersama; (11) *Ungkapan ngrokok matek, gak ggrokok matek, ngrokok wae sampek matek.*

Kita mulai ulasan kita dengan puisi sederhana dari petani, yang tampil dalam sajen untuk suatu ritus tradisi.

Kembang Beraneka Warna

Kembang beraneka warna yang tak dilahirkan dalam atau melalui kalimat-kalimat, tiba-tiba kita rasakan sebagai sepotong puisi simbolik yang tajam dan mempesona. Kembang beraneka warna yang disebut sebagai ungkapan puitik dalam tulisan ini kebenarannya dapat dibandingkan dengan salah satu puisi terbaik Chairil Anwar, "Sia-Sia", yang dimuat dalam *Kerikil Tajam dan Yang Terampas dan Yang Putus.*

Sia-Sia

Penghabisan kali itu kau datang
Membawa kembang berkarang
Mawar merah dan melati putih
Darah dan suci
...
(Anwar 2012: 11)

Kembang-kembang yang "dimiliki" Chairil Anwar hanya kembang biasa, seperti yang dimiliki petani. Maka apa beda status kepuisiannya dengan ungkapan puitik petani yang menggunakan kembang-kembang pula, yaitu kembang beraneka warna, yang terdapat dalam suatu sajen? Ungkapan puitik petani tak kalah simbolik dibanding simbol yang memancarkan dirinya dalam puisi Chairil Anwar. Selain itu, ungkapan simbolik dari kembang beraneka warna tadi, bila dilihat sebagai puisi, jelas merupakan puisi pendek. Dan tiba-tiba saja puisi pendek dari petani itu mengingatkan kita akan puisi Sitor Situmorang yang sangat terkenal pendek dan padat, yang pernah mengguncangkan dunia perpuisian di negeri kita, yang berjudul "Malam Lebaran" dan puisinya hanya satu kalimat simbolik yang sangat ringkas: "Bulan di atas kuburan". Di sini kita dibuat menjadi yakin betapa kuatnya ungkapan puitik petani yang berupa "Kembang Beraneka Warna" tadi. Dibanding puisi Sitor Situmorang "Bulan di Atas Kuburan" barangkali kita tak bisa menjelaskan apa beda kedua puisi tersebut.

Selain "Kembang Beraneka Warna", masih ada ungkapan puitik petani yang juga direpresentasikan dengan menggunakan "kembang". Hanya kembang, tak dinyatakan dalam kata-kata, tetapi ungkapan tersebut menjadi penghuni utama dunia simbol yang merangsang pemahaman kita untuk menggapai maknanya. Di sini ungkapan puitik mereka bukan hanya melalui satu jenis sarana simbolik, seperti contoh kembang sebelumnya, melainkan dua sekaligus.

Kembang dan Dupa Menyala

Asap dupa itu mengepul tipis, putih lembut, membubung tinggi ke langit yang tak terbatas. Kita menemukan makna ungkapan puitik ini bukan lagi melalui perbandingan dengan puisi Chairil atau Sitor, melainkan dengan puisi sebagai mantra yang dikidungkan dalam tradisi sastra lisan di pedesaan Jawa. Kidung yang mengulas makna kembang dan dupa menyala itu ditembangkan dengan khusyuk, dengan suasana kudus, yang memancarkan kekuatan magisme yang mempesona, seolah suara kidung tadi datang dari suatu dunia lain yang bukan dunia kita ini.

Gandane lir kembang gadung
Kalawan kembang menur
Ambabar gondo arum
Miwah oyot-oyotan
Kukusing dupo kumelun kelun
Awor mego
Membo Betoro

(Aromanya bagaikan bunga gadung, dan bunga menur, menebarkan keharuman, juga wangi akar-akaran, asap dupa bergulung-gulung, menyatu dengan mega, seperti layaknya dewa).

Kidung ini masih tetap ditembangkan dalam tradisi lisan di pedesaan Jawa. Barangkali nasibnya lebih baik, karena sebagai tradisi lisan kidung itu masih tetap utuh, tetap sebuah kidung sebagaimana dahulu ketika diciptakan dan kini tetap setia menjadi bagian dari kehidupan tradisi lisan yang menandai bahwa warisan lama masih terpelihara. Bila diungkapkan dengan cara lain, kidung merupakan monumen masa lalu yang menjadi penghubung dengan masa kini, yaitu dunia modern yang resah dan tak bisa berbagi ruang kebersamaan secara damai, mungkin terutama karena dunia modern merasa lebih menekankan unsur kesendirian, pribadi, dengan segenap hak-hak pribadi yang dibela dengan sungguh-sungguh dan dilindungi dengan hukum.

Perlu dikaitkan bahwa di Kecamatan Tlogomulyo, Kabupaten Temanggung, pernah berlangsung suatu ritus tradisi yang menandai perlawanan petani yang gigih, dan karena itu di sini disebut "ritus perlawanan". Mereka mendatangi sumber air, atau *tuk*, yang disebut Tuk Budoyo, di Desa Losari, di leher bagian timur Gunung Sumbing. Daerah tersebut kaya sinar matahari pagi. Tak pelak, tembakau di sana menjadi tembakau terbaik dengan harga mahal, yaitu tembakau srintil yang sudah pernah disinggung sebelum ini.

Tuk Budoyo itu secara harfiah berarti 'sumber air budaya'. Di tempat itu tumbuh pohon-pohon besar yang rindang dan sebuah makam tua dan keramat, yang dikenal masyarakat setempat sebagai makam Mbah Brojosuro, yang secara turun-temurun dikisahkan sebagai tokoh yang merupakan trah Majapahit. Mungkin beliau mencari kedamaian di tempat sunyi dan aman itu, dan menetap di sana hingga akhir hayatnya. Kecuali makam tersebut, di sana terdapat petilasan Cantrik Udho yang tak banyak diketahui kisah hidupnya. Seperti dijelaskan dalam esai "Semar Gugat di Temanggung" (Sobary, 2014: 220-223), pada hari itu, Sabtu, 19 Januari 2013, para rohaniwan desa, kepala adat, pejabat desa maupun pejabat kecamatan dan seluruh petani hadir di tempat tersebut. Mereka sangat marah, jengkel, dan frustrasi berat melihat tingkah laku pemerintah pusat yang telah menerbitkan PP No. 109 Tahun 2012 yang mengancam kelangsungan hidup petani tembakau.

Inti gerakan perlawanan itu mengadukan para penguasa bumi yang tak mau peduli terhadap rakyat kepada penguasa langit. Mereka memiliki argumen kuat bahwa keluh kesah dan segenap kesulitan rakyat perlu diadukan kepada penguasa bumi yang harus memberikan jawaban. Namun, andaikan penguasa bumi membisu seribu bahasa, kepada siapa lagi mereka harus mengadukan nasib tersebut bila bukan pada penguasa langit. Argumen lainnya menyatakan, bila tuntutan keadilan yang ditujukan kepada penguasa bumi diabaikan, dan penguasa bumi dengan begitu dianggap tak lagi bertanggung jawab, maka hanya ada satu tempat mengadu, tempat meminta keadilan, yaitu pada penguasa langit.

Bagaimana dua argumen muncul dari satu tema dalam satu gerakan yang berlangsung dalam satu hari yang sama? Argumen pokok dan satu-satunya yang dirumuskan untuk gerakan perlawanan pada hari tersebut telah dikemukakan di atas: 'mengadukan penguasa bumi kepada penguasa langit'. Ketika pertanyaan mengenai argumen tersebut diulang kepada orang lain lagi, ada yang menjawab dengan menambahkan kata 'tuntutan keadilan' tanpa bermaksud menjadikannya dua tema gerakan. Ungkapan kemarahan, rasa jengkel, dan frustrasi untuk mengadukan 'penguasa bumi kepada penguasa langit' di sini ditandai sebagai bentuk ungkapan puitik para petani. Dengan begitu, gerakan perlawanan petani yang ditampilkan pagi itu kiranya dapat disebut sebagai ungkapan perlawanan politik dan puitik di tengah kesejukan udara Gunung Sumbing, diteduhi pepohonan rindang di Tuk Budoyo, tempat di mana terdapat makam keramat Mbah Brojosuro, yang diduga berasal dari Majapahit.

Mungkin baik kita catat di sini bahwa corak perlawanan politik dan puitik itu pada dasarnya terjadi di berbagai tempat, yang memang menandai perlawanan petani secara keseluruhan. Jadi hal itu tidak hanya terjadi sekali dan satu-satunya di tengah kesejukan udara Gunung Sumbing tersebut. Sesudah hal ini menjadi jelas dan tak akan menimbulkan kemungkinan salah paham yang tak perlu, kita bisa melanjutkan kisah perlawanan orang-orang yang sudah jengkel, marah, dan frustrasi pada hari Sabtu, 19 Januari 2013 silam yang sudah disebutkan. Sebelum melangkah lebih lanjut, di sini perlu ditegaskan, mengadukan penguasa bumi kepada penguasa langit sebagai ekspresi puitik, sama maknanya dengan kembang-kembang berbagai warna pada satu sisi, ditambah dengan kembang dan dupa menyala di atas.

Di bawah ini ditampilkan lagi corak ekspresi puitik yang lain, yaitu komposisi tumpeng tulak, terdiri dari nasi tumpeng yang puncaknya dibuat menjadi hitam legam, disandingkan dengan ingkung ayam putih mulus. Tulak artinya menolak, melawan segenap ancaman, putih mulus artinya kesucian yang tulus, yang tak dibuat-buat. Bila bahasa simbol ini diungkapkan apa adanya dalam struktur bahasa yang terbuka, maka jadilah makna ini: petani melawan segenap ancaman dan bahaya dengan sikap tulus, yaitu ketulusan hati yang suci, yang tak dibuat-buat. Siapakah sebenarnya yang mengajari petani memainkan ungkapan simbolik yang hebat ini? Jawabannya, seperti dikutip dari Hasan Hanafi dalam ulasannya di bagian lain sebelum ini, ialah tradisi. Jadi tradisilah yang membuat mereka memiliki kemampuan mengonstruksi dan memahami semesta alam.

Mungkin baik juga ditanyakan di sini: dari mana datangnya gagasan melawan segenap ancaman dan bahaya dengan hati suci, dan ketulusan yang tak bisa diragukan kebenarannya itu? Sejauh ini jawaban yang diperoleh tidak begitu memuaskan, karena siapapun yang saat itu ditanya, jawabannya hanya sebuah kekompakan yang mungkin tak begitu kuat: dari tradisi. Dalam ritus perlawanan itu terdapat pula orasi dari berbagai tokoh—juga para tokoh yang datang dari jauh, dari luar Temanggung—yang menandai unsur modern, yang dihadirkan di tengah konstelasi ritus tradisi yang kompleks dan mendalam. Kombinasi ini saja sudah merupakan ungkapan puitik yang menggambarkan harmoni kehidupan, di mana unsur tradisi dan modernitas hadir dalam jiwa sekaligus dalam dunia sosial petani. Ini juga sebuah puisi. Bila gambaran mengenai harmoni di atas dianggap kurang tajam, makna kehadiran unsur tradisi dan modernitas ini bisa juga disebut sebagai sebaliknya: gambaran kontradiksi kehidupan dan unsur saling menolak di dalamnya. Namun, ketegangan dan sikap saling menolak itu pada akhirnya terakomodasi dengan baik.

Tumpeng Tulak dan Ingkung Ayam Putih Mulus

Tumpeng tulak, yaitu gunungan nasi yang puncaknya diberi warna hitam, merupakan simbol penolakan. Dalam dunia kaum tani, hal itu bisa berarti penolakan terhadap musim buruk yang mengancam kegagalan di masa panen. Namun bisa juga berarti menolak bala bencana maupun keburukan-keburukan yang kehadirannya jelas tak pernah mereka harapkan. Ingkung yang dibuat dari ayam yang bulu-bulunya putih mulus, artinya tidak ada sulaman warna hitam atau merah di antara warna bulu-bulu putih tadi. Ini memiliki kesamaan simbolisme dengan melati putih dalam sajak Chairil Anwar: *Mawar merah dan melati putih/ darah dan cinta*, yang sudah kita ulas sebelum ini.

Tumpeng tulak dan ingkung ayam putih mulus di sini merupakan ekspresi penolakan terhadap kebijakan pemerintah yang menyatakan larangan tetapi tak membukakan sedikitpun alternatif pemecahan. Kebijakan ini ditolak karena sifatnya yang tidak akomodatif. Larangannya mutlak dan tidak adanya alternatif pemecahan masalah juga hadir secara mutlak. Petani menyadari, tidak ada kemutlakan dalam hidup. Maka mereka pun memprotes, menolak, dan melawan sebaik-baiknya, setulus-tulusnya. Agaknya kita pun tahu, di dunia yang penuh kekerasan ini tak begitu banyak jenis perlawanan yang lebih tulus dari ekspresi simbolik tumpeng tulak dan ingkung ayam putih mulus.

Mengadukan Penguasa Bumi kepada Penguasa Langit

Sebagai ekspresi perlawanan, mengadukan penguasa bumi kepada penguasa langit itu begitu jelas puitik dan kandungan watak *non violence* di dalamnya. Petani hanya mengadukan dan bagaimana keputusannya sepenuhnya tak jelas dan tetap merupakan teka-teki yang tak pernah terbuka di dalam "genggaman" penguasa langit. Mengadukan itu tugas atau kewajiban yang tak mungkin dihindarkan. Dalam konteks politik, terutama di mata penguasa, hal ini dianggap sebagai sindiran halus dan lembut. Bagaimana reaksi pemerintah terhadap sindiran itu petani tak peduli. Apa yang merupakan bentuk kepeduliannya sudah dijalankan dengan baik. Adapun mengenai bagaimana hasilnya, petani menganggap hal itu bukan urusan mereka, meskipun kita tahu bahwa mereka mengharapkan hasil terbaik yang mungkin bisa dipenuhi oleh pihak yang mungkin merasakan adanya sindiran tersebut. Ini bukan hanya bentuk sebuah *passive resistance*, melainkan simbol dari apa yang pasif tadi.

Drama Tari Tundung Kolo Bendu

Sebuah drama tari yang sudah berkali-kali dipentaskan, termasuk di hadapan para tamu dari Jakarta, menampilkan pesan sindiran yang tajam. Drama tari ini terdiri atas empat adegan yang akan kita sajikan bentuk ringkasnya.

Adegan 1, intro, menggambarkan ketenteraman dan kesejahteraan para petani tembakau dalam hidup mereka sehari-hari. Ketenteraman itu terkoyak oleh kehadiran bayang-bayang besar yang menghantui petani, yang muncul dari Polo Miris dan Saudagar Bolang Baleng.

Adegan 2, Polo Miris dan Sang Bolang Baleng beserta seluruh pengikutnya mengadu domba kekuatan besar di kerajaan dan membangun jaringan yang berasal dari petinggi kerajaan untuk dijadikan pengikutnya.

Adegan 3, muncul ancaman yang dibawa Polo Miris dan Saudagar Bolang Baleng dan sampai ke telinga rakyat, lantas menimbulkan gejolak di lingkungan masyarakat. Begawan Gapurogiri memanggil tiga pemuda untuk meredam gejolak tadi. Namun kaum muda tadi harus bisa menghambat lajunya ancaman tersebut. Para pemuda itu kemudian berunding dengan Begawan Gapurogiri untuk mempertahankan petani.

Adegan 4, ketiga pemuda dan pemuka masyarakat beserta Begawan Gapurogiri datang ke istana untuk bertemu dengan Senopati Endang Rekotowati, tetapi Endang Rekotowati tidak mau menemui karena dianggap tidak akan ada titik temu. Akhirnya perwakilan petani itu menemukan bahwa sumber dari segala sumber permasalahan harus dibinasakan. Kaum muda tidak sabar untuk segera menyingkirkan Polo Miris dan Bolang Baleng. Secara positif dan dengan mudah cerita berakhir menggembirakan. Polo Miris dan Bolang Baleng dapat disingkirkan dari negeri yang mereka cintai.

Dilihat dari segi esensinya, jadi tidak diperhatikan kata per kata atau kalimat per kalimat, sudah jelas dalam pemikiran kita bahwa drama tari itu juga merupakan suatu ungkapan puitik. Kita abaikan kualitas lakon, kualitas pemain, dan jalannya permainan di atas panggung, karena ada hal yang jauh lebih penting daripada drama tari itu sendiri, yaitu kehidupan petani yang sebenarnya terancam dan harus diselamatkan. Ancaman dapat dihapus bersih dengan mengusir Polo Miris dan dunia dagang asing yang bernama Bolang Baleng. Polo Miris itu sindiran terhadap pengusaha besar asing, dengan Bolang Baleng sebagai nama perusahaannya. Endang Rekotowati yang mewakili kerajaan itu seorang menteri perempuan yang tak begitu peduli pada kehidupan rakyatnya.

Judul lakon itu sendiri sudah jelas menggambarkan usaha mengusir ancaman dan segenap bahaya. Ada halangan dari ketidakpedulian Endang tersebut, tetapi bahaya dan sumber bahaya itu, sekali lagi, dapat diusir. Hal ini merupakan bagian dari dunia mimpi dan harapan petani. Selama masa penelitian tiga tahun yang lalu, drama tari ini sudah dipentaskan tiga kali. Penonton paham akan detail—atau setidaknya garis besar—ceritanya. Selain itu terdapat pula naskah tertulis yang bisa diminta pada panitia dan tim kreatif kelompok kesenian tersebut.

Arti puitik dari drama tari tersebut mungkin terletak pada fenomena yang menggambarkan struktur jalinan ancaman, ketegangan, perlawanan, hambatan, dan kegigihan para tokoh yang mewakili dunia petani yang akhirnya membuat mereka terbebas dari segenap ancaman dan bahaya. Ungkapan 'Tundung Kolo Bendu' itu sendiri menimbulkan suatu asosiasi dalam kesadaran kita yang tak kurang puitiknya. Unsur puitik dalam drama tari itu mungkin lebih tampak di atas panggung ketika perjuangan petani dipentaskan, dan penonton secara kreatif membayangkan dalam pemikiran mereka mengenai perjuangan yang berat itu.

Manunggaling Kawulo Alit

Di bawah ini ada lagi ungkapan perlawanan puitik dalam struktur puisi yang terdiri atas larik-larik kalimat berbahasa

Jawa yang panjang. Kita biarkan hal itu tampil di sini apa adanya, tanpa ditambah, tanpa dikurangi, tanpa diubah sedikit pun. Petani kita tempatkan dalam posisi tidak membutuhkan seorang editor pun. Ungkapan pemikiran mereka mengenai perlawanan tak perlu diedit karena mereka lebih paham dari orang lain. Di sini kita hanya menerjemahkannya dan membagi puisi panjang ini menjadi dua tanpa mengurangi apapun di dalamnya.

Manunggaling Kawulo Alit
Mego lumampah ing bumi nuswantoro....
Engkang badhe nyambet penggalihpun kawulo tani....
Ndadosaken panjariting kawulo alit engkang badhe dipun renggut
Raos kamardikaanipun...........
Engkang dados memedi panguripanipun jiwo......
Amargi saking polah polahing poro pangembating projo engkang
Dados cecenguk 2 poro bongso penjajah........

(Secara harfiah, judul itu berarti 'Bersatunya Rakyat Kecil'
Marilah kita berjalan di bumi Nusantara
Yang akan menyambungkan hati rakyat, kaum tani
Menjadikan jerit penderitaan rakyat kecil yang akan direnggut
Rasa kebebasan dan kemerdekaannya
Yang menjadi hantu kehidupan jiwa mereka.
Karena ulah para pembesar yang mengatur negara
Yang menjadi begundal kaum penjajah)

Sampai di sini kita sempat bernapas sejenak untuk kemudian menyambungkan kembali apa yang tadi kita pisahkan sesaat sekadar untuk mempermudah cara kita menangani terjemahan. Inilah sambungan itu secara utuhnya, apa adanya seperti semula.

Engkang gadahi watak serakah, angkuh lan ndolim.....
Engkang badhe mbrangus panguripan kawulo alit wonten ing bumi nuswantoro....
Panjeriting poro kawulo kanthi nuwuhaken tekat gumolonging
Poro mudo mudi engkang badhe bentengi saking anceman bongso
benjajah meniko......
Kanthi tekat engkang gumeleng rawe-rawe rantas, malang-malang putung senajan kanthi direwangi pecahing dodo lumantar muncrating ludiro.......
Prajurit laskar kretek....... Ayooooo maju lawan terorisme ekonomi.....!!!!

(Yang memiliki watak serakah, angkuh, dan zalim
Yang akan membungkam kehidupan rakyat kecil di bumi Nusantara Jerit rakyat kecil telah menimbulkan tekad bulat
Di kalangan muda-mudi yang akan membentengi bangsa dari ancaman
Bangsa penjajah itu
Dengan tekad bulat, rawe-rawe rantas, malang-malang putung
Biarpun risikonya berupa pecahnya dada dan tumpahnya darah
Prajurit laskar kretek.... Ayo maju, lawan terorisme ekonomi!)

Ungkapan perlawanan puitik, yaitu puisi panjang ini, beredar luas di arena tempat deklarasi Laskar Kretek diselenggarakan mulai pukul sepuluh pagi di lapangan bola Desa Maron, Kecamatan Sidorejo, Temanggung, yang sudah kita bahas secara panjang lebar sebelum ini.

Pangkur Suro Greget

Selanjutnya kita sajikan lagi sebuah kidung perlawanan, yang dinyanyikan beberapa kali di atas panggung yang menampilkan satu pertunjukan beberapa kali untuk memberikan hiburan pada para tamu yang datang dari luar Temanggung, dan lebih penting lagi untuk menunjukkan sikap mereka menghadapi ancaman bagi kelestarian tembakau di wilayah mereka, yakni *Pangkur Suro Greget*. Di sini jelas mereka melawan dengan seni, dengan kidung perlawanan tadi, dan kita sebut namanya sebagaimana tampak dalam ulasan-ulasan di atas sebagai perlawanan puitik.

Pangkur berarti salah satu jenis tembang, *suro* artinya berani, *greget* itu kemarahan. Maksudnya, menghadapi ancaman, mereka memiliki kesediaan untuk melawan dengan segenap keberanian dan rasa marah. Di atas panggung, kidung tadi dinyanyikan dalam gaya palaran, gaya yang dimainkan di tengah serombongan '*wiyogo*', yaitu penabuh gamelan, dan seorang yang mengkidungkannya dengan karakter yang menampilkan orang yang sedang marah, tetapi juga penuh penghayatan yang khusyuk dan mendalam untuk menjiwai makna perlawanan tersebut. Di bawah ini teks kidung seutuhnya.

Pangkur Suro Greget
Lekase angoyo woro
Nantang alam mongso siro kuwawi
Ulatono kredaningsun
Arso mangurah siro
Siro iku yekti mnungso kang wuru
Tan ngerti mring kasunyatan
Soto yekti ngurakapi

(Pada mulanya tampak seperti tindakan tak bermakna
Menantang alam tak mungkinlah kau berani
Lihatlah perlawananku
Siap menghajarmu
Kau itu manusia yang sudah kalap
Tak memahami kenyataan
Bahwa tembakau itu sungguh memenuhi kebutuhan
hidup)

Sebagai catatan, untuk mempermudah pemahaman penonton, teks kidung ini diedarkan khusus bagi mereka yang memerlukannya. Panitia melayani kebutuhan penonton. Tapi ada saja hadirin yang tak memerlukan teks dan cukup meminta penyanyinya untuk mengulang-ulang menyanyikannya di luar panggung, di saat tidak ada kegiatan. Pemilik kidung ini mungkin penciptanya, mungkin pula panitia. Perlu dicatat di sini bahwa untuk hal-hal seperti ini petani tak terlalu sadar akan hak cipta. Kidung itu dianggap milik alam, bukan milik orang per orang sebagaimana wujud tradisi lisan pada umumnya. Pemilik tradisi lisan tidak ada. Beribu-ribu kidung seperti ini dapat diciptakan oleh mereka jika kebutuhan untuk itu memang ada.

Turonggo Bekso

Turonggo bekso itu arti harfiahnya kuda menari, sebagai bentuk kesenian terkemuka di Jawa Tengah. Kelompok seni Turonggo Bekso di Desa Wonosari, Temanggung, selalu memperoleh juara satu dalam festival seni tari kuda lumping di Jawa Tengah. Peminat untuk menjadi anggota sangat semarak dan tak bisa ditampung di kelompok ini. Maka dibentuklah oleh Pak Juwahir, ketua kelompok seni tadi, kelompok kedua, bernama Turonggo Krido, kuda yang sedang berulah, *ngambek*. Kelompok kedua ini pun di Jawa Tengah tak tertandingi dan memiliki prestasi yang bagus, sebagai juara kedua dalam setiap kali festival. Dalam berbagai kesempatan, ditampilkan tari perang: satu pihak penari biasa, enam perempuan dan enam laki-laki, bertempur melawan penari-penari berbusana serba merah, wajah merah, tubuh rata-rata besar dan tinggi, menggambarkan raksasa.

Dengan senjata pedang dan tameng, pertempuran ini menggambarkan perjuangan petani tembakau Temanggung melawan para angkara murka, raksasa-raksasa, yang simbolnya serba merah. Banyak korban jatuh. Tapi pertempuran itu berakhir dengan kemenangan pihak petani yang kemudian menyatakan bahwa kehidupan mereka telah menjadi tenteram, tak ada lagi gangguan, tak ada lagi ancaman. Seperti dalam suatu dongeng, dongeng pada umumnya, di akhir pertunjukan digambarkan petani hidup tenteram, damai, dan bahagia.

Ini pun merupakan suatu ekspresi puitik dari petani, yang bermaksud menampilkan secara simbolik perlawanan mereka terhadap ancaman dari luar. Nuansa ekspresi puitik selalu berbeda satu dari yang lainnya, karena terdapat banyak variasi yang ditampilkan. Namun dalam keseluruhan esensinya mungkin sejenis: perlawanan petani. Di balik setiap ungkapan puitik yang mereka tampilkan, jelas tidak ada apapun kecuali perlawanan, dan hanya perlawanan. Mereka berkidung, tidak untuk kepentingan kidung. Mereka menari bukan untuk memperlihatkan betapa indah tarian mereka. Begitu pula ritus-ritus tradisional mereka, yang dilengkapi berbagai sajen yang menggambarkan suasana serba kudus dan penuh magisme. Esensi pokoknya bukan terutama untuk memupuk kehidupan rohani dalam kemapanan tradisi, melainkan ekspresi puitik yang memanggul semangat perlawanan. Dengan gambaran ini kiranya tidak ada lagi kebutuhan untuk membuat penjelasan lebih lanjut, karena keraguan, pertanyaan, maupun ketidakjelasan niscaya tidak ada lagi.

Ziarah Kubur

Perlu pula dicatat di sini bahwa petani juga melakukan ritus religi, yang disebut ziarah kubur di makam Sunan Kedu, di Dusun Makukuhan, Desa Kedu, Kecamatan Kedu.

Ziarah itu pada prinsipnya juga merupakan bagian dari apa yang disebut tradisi yang sudah mapan sejak beberapa abad silam. Sedang kesinambungannya dalam hidup kekinian bukan merupakan suatu gangguan apapun. Sebaliknya, bila kita tak terlena, dan tak melakukan ritus tersebut, kita akan merasa bahwa ada sesuatu yang tidak lengkap dalam hidup kita.

Dalam ritus tersebut para peziarah datang untuk mengadukan keluhan petani kepada Ki Ageng Makukuhan, Prabu Makukuhan, Sunan Kedu, Sunan Makukuhan, Wali Agung Makukuhan, yang dikenal sebagai penemu bibit tembakau dan yang telah dianggap berhasil membudidayakannya dengan baik dan membuatnya berkembang menjadi tanaman tembakau yang kita kenal hingga sekarang. Jasa sang wali sangat besar di mata para petani tembakau. Dalam acara kudus yang penuh nuansa rohaniah itu peziarah berdoa, sering secara panjang lebar disertai tahlilan yang makan waktu lama. Doa itu tersusun dalam bentuk puisi. Dilihat pertama-tama dari isi pengaduan maupun keluhannya, jelas bahwa petani memperlihatkan ketidakmampuannya dan menyerahkan urusan itu kepada leluhur, yaitu sang wali agung. Ini semua merupakan ekspresi puitik yang tajam dan mendalam, yang menggambarkan totalitas perlawanan petani dengan melibatkan para leluhur.

Apa yang terjadi dalam ziarah kubur ini memiliki semangat yang sama dengan apa yang berkembang dalam ritus di Tuk Budoyo yang sudah kita bahas panjang lebar di atas. Mereka telah mengadu kepada penguasa yang masih hidup, tetapi pengaduan petani itu sama sekali diabaikan. Maka tak mengherankan bila pada akhirnya petani mengadukan nasib pada yang sudah tidak ada. Hal itu bisa pula dirumuskan dengan cara yang sama, yang sudah dibahas di atas, yaitu bahwa petani mengadukan penguasa bumi kepada penguasa langit. Ini merupakan logika yang kelihatannya sederhana namun memiliki makna simbolik yang mendalam. Ekspresi simbolik ini pun tampak jelas dimensi rohaniahnya, karena hal ini memang merupakan urusan rohaniah yang dibingkai begitu jelas oleh apa yang mudah diidentifikasi sebagai perkara rohaniah.

Tetapi di balik apa yang tampak rohaniah itu, yang sebenarnya terjadi adalah perlawanan politik. Maka tepatlah bila—seperti sudah dikemukakan di atas—sikap ini merupakan corak perlawanan politik dan puitik yang halus tetapi sangat tajam. Sebab di sini politik telah diperhalus oleh dunia seni menjadi suatu perlawanan politik yang puitik dengan cita rasa estetik yang tak perlu diragukan.

10.000 Petani Mengisap Kretek Bersama

Bila kita membayangkan kembali peristiwa deklarasi Laskar Kretek, dengan 10.000 petani secara serentak mengisap kretek bersama, yang tampak pada kita jelas bukan pemandangan biasa. Dilihat dari sudut kesenian, hal itu merupakan wujud sebuah puisi yang juga tidak biasa. Asap putih, lembut, mengepul ke atas, bergulung-gulung di udara pagi yang masih dingin, dan menyatu dengan kabut yang menyelimuti Gunung Sumbing, apa kurang puitiknya momentum istimewa itu? Ini gambaran sebuah citra, sekaligus asosiasi yang ditimbulkan oleh asap tadi menjadi suatu momen puitik yang megah.

Dalam sastra pedalangan—dengan sendirinya merupakan bagian dari kekayaan khazanah tradisi lisan kita—ada momen puitik sejenis itu. Dalam sanggar pamujan, ruang meditasi suatu kerajaan, tercipta sebuah kejadian. Baginda mengenakan busana serba putih, busana kepanditaan, dan *mbesem dupa sak mustaka liman* (membakar dupa sebesar kepala gajah). Asapnya mengepul ke atas dan menembus cakrawala. Ini merupakan sebuah pertanda bahwa permohonan atau doa baginda raja dikabulkan dewata yang menguasai jagat raya. Asap dupa yang dibakar baginda raja momen puitik sekaligus rohaniah, peristiwa duniawi yang terjadi di 'sini' sekaligus peristiwa kudus, yang terjadi di dunia 'sana'. Adapun momen puitik yang ditimbulkan oleh 10.000 orang petani yang mengisap kretek secara serentak makna terpentingnya bukan pada kebersamaan dan asap yang mengepul itu. Sesungguhnya itu mengungkapkan protes dan perlawanan yang mereka proklamirkan secara simbolik terhadap penguasa di Jakarta.

Ungkapan Ngrokok Matek, Gak Ngrokok Matek, Ngrokok Wae Sampek Matek

Dilihat dari sudut isinya, ungkapan ini terang-terangan menantang larangan merokok yang dikemas dengan begitu banyak cara dan diundangkan secara resmi lewat aturan perundang-undangan yang tak adil. Kita sudah tahu inilah yang membuat mereka kemudian membuat gerakan-gerakan perlawanan. Sekali lagi, mereka melawan, antara lain, karena larangan tersebut mengancam kelestarian hidup tanaman tembakau, satu-satunya sumber kehidupan mereka. Dengan demikian, bagi mereka hal itu bukan merupakan niat untuk memulai terjadinya persoalan, melainkan sebaliknya: mereka hanya merespons apa yang mereka anggap suatu ketidakadilan tadi. Ditinjau dari sudut rima, bunyi, ungkapan ini jelas merupakan perlawanan puitik yang kuat dan ekspresif. Apalagi bila struktur kalimat itu diubah dengan gaya yang lazim digunakan para penyair untuk menyatakan isi hati maupun pemikiran mereka menjadi komposisi yang memang lazim berlaku di dunia perpuisian sebagai berikut:

Ngrokok matek
Ga ngrokok matek
Ngrokok wae
sampek matek
(tetap dengan terjemahan yang sama seperti di atas)

Kita menangkap nuansa ketidakpedulian dalam pernyataan puitik ini. Tetapi mungkin baik dicatat di sini bahwa hal itu merupakan sebuah ketidakpedulian yang bertanggung jawab. Dengan demikian ini merupakan sikap perlawanan warga negara yang dewasa dan matang secara politik untuk menganggap sepi aturan hukum resmi yang ditetapkan pemerintah. Ungkapan perlawanan puitik ini harus juga dilihat dari segi yang lain untuk menunjukkan bahwa petani yang tunduk dan taat itu ternyata bisa secara penuh humor segar menyatakan penolakan terhadap eksistensi pejabat, pemerintah, sekaligus segenap wujud eksistensi maupun simbol-simbol kenegaraan yang biasanya sangat dihormati. Dengan kata lain, pejabat mulai dianggap omong kosong, pemerintah menjadi tak perlu dihormati, dan segenap simbol kenegaraan dipertanyakan kembali relevansinya, terutama ketika ketiganya hadir hampir bersamaan tanpa memperlihatkan apa yang wajib ada: kedaulatan. Di sini kedaulatan seorang pejabat diragukan, kedaulatan pemerintah yang sah itu dipertanyakan, dan kedaulatan negara—yang tak melindungi warganya itu—masihkah harus disebut kedaulatan? Pendek kata, perlawanan puitik ini jelas, tegas, dan tajam melebihi senjata manapun. Ulasan mengenai 10 jenis ekspresi perlawanan puitik di atas, kiranya cukup memadai bila kita akhiri di sini.

Sebelum melangkah lebih jauh untuk membahas mengenai penafsiran simbol tersebut, kita catat lebih dahulu di sini bahwa simbol itu adalah "segala sesuatu yang bermakna, bahwa dia mempunyai makna referensial" (Paz 1991: xxxiv). Pandangan lain menyebutkan bahwa "semua kegiatan manusia pada umumnya melibatkan simbolisme. Karena itu, manusia bukan hanya merupakan *animal rasionale* tapi disebut juga *homo simbolicus* (Susanto 1987: 61). Dua rujukan mengenai simbol di atas kita anggap cukup untuk membangun suatu kerangka pemikiran mengenai simbol dan manifestasi simbolik yang kita jumpai di lapangan.

Dunia tarekat, yang tampaknya memetik pemikirannya dari filsafat Islam, mengajarkan bahwa posisi eksistensial manusia, dan seluruh alam raya ini sebagai '*tajali*', yaitu bayangan dan simbol kehadiran yang Ilahi, yang Kudus dan yang Abadi. Posisi eksistensial tadi masih bisa digugat, dan sangat nisbi, seperti dikemukakan Rumi, bahwa "keberadaan lahir ketika kita jatuh cinta pada ketiadaan" (Rumi 2001: 23). Dengan kata lain eksistensi itu berakhir ketika kita merasa eksis. Dalam konteks ini Rumi bermaksud menjelaskan—dan menjadi sejenis ajakan yang tak dikatakannya—bahwa sekadar sebagai simbol akan kehadiran yang Ilahi, yang Kudus, dan yang Abadi tadi, kita dan dunia ini pada hakikatnya tidak ada. Dalam logika ini, apa yang dikatakan Susanto mungkin dengan sendirinya menjadi kehilangan kejelasan makna yang pernah kita bayangkan bahwa itu ada, karena dengan logika apa kita hendak memahami bahwa 'simbol melibatkan simbolisme'?

Adapun mengenai cara memahami atau menafsirkan unsur-unsur manifestasi simbolik, terutama yang berhubungan dengan ritual, kita patut berkiblat kepada Victor Turner. Di dalam bukunya *The Forest of Symbols* dia mengatakan demi mengikuti nasihat seorang tokoh bernama Monica Wilson, dia bertanya kepada kaum spesialis yang ahli mengenai debu maupun kaum awam dalam masyarakat tersebut untuk menginterpretasikan simbol-simbol dalam ritual mereka. Hasilnya, dia memperoleh begitu banyak bahan lapangan yang sudah bersifat penafsiran. Dalam konteks ini dia berkata: "*As a result I obtained much exegetic materials.*" Kemudian dia berkata: "*I felt that it was methodologically important to keep observational interpretative distinct from one another*" (Turner 1967: 19-20).

Penting sekali dicatat di sini bahwa secara metodologis penafsiran itu dianggap valid, yaitu telah 'melakukan apa yang seharusnya dilakukan', dan dalam arti tertentu 'telah mengukur apa yang memang seharusnya diukur'. Makna 'telah melakukan apa yang seharusnya dilakukan' di sini telah diperlihatkan dengan jelas oleh Turner, bahwa bukan dia yang melakukan penafsiran. Patut ditekankan di sini bahwa tafsiran di atas tidak berasal dari Turner sendiri, bukan buatan Turner, dan bukan pula hasil pemikiran Turner, melainkan tafsiran orang lain, termasuk kaum awam setempat yang menjadi pokok kajian lapangannya. Supaya menjadi lebih jelas, ini yang dimaksudkan bahwa Turner telah melakukan apa yang seharusnya dilakukan tadi. Itu semua merupakan contoh urusan penafsiran simbol, terutama dalam hubungannya dengan ritual, dalam penelitian Turner.

Tetapi di dalam penelitian tentang gerakan perlawanan petani ini kebutuhan untuk membuat tafsir simbol itu tak begitu penting, dan tidak kelihatan mendesak. Mungkin hal itu bahkan tak diperlukan, karena setiap unsur ekspresi puitik yang simbolik tadi sudah disertai penjelasan. Anggota-anggota panitia pertunjukan, para aktor, dan penyusun lakon, semua memiliki kapasitas mencukupi untuk sekadar memberikan penjelasan tentang apa makna-makna dalam setiap simbolik yang hendak kita ketahui. Tersedianya teks lakon atau bahan lain, kesediaan panitia atau para aktor memberi penjelasan sebelum pertunjukan, membuat kita tak perlu sibuk bertanya ke sana kemari, dan tidak pula perlu berusaha membuat tafsiran sendiri mengenai apa yang abadi di balik ekspresi simbolik tersebut.

Kita catat misalnya drama tari yang ditampilkan dengan sebelumnya ada penjelasan, disertai teks yang menjelaskan bahwa pementasan ini memiliki makna menyindir pihak-pihak tertentu yang sudah disinggung di atas. Begitu pula tarian kuda lumping dari kelompok Turonggo Bekso maupun dari kelompok Turonggo Krido yang masing-masing tampil dengan niat menggambarkan suatu sindiran, dan memberi tahu pada khalayak ramai bahwa mereka memiliki musuh bersama yang harus dilawan. Semua ini membuat apa yang simbolik menjadi jelas, transparan, dan tak tersembunyi lagi di balik simbol apapun.

Begitu juga kidung *Pangkur Suro Greget* yang menandakan perlawanan terbuka, yang menyatakan kekuatan kita ibarat kekuatan alam yang tak terlawan, sedangkan mereka yang kita lawan itu hanyalah orang-orang kalap yang tak perlu ditakuti. Dengan demikian, semua yang tersembunyi di balik simbol, yang samar-samar dan tak jelas, menjadi jelas sejak semula. Di sini peneliti tak pernah dibuat sibuk untuk menafsirkan suatu makna di balik simbol yang tak kita pahami. Semua ekspresi simbolik yang tampil di sini sudah dibuat menjadi jelas sejelas-jelasnya oleh pihak panitia maupun para aktor yang dengan murah hati menjelaskan makna demi makna di balik ekspresi simbolik yang belum kita pahami itu.

Pada akhir bab ini diperlukan suatu penjelasan agak teknis, sejenis definisi, yaitu: (1) penjelasan mengenai gerakan perlawanan; (2) ulasan mengenai perlawanan politik dan puitik. Gerakan perlawanan dan perlawanan politik juga puitik itu memiliki makna yang berbeda dan kepentingan yang berbeda. Tetapi pembahasan atas keduanya akan menjadi penutup bagi seluruh rangkaian mengenai perlawanan politik dan puitik tersebut.

Di sini fenomena itu ditampilkan sedemikian menonjol, ekspresif, dan jelas mewarnai seluruh—setidaknya sebagian besar—unsur-unsur penting dalam buku ini, bukan untuk memperindah ekspresi penulisan, bukan pula memainkan pengaruh bunyi, yaitu rima, agar menimbulkan suatu kesan tersendiri. Memperindah ekspresi penulisan dan memainkan pengaruh bunyi itu boleh dikatakan hanya merupakan perkara 'kulit' yang juga berarti hanya mewakili dimensi esoterik dari sosok tulisan ini secara keseluruhan. Dengan kata lain, hal itu hanya berarti 'gincu' atau pemerah bibir, yang penting artinya bagi pesolek. Orang yang tak merasa penting bersolek dan bergaya selalu memandang persoalan dari sudut lain: dari isi, dari esensi, maupun dari sudut ruh yang menata dari dalam, dan menghidupi keseluruhan bangunan tulisan tersebut sebagai suatu bacaan yang mengandung makna dan pesan-pesan penting.

Dengan demikian, ungkapan politik dan puitik itu merupakan dimensi esoterik yang memancarkan pesonanya sendiri dari dalam dan bukan dari luar. Bila konsep pesona di sini dianggap kurang relevan untuk dikemukakan, penjelasan yang lebih tepat mungkin dimensi esoterik yang secara esensial mendasari atau menjadi landasan tak tergoyahkan bagi makna ungkapan politik dan puitik tadi. Bila dipersoalkan apa gunanya ekspresi perlawanan puitik yang terlalu lembut, halus, dan simbolik dalam konteks politik yang keras dan kasar—termasuk sikap membisu yang meniru watak batu—kita tahu jawabannya: keras dan kasar dilawan dengan keras dan kasar pun belum tentu membawa manfaat nyata. Penguasa tidak pernah menunjukkan perasaan sukacita menghadapi kritik keras, apalagi kasar. Jadi, meskipun perlawanan puitik itu lembut, halus, dan simbolik, masih ada tempatnya dalam kancah politik dan birokrasi. Bukankah dunia diplomatik berkembang dan hidup subur karena bahasa simbolik yang tak mengatakan apa yang diinginkan tetapi memperoleh secara anggun apa yang diinginkan itu?

Pola-pola relasi kekuasaan seperti ini hidup lestari di atas basis kebudayaan yang setia menopangnya. Bila argumen yang memandang peran kebudayaan seperti itu dapat diterima sebagai kebenaran, pertanyaan mengenai apa gunanya perlawanan puitik tadi dapat dijawab dengan baik oleh kebudayaan Jawa yang memiliki ungkapan bijaksana dan mendalam: *esem bupati, dupak bujang*. Maknanya, dalam relasi kekuasaan tingkat tinggi hanya diperlukan seulas senyum untuk mengemukakan isi hati kita, dan dengan sekadar senyum itu pesan kita, seruwet apapun, sampai, diterima, dan dipahami sepaham-pahamnya, seutuh-utuhnya. Sebaliknya, berhadapan dengan bujang, yaitu representasi dari individu atau kelompok yang lebih rendah diperlukan model komunikasi yang lain, yang lebih bersifat memerintah, menggunakan bahasa komando yang jelas, eksplisit, dengan petunjuk-petunjuk teknis operasional yang terang benderang. Ini seperti model komunikasi Letnan Lukash kepada pelayannya, Schweik, prajurit sederhana yang polos dan serba damai, tak pernah merasa terancam oleh siapapun dan tak mengancam siapapun, sebagaimana digambarkan oleh Jaroslav Hasek dalam novelnya berjudul *The Good Soldier Schweik*. Novel ini diterjemahkan menjadi *Prajurit Schweik*, diterbitkan oleh Pustaka Jaya pada 2008.

Mungkin ini akan bisa menjadi catatan yang agak penting bila kita ingat baik-baik, bahwa "ungkapan perlawanan politik dan puitik" itu penting, luhur, dan mulia, yang menggambarkan sikap sekaligus watak orang dengan sikap politik yang baik seperti petani Temanggung yang telah melakukan perlawanan sebaik-baiknya, setulus-tulusnya, dengan simbol tumpeng tulak dan ingkung ayam putih mulus. Kecuali itu, sebelum ulasan ini betul-betul berakhir, mungkin catatan ringkas ini masih dapat diakomodasi dengan baik di sini, yaitu bahwa petani tembakau yang lebih banyak diam dan menerima kebijakan apapun yang dijejalkan kepada mereka—selama kebijakan itu tidak merugikan mereka secara berlebihan—ternyata dalam keadaan memaksa mereka memiliki keberanian dan kemampuan di luar dugaan.

Apa yang selama ini kita sebut sebagai "kenyataan" tentang diri mereka ternyata keliru. Kita telah salah membaca isi hati dan pikiran mereka yang sebenarnya, karena selain sebagai warga negara yang penurut dan mudah menerima apa saja yang dijejalkan pada mereka, ternyata di luar dugaan, petani tembakau memiliki sisi-sisi kehidupan yang bisa menolak dengan tegas dan menyatakan kehendak politik mereka dengan cara yang tak mengenal kompromi dan tawar-menawar. Mungkin para petani sendiri tahu, atau menyadari, bahwa mereka memiliki watak revolusioner yang tampaknya disembunyikan di balik kesabaran dan sikap diam yang tak terduga apa maknanya, dan mungkin kita memang tak pernah bisa menduganya. Pemikiran, perasaan, dan sikap petani hanya dapat dipahami dengan baik melalui pengamatan terhadap tingkah laku sehari-hari mereka dengan pengamatan yang teliti dan saksama.

Segenap corak perlawanan politik dan puitik di atas menampilkan gambaran mengenai pemikiran, wawasan, sikap, dan tingkah laku yang memiliki makna penting yang berhubungan dengan makna perlawanan mereka. Sampai di sini mungkin perlu dibuat perbandingan antara temuan dalam kajian ini dan temuan Scott yang sudah menghasilkan suatu pemikiran yang sudah menjadi kiblat pemikiran dan dunia teori. Perlawanan politik dan puitik dalam kajian ini dibingkai oleh tradisi, yang di dalamnya dihembuskan ruh berupa *wisdom* dan *aesthetic of art* yang menjadi ciri khas perlawanan petani dalam kajian ini. Kita menemukan perbedaan tajam dengan pemikiran Selo Sumardjan dan Scott. Selo Sumardjan mencatat perlawanan kelompok lemah yang selalu dialihkan ke sasaran lain. Di dalamnya sabotase tampak dominan (Sumardjan 2009: 455-

456). Petani dalam kajian ini melawan dengan sikap ksatria, langsung, dan terbuka.

Dalam *Weapons of the Weak* karya Scott, perlawanan petani menampilkan diri dalam *passive noncompliance, subtle sabotage, evasion,* dan *deception* (Scott, 1985: 31). Dengan kata lain, ini jenis perlawanan tidak langsung, dan tidak terbuka. Scott menyebutnya *offstage*. Petani dalam kajian ini melawan secara puitik dengan penuh kehormatan, Di dalamnya ada *wisdom* dan *aesthetic of art* yang merawat dengan lembut kehormatan itu sebagaimana sudah disinggung selintas sebelumnya. Di sini perlawanan bukan bersifat *offstage*, melainkan *onstage*. Dalam terminologi Scott perlawanan ini disebut *at the level of consciousness* (Scott, 1985: 41).

Dalam *Domination and the Arts of Resistance: Hidden Transcripts*, Scott menyebut perlawanan petani sebagai *infra politics*: politik suatu *subgroup* yang bijaksana. Hal ini seperti dijelaskan dalam peribahasa Ethiopia: "*When the great Lord passes the wise peasant bows deeply and silenty farts.*" Sebagai *subgroup* mereka tak berani kentut terbuka bukan karena pertimbangan etis, melainkan pertimbangan *security*. Kentut dianggap perlawanan, tapi perlawanan pinggiran dari kelompok yang sejarahnya diabaikan, dan perlawanan mereka akan selalu bersifat *offstage* tadi. Dalam kajian ini petani merupakan kelompok independen dan otonom, bukan *subgroup*.

Dalam bukunya yang lebih tua, *Perlawanan Petani*, Scott menyebut watak penuh pura-pura: pura-pura menurut, pura-pura tidak tahu yang menandai perlawanan petani. Dengan kata lain, perlawanan petani Scott penuh pura-pura (Scott, 1993: 271). Dalam kajian ini tidak ada kepura-puraan sedikit pun. Petani tembakau Temanggung melawan secara terbuka, blak-blakan, tetapi secara lembut, halus, estetik, dengan segenap ungkapan puitiknya yang tampak demikian dominan di sepanjang sejarah gerakan perlawanan mereka.

Perlawanan petani Scott dianggap pergulatan yang prosaik (Scott, 1993: 271), sedangkan perlawanan petani dalam kajian ini bersifat puitik. Dalam perlawanan itu petani menghayati perlawanannya secara intens, asyik, seperti dalam *Deep Play: Note on the Balinese Cockfight*: "*...it is only apparently cocks that are fighting there. Actually, it is men*" (Geertz, 1973: 417). Di sini jelas, Scott berbicara tentang *class struggle*, kajian ini membahas *power relations*. Struktur keduanya berbeda tetapi filsafat dasar dan tujuannya sama.

BAB VI

Analisis Gerakan Perlawanan

Tetapi jarang disadari,
bahwa dalam peredaran sejarah
dan pengalaman kehidupan sehari-hari
sering yang berupa menang itu
ternyata kalah
dan yang berupa kalah itu
ternyata menang
(Alisjahbana, 1992: 7)

Hidup hanya menunda kekalahan
Tambah terasing dari cinta sekolah rendah
Dan tahu, ada yang tetap tidak diucapkan
Sebelum akhirnya kita menyerah
(Chairil Anwar, 1963: 52)

Petani Tidak Akan Menyerah

Kita telah melampaui bab demi bab yang mengulas latar belakang dan perkembangan lebih lanjut gerakan perlawanan petani tembakau Temanggung. Dalam ulasan-ulasan tersebut sudah diperlihatkan bahwa gerakan itu pada dasarnya adalah bentuk perlawanan politik terhadap kebijakan yang disebut pengendalian dampak negatif produk tembakau. Beberapa pasal penting yang terkandung dalam kebijakan yang mengundang perlawanan tersebut sudah dirumuskan pada pasal-pasal penting FCTC, yang diadopsi begitu saja secara utuh, apa adanya, ke dalam draf Rencana Peraturan Pemerintah, RPP. Kemudian apa yang masih berupa draf tersebut bermetamorfosa menjadi dokumen yang sudah jadi, berupa sebuah RPP yang bersifat final. Namun sefinal apapun kebijakan itu tetap saja menimbulkan perdebatan, protes, dan perlawanan berkepanjangan di kalangan petani.

Di balik perlawanan itu petani mengharapkan dengan sungguh-sungguh agar RPP tersebut dapat digagalkan. Mereka gigih berjuang dengan berbagai cara untuk menghalangi agar RPP tersebut tidak menjadi peraturan resmi pemerintah, yang disebut PP.

Harapan ini muncul karena kebijakan itu dianggap merugikan petani. Namun perkembangan lebih lanjut memperlihatkan sebaliknya: RPP dikukuhkan menjadi PP No. 109 Tahun 2012, yang sudah merupakan suatu kebijakan yang tak bisa diganggu gugat lagi. Di dalamnya, pasal-pasal pokok FCTC yang dianggap merugikan petani pun tetap dipertahankan. Hal inilah yang menimbulkan frustrasi di kalangan petani, yang merasa berhadapan dengan sebuah pintu tertutup yang tak mungkin dibuka kembali.

Mungkin kita perlu berhenti sejenak di sini untuk memberi tempat kepada gerakan perlawanan petani dalam perspektif teori gerakan sosial. Dilihat dari sudut sejarah, boleh dikatakan gerakan perlawanan petani tembakau Temanggung ini merupakan gerakan sosial sebagaimana diuraikan Rajendra Singh. Secara lebih lengkap, Singh menunjukkan tiga kategori gerakan sosial, yaitu gerakan sosial klasik, yang merupakan kajian para ahli psikologi sosial, gerakan sosial neo-klasik, yang dapat dibaca dalam karya-karya para ahli sejarah, dan gerakan sosial baru atau gerakan sosial kontemporer. (Singh, 2001: 88-89).

Jika diperhatikan dengan saksama, akan terlihat jelas bahwa kajian mengenai gerakan perlawanan petani Temanggung memiliki ciri-ciri tertentu yang pada satu sisi menunjukkan adanya kesamaan—terutama bila kita hanya melihat satu dimensi esoterik dari gerakan tersebut—dengan gerakan sosial neoklasik, dan pada sisi yang lain, gerakan perlawanan tersebut menandakan adanya kedekatan dengan gerakan sosial baru. Namun demikian, kesamaan yang tampil dalam dimensi luar dari gerakan tersebut dengan sendirinya tidak akan menghalangi kita untuk menyimpulkan bahwa gerakan perlawanan petani Temanggung itu menunjukkan adanya kecenderungan yang lebih khas, dengan warna atau identitas lokal Temanggung. Ciri khas itu tampak secara mencolok—dan tak dimiliki oleh gerakan yang lain—bukan lagi pada gejala luarnya, melainkan pada wujud hakikatnya sebagai perlawanan politik yang diartikulasikan ke dalam ungkapan puitik. Dengan kata lain, inilah corak perlawanan politik yang puitik.

Dari ulasan yang terdapat dalam bab-bab terdahulu, kita memperoleh pemahaman bahwa gerakan perlawanan petani tembakau Temanggung itu terjadi karena didorong oleh sekurang-kurangnya tujuh faktor penting, yaitu: (1) Keresahan umum di dunia pertanian tembakau yang merasa dunianya terancam oleh kebijakan baru pemerintah pusat; (2) Jejak yang memperlihatkan hadirnya kepentingan asing dalam proses perumusan kebijakan tembakau yang membuat persoalan menjadi lebih ruwet dari seharusnya; (3) Gerakan perlawanan petani tembakau Temanggung bukan suatu fenomena lokal; (4) Terjadi suatu perlawanan politik secara langsung, sekaligus perlawanan simbolik yang diekspresikan ke dalam perlawanan politik dan puitik; (5) Aspek kepemimpinan yang menentukan jalannya gerakan perlawanan; (6) Terdapat indikasi yang kuat bahwa petani belum—dan tidak akan—menyerah; (7) muncul suatu suasana kejiwaan yang menggambarkan petani merasa terpukul, mengalami suatu kebingungan dan frustrasi pada saat—setidaknya untuk sementara—gerakan perlawanan mengalami peredaan. Pada saat itu, meskipun mereka tidak lagi turun ke Jakarta, di Temanggung mereka tetap melakukan koordinasi, mengevaluasi gerakan yang telah lewat, dan merancang strategi baru dan berbagai kemungkinan untuk melakukan perlawanan lebih lanjut. Demi menegaskan suasana kejiwaan tersebut, ibarat sepasukan tentara, mereka ada di barak, terkurung, dan tak boleh ke mana-mana, tetapi jiwa mereka berada dalam posisi siap tempur.

Untuk memperoleh gambaran lebih jelas mengapa ketujuh faktor di atas muncul dan bagaimana masing-masing faktor berkembang dalam masa ketika gerakan perlawanan itu berlangsung, perlu dibahas secara saksama lebih dahulu faktor demi faktor, dengan argumen yang memadai, sebelum pada akhirnya kita mengemukakan lebih lanjut inti pemikiran yang dapat disajikan sebagai pernyataan penutup, atau kesimpulan, yang dapat dipetik dari tulisan ini.

Pertama, di dunia pertanian tembakau, suatu kehidupan yang dinamis memelihara kenyamanan sosial bagi para warga masyarakat pendukungnya; suatu kenyamanan yang telah lama mapan dan melembaga, yang membuat waktu berlalu, dan abad demi abad lewat, dengan meninggalkan kepastian hidup yang tak terusik, namun tiba-tiba muncul suatu kebijakan pemerintah yang mengancam tata kehidupan yang telah mapan itu. Para petani yang resah dan merasa dunianya terancam dengan prospek masa depan yang tak jelas, akhirnya memutuskan untuk melakukan perlawanan tanpa memikirkan kemungkinan risiko yang datang sebagai akibatnya dan tanpa memikirkan pula bagaimana kelak hasilnya. Bagi mereka, melakukan perlawanan berarti membela hak-hak yang melekat dalam diri mereka, suatu panggilan dharma dalam kehidupan yang tak mungkin diabaikan. Perlawanan demi membela hak hidup: hak untuk mempertahankan pekerjaan demi kehidupan yang layak sebagai warga negara, hak untuk memperoleh rasa nyaman, hak untuk menikmati kesejahteraan merupakan isu besar.

Para petani juga menyadari bahwa dalam upaya membela hak itu terdapat juga semangat kebangsaan, yang ditunjukkan melalui berbagai kegiatan yang dengan penuh kesadaran politik dirumuskan sebagai tindakan membela kemandirian bangsa. Kecuali itu, jika dilihat dari perspektif ajaran yang bersifat ideologis tetapi juga sangat praktis, membela hak hidup—apalagi disertai kesadaran lebih luas, membela kemandirian bangsa—berarti juga jihad di jalan Allah. Barangkali perlu ditegaskan di sini, jihad bukan hanya angkat senjata dengan segenap kekerasan yang melengkapinya. Menyatakan kebenaran misalnya dengan menyatakan perlunya kebijakan mengakomodasi kepentingan petani sudah merupakan bentuk jihad dan memenuhi panggilan dharma hidup. Struktur logika mengenai dunia yang terancam, yang menimbulkan keresahan dan kemudian lahir keputusan untuk melawan, seperti diuraikan di atas, memberi gambaran yang jelas mengenai bagaimana disiplin ilmu kesejahteraan sosial menangani suatu masalah.

Kedua, jejak kepentingan asing, yang membuat permasalahan menjadi lebih ruwet daripada seharusnya, merupakan bayangan panjang dari sebuah kekuasaan tak berwajah yang mewakili modal global dan pasar global dalam percaturan politik penyusunan kebijakan publik Indonesia. Kepentingan asing tersebut memiliki segalanya: uang, dukungan politik, dukungan media, serta dukungan kaum ilmuwan dan para profesional. Semua aspek ini berskala besar, memiliki jaringan sangat luas, terbentang dari pusat hingga ke daerah-daerah. Lobi-lobi ditempuh dengan halus lewat argumen kesehatan, ekonomi, politik, dan moral yang jelas, serta dengan kemampuan lobi tingkat tinggi untuk mempengaruhi kebijakan. Sudah menjadi rahasia umum bila lobi ke pemerintah, parlemen,maupun pemerintah daerah melibatkan uang untuk menyukseskan titipan pasal-pasal penting ke dalam UU, PP, maupun Perda-Perda di berbagai daerah.

Lahirnya Perda-Perda yang mengatur tempat-tempat khusus merokok, yang tak memperbolehkan terjadi di kawasan umum, mengandung campur tangan kepentingan asing yang dimainkan oleh para pelobi. Munculnya pasal-pasal FCTC dalam pasal-pasal PP No. 109 Tahun 2012 merupakan salah satu bukti hadirnya kepentingan asing tadi. Inilah yang membuat—seperti disebut di atas—persoalan menjadi lebih ruwet daripada seharusnya. Hal ini karena gerakan perlawanan mereka juga mengandung keluhan agar kebijakan pemerintah disusun atas inisiatif pemerintah sendiri, untuk memperlihatkan kemandirian bangsa yang utuh dan tidak dipengaruhi sama sekali oleh kepentingan asing.

Watak militan dan sikap gigih para petani dalam gerakan perlawanan berhadapan dengan sikap tutup mata dan tutup telinga di pihak pemerintah. Akibatnya, ketegangan makin memuncak dan mencapai titik kulminasi ketika pemerintah, dalam hal ini Presiden, mengeluarkan PP No. 109 Tahun 2012. Sampai tahap ini gerakan perlawanan petani ibarat berhadapan dengan sebuah tembok tebal. Di depan tembok ini petani berhenti, diam, dan merenung dalam kesendirian yang senyap. Mereka tak melihat jalan keluar. Tapi jerit perlawanan mereka belum dihapus dari agenda gerakan, dan tak bakal dihapus dari hati mereka, karena mereka berpendapat bahwa ruang untuk melakukan manuver masih terbuka luas. Mereka masih melihat bahwa perlawanan masih bisa dilakukan ketika pasal-pasal kebijakan dalam PP No. 109 Tahun 2012 tadi hendak dilaksanakan, terutama di tingkat daerah dan desa-desa. Bagi petani, perang belum selesai.

Ketiga, gerakan perlawanan petani tembakau Temanggung bukan fenomena lokal. PP No. 109 Tahun 2012 tersebut berlaku bukan hanya di Temanggung dan sudah jelas merupakan ancaman keselamatan hidup dunia pertanian tembakau di Indonesia. Daerah penghasil tembakau bukan hanya Temanggung.

Mengingat kebijakan itu berlaku secara nasional, maka dampak keresahan yang ditimbulkannya juga bertaraf nasional. Dalam diskusi-diskusi intensif yang melibatkan petani, industri, termasuk segelintir industri rumah tangga yang masih ada, para aktivis pembela tembakau, dan media sudah lama disadari bahwa kebijakan menaikkan cukai yang mematikan industri-industri kecil itu memang sejalan dengan PP No. 109 Tahun 2012 tersebut.

Dengan demikian, karena pasal-pasal penting dalam kebijakan di atas dikutip secara utuh begitu saja dari pasal-pasal FCTC, maka tak perlu dikatakan lagi bahwa kebijakan menaikkan cukai itu pun berhubungan erat dengan kepentingan bisnis global yang tak punya kepedulian sama sekali dengan petani tembakau. Para petani tahu bahwa gerakan global anti-kretek, gerakan yang merupakan masalah dunia, sebenarnya bukan semata untuk menjaga kesehatan masyarakat. Dalam buku tipisnya yang berjudul *Nicotine War*, Wanda Hamilton menyebutkan bahwa di balik perang global melawan kretek itu pada intinya merupakan sebuah perang dagang.

Di atas sudah dikemukakan secara jelas bahwa ada jejak-jejak kepentingan global, maka gerakan perlawanan petani Temanggung merupakan jawaban atas persoalan itu. Dengan begitu, argumen-argumen ini menjelaskan pada kita bahwa apa yang terjadi di suatu kabupaten seperti di Temanggung, sekali lagi, bukanlah suatu fenomena lokal dan tak selokal sebagaimana tampaknya. Gerakan perlawanan petani itu, dalam skala kecilnya yang terbatas dan kelihatan bersifat lokal, sebenarnya juga merupakan suatu fenomena yang berdimensi global.

Apa yang agaknya cukup penting di sini untuk digarisbawahi, ialah pemikiran dan segenap tindakan petani tadi merupakan bagian dari usaha terbatas, dan mungkin tanpa jaminan, untuk mencari jalan keluar dari keresahan yang bersifat global. Implikasi penting yang patut dicatat ialah jika dilihat dari sudut gerakan perlawanan tampaknya akan terbuka kemungkinan saling mendukung dan saling berbagi empati secara global. Gerakan perlawanan di suatu negara sangat mungkin segera didukung oleh kekuatan gerakan di negara lain, yang bisa menyebar menjadi suatu rangkaian gerakan yang bersifat global pada suatu momentum bersejarah (yang dirayakan sebagai milik bersama).

Dalam momentum bersejarah itu kita akan mencatat dua fenomena sekaligus, yaitu terbentuknya suatu kekuatan bersama untuk melawan keserakahan pasar global dan gerakan demokratisasi dalam perumusan kebijakan, yang berorientasi bukan pada pasar, melainkan pada kepentingan publik. Secara khusus pada golongan rakyat yang lemah dan dibikin menjadi tetap lemah oleh struktur kekuasaan politik-ekonomi yang dirasuki kepentingan pasar global, sehingga mereka tidak mampu menyuarakan kepentingan mereka sendiri.

Jika dirumuskan dalam bahasa gerakan, akan terbuka suatu momentum sejarah yang memungkinkan suatu aliansi global yang tampil di atas pentas perlawanan untuk menyambung lidah golongan masyarakat yang tak mampu menyuarakan kepentingan mereka sendiri. Peluang untuk mencapai gagasan ini sudah disadari dan dirintis sebagai kebutuhan masa depan oleh berbagai gerakan perlawanan global yang bergerak di tingkat lokal (dan menjawab persoalan-persoalan lokal). Dukungan ilmu dan teknologi, terutama teknologi komunikasi, sudah terbukti mempermudah dan memberi fasilitas bagi kita untuk mengubah gagasan menjadi tindakan.

Keempat, terjadi suatu perlawanan politik sekaligus perlawanan simbolik secara langsung. Dalam wacana kebahasaan, khususnya penulisan etnografi di kalangan para antropolog, perlawanan ini berkaitan dengan ungkapan *poetically crafted prose* dan *artful science* dari Paul Benson (1993: xi). Gerakan perlawanan petani di Temanggung merupakan gambaran mengenai *the politics and the poetics resistance*. Patut dicatat bahwa keterlibatan seni ke dalam politik itu bukanlah fenomena baru. Dengan kata lain, kesenian yang memperlihatkan indikasi tampilnya kepentingan politik atau indikasi mengenai tampilnya kepentingan politik dalam dunia seni sudah menjadi bagian dari tradisi setempat. Yang disebut bagian dari tradisi ini maksudnya tradisi kesenian itu sendiri.

Dengan demikian menjadi semakin jelas bila ada pendapat menyatakan bahwa perlawanan politik yang diekspresikan secara puitik itu pertama kali terjadi dalam perlawanan politik petani sesudah berubahnya RPP menjadi PP No. 109 Tahun 2012. Perlu ditegaskan bahwa hal itu keliru karena—sekali lagi—kepentingan politik yang dibungkus kesenian merupakan fenomena lama dan sudah terdapat dalam tradisi kesenian mereka. Sikap pemerintah yang memandang kebijakannya sudah tak mungkin lagi ditinjau kembali, apalagi dibatalkan, bagi petani itu bukan semata fenomena politik melainkan juga fenomena kesenian atau rohaniah.

Memang, dalam berbagai kasus, perlawanan politik yang menjadi perlawanan puitik itu sudah sering pula terjadi dalam berbagai gerakan perlawanan sebelumnya. Namun di saat itu kesadaran politik tentang mengapa hal itu terjadi belum terbentuk secara jelas. Apa yang puitik, yang berupa perlawanan simbolik itu, semata hanya untuk kebutuhan panggung, yang mempertegas dan memperindah nuansa perlawanan. Sesudah itu, melalui demo di Kecamatan Tlogomulyo, kesadaran politik itu "mewujud", menjadi nyata, bukan hanya melalui kesadaran yang terpendam di dalam hati, melainkan juga terungkap ke dalam ekspresi rohaniah yang nyata.

Kelima, kepemimpinan yang turut menentukan jalannya perlawanan di dunia pergerakan kaum tani muncul secara spontan dari lingkungan masyarakat. Pada dasarnya mereka memang tokoh-tokoh desa yang memiliki kepemimpinan sosial yang teruji. Kemunculan mereka diterima dengan baik oleh masyarakat. Hal ini menjadikan mereka sandaran untuk "menitipkan" harapan masa depan dunia pertanian yang sedang terancam, selain nasib hari depan mereka sendiri yang boleh dikatakan belum pasti. Dalam uraian-uraian yang mengulas secara khusus aspek kepemimpinan dalam gerakan perlawanan, perlu ditambahkan bahwa mereka itu kaum muda terpelajar yang memiliki pergaulan luas di kalangan kaum pergerakan dan jaringan organisasi pembela tembakau. Mereka pun memiliki jalur hubungan, baik dengan birokrasi pemerintahan daerah, perwakilan rakyat daerah, dunia industri, maupun media. Dari sudut pandang ini, mereka dipercaya masyarakat sebagai tokoh-tokoh yang layak menjadi pemimpin. Kecuali itu, masyarakat pun mengerti bahwa mereka itu memiliki kompetensi yang tinggi sebagai pemimpin yang mampu memperjuangkan aspirasi masyarakat pendukungnya.

Sebaiknya, analisis mengenai sosok pribadi tokoh-tokoh tersebut untuk sementara kita anggap cukup. Kita harus berhenti di sini untuk memberi tempat secukupnya mengenai tipe kepemimpinan mereka, yaitu aspek-aspek sosial-politik dari kehidupan pribadi mereka yang terpancar pada dunia sosial mereka yang lebih luas. Gerakan perlawanan petani memperoleh manfaat besar dari kemampuan mereka, yang mampu mengubah keinginan masyarakat menjadi tindakan untuk bergerak, atau mengubah pemikiran menjadi tindakan.

Kecuali itu, mereka pun memiliki kemampuan menangkap aspirasi masyarakatnya dan menerjemahkannya ke dalam bahasa gerakan untuk tidak membiarkan para warganya hanya mengeluhkan keadaan yang mereka pandang tidak ideal, tidak adil, dan mengancam hidup mereka. Kepemimpinan mereka menegaskan, dalam situasi seperti itu, tidak ada yang dapat dilakukan oleh petani kecuali bergerak dan melawan.

Keenam, petani belum—dan tidak akan—menyerah. Hal ini merupakan pernyataan sikap yang menunjukkan bahwa vitalitas hidup mereka untuk melakukan perlawanan belum redup. Bila kita mengamatinya dengan saksama, niscaya kita akan menemukan bahwa pernyataan itu telah ditegaskan di dalam berbagai bagian yang sudah dibahas lebih dahulu dalam tulisan ini. Di sini patut dicatat lebih dahulu bahwa mereka tidak akan menyerah, karena perlawanan mereka itu merupakan pertaruhan antara hidup dan matinya dunia pertanian tembakau. Dengan demikian, perlawanan itu juga mempertaruhkan hari depan mereka. Ini merupakan argumen paling dasar. Petani yang cara berpikirnya paling sederhana pun tahu bahwa dunia pertanian mereka dan sekaligus hidup mereka sendiri memang menjadi pertaruhan. Pernyataan "*ngrokok matek, gak ngrokok matek, luwih becik ngrokok nganti matek*" juga merupakan penegasan sikap menolak—sekaligus tanda pantang menyerah melawan—kebijakan pemerintah yang mengancam hak-hak hidup mereka.

Di bagian yang membahas aspek kepemimpinan dalam gerakan, sikap tidak akan menyerah ini sudah dibahas pula. Dengan demikian, tekad ini sudah pula tersebar luas di dalam masyarakat. Wawasan petani bahwa kebijakan yang merupakan ancaman itu bukan tanda bahwa mereka telah mengibarkan panji-panji tanda takluk abadi, melainkan menunjukkan bahwa mereka tidak akan menyerah. Bagi mereka, masih ada jalan untuk melakukan perlawanan.

Ketujuh, lahirnya suatu suasana psikologis baru yang secara umum mempertajam keresahan dalam masyarakat yang sudah cukup lama dirundung keresahan, yaitu semenjak pergerakan menolak UU Kesehatan, yang diolah lebih lanjut menjadi RPP, kemudian pada Desember 2012 berubah menjadi PP No. 109. Petani tembakau belum tahu secara persis apa akibat langsung dari kebijakan baru itu terhadap pertanian dan hari depan mereka. Akan tetapi mereka tahu—mungkin lebih tepat merasa—bahwa akibat tak diharapkan tersebut seolah begitu jelas dalam bayangan ketakutan mereka. Maka dalam masa ketika gerakan perlawanan mereka mereda, keresahan justru seolah memuncak. Kenyataan baru yang mereka hadapi itu sama sekali tak pernah mereka bayangkan, apalagi mereka harapkan kedatangannya.

Dengan kata lain, tampaknya mereka sama sekali tidak siap dan tidak menyiapkan diri untuk menghadapi munculnya hal-hal yang tak diharapkan tersebut. Namun demikian beberapa kalangan elite gerakan itu memiliki perhitungan bahwa kemungkinan seperti itu bisa terjadi atau tak mustahil terjadi kapan saja dalam bentuk yang mungkin saja buruk dan merugikan sekali bagi petani. Kalangan elite gerakan ini juga memiliki sudut pandang lain, bahwa akibat buruk yang mereka khawatirkan itu boleh jadi juga hanya suatu bayangan hitam di balik kecemasan yang menghantui mereka.

Sampai di sini apa yang harus dikatakan tentang gerakan perlawanan ini? Dengan empati yang dalam terhadap perjuangan petani mungkin kita dapat mengemukakan suatu pertanyaan evaluatif: adakah dalam gerakan perlawanan itu petani telah mencapai apa yang hendak mereka capai? Kita memahami bahwa sasaran yang hendak dicapai dalam gerakan perlawanan itu telah meleset. Kenyataan yang mereka hadapi tidak sama dengan apa yang mereka harapkan. Dengan kata lain, perlawanan yang mereka tempuh itu tidak mendekatkan mereka pada apa yang mereka inginkan. Hingga di sini dan pada tahap yang menunjukkan hasil akhir perjuangan tersebut, kita tahu bahwa pada tataran teknis birokratis petani dikalahkan. Namun apakah petani merasa atau menganggap diri mereka kalah?

Di sini agaknya jawaban atas pertanyaan itu tidak tersedia secara instan. Kalah-menang itu suatu fenomena universal sekaligus provinsial, global sekaligus lokal, kuno sekaligus modern, dan jelas tapi juga absurd. Kecuali itu, kalah-menang itu harus juga dilihat sebagai persoalan yang bukan kita, tidak ada hubungannya dengan kita, tapi tak mustahil ada pula yang menyangkut urusan kita, bahkan yang memang gambaran mengenai diri kita sendiri. Kalah-menang itu merupakan fenomena yang mendalam dan kompleks, bahkan ruwet. Dengan begitu, kiranya sudah cukup jelas bahwa tidak mudah menentukan kalah-menang dalam gerakan perlawanan petani bila kita hanya semata melihat lahirnya PP No. 109 Tahun 2012, yang sudah tak mungkin lagi diubah.

Dari segi teknis birokratis ini, petani memang merasa memperoleh pukulan keras, yang membuat mereka merasa frustrasi terutama karena medan pertarungan sudah ditutup. Pertarungan itu sendiri sudah dianggap selesai. Situasi seperti itu membuat petani merasa kelangsungan hidupnya menjadi pertaruhan di meja birokrasi pemerintah. Dunia pertanian telah berubah menjadi begitu penuh tantangan.

Kalah-Menang dalam Perlawanan

Sebait pendek puisi yang dikutip di awal bab ini terdapat dalam buku kumpulan puisi Chairil Anwar, *Kerikil Tajam dan Yang Terampas dan Yang Putus*. Kalau kita menyimak dengan baik cara pandang Chairil Anwar lewat puisi itu, hidup ini tampaknya hanya seonggok kekalahan, yang kemudian dipertegas dengan sikap menyerah. Tapi sikap dan watak petani tembakau, terutama sikap mereka dalam gerakan perlawanan ini, tidak seperti itu. Mereka gigih, militan, dan tak mudah dipatahkan.

Pemikiran filsafat yang dikemukakan Takdir Alisjahbana, juga dalam kutipan di awal tulisan ini dari novelnya yang berjudul *Kalah dan Menang* (1992: 7) kelihatannya tidak menjawab persoalan kalah-menang itu, tetapi sekadar bergumam untuk dirinya sendiri, yang mungkin membutuhkan peneguhan, bahwa apa yang kelihatannya menang itu ternyata kalah, dan sebaliknya, apa yang kelihatannya kalah itu ternyata menang. Suatu interpretasi lain mengenai kalah-menang tadi muncul dari ahli filsafat, Franz Magnis-Suseno, yang dirumuskan dari suatu konteks peperangan yang jelas, yaitu perang besar yang disebut Bharatayudha.

Di dalam buku tipisnya, *Wayang dan Panggilan Manusia* (1991), Magnis-Suseno menjelaskan bahwa dalam perang tersebut keluarga Kurawa ditumpas habis, sedangkan keluarga Pandawa masih utuh dan jaya. Tetapi dengan berakhirnya perang besar tersebut Pandawa pun kehilangan segala vitalitasnya. Lalu pihak manakah pemenangnya? Jika penjelasan Magnis-Suseno lebih menyentuh dan lebih dekat dengan kita sebabnya tak perlu dicari jauh-jauh: munculnya para pahlawan Pandawa dalam dunia imajinasi kita memang membuat kisah kepahlawanan itu terasa seperti bukan suatu unsur luar, melainkan unsur ideal dalam diri kita sendiri. Dengan begitu di sini tak perlu lagi ditanyakan siapa pemenangnya.

Toha Mohtar, dalam novel tipisnya *Pulang* (1972), yang memenangkan hadiah seni dari Badan Musyawarah Kebudayaan Nasional (BMKN), menggambarkan fenomena kalah-menang melalui suatu kisah tragis yang disusun dalam tembang. Tokoh utama novel tersebut, Tamin, sedang menembangkan kisah cinta yang berakhir tragis. Dikisahkan, ada seorang pemuda desa yang merantau ke kota dan berhasil menjadi tukang kuda di istana. Putri Raja yang cantik jelita jatuh cinta pada si tukang kuda. Tukang itu tampan dan gagah sekali. Baginda raja murka mendengar peristiwa itu. Sebagai cara untuk mencegahnya, baginda mengumumkan sayembara, barang siapa bisa menunjukkan dirinya paling pandai bermain pedang akan menjadi menantu kerajaan dan berhak naik takhta untuk menggantikan dirinya.

Seorang pangeran dari kerajaan lain, yang ahli bermain pedang, mendaftarkan diri untuk memasuki sayembara tersebut. Tidak ada orang lain lagi yang berani mendaftarkan diri, karena orang sudah tahu bahwa pangeran tersebut tidak terkalahkan. Tetapi menjelang hari terakhir pendaftaran muncul si pemuda tukang kuda tadi untuk mendaftarkan diri. Ringkas cerita, alun-alun tempat penyelenggaraan sayembara itu ramai sekali. Dengan pakaian kebesarannya, sang pangeran tampil meyakinkan dan sang pemuda menyusul naik gelanggang sebagai penantangnya. Menghadapi seorang ahli bermain pedang, sang pemuda tak berdaya. Dia meninggal di gelanggang, dengan leher terputus. Jenazahnya dimakamkan di kampung asalnya. Sementara itu, sang pangeran hendak dinaikkan takhta. Menjelang upacara penobatan terjadi kegemparan. Sang putri lenyap. Tak seorang pun tahu ke mana perginya. Baginda segera mengerahkan orang untuk mencarinya. Tapi mereka sudah terlambat. Sang putri kedapatan meninggal dunia, membunuh dirinya dengan sebilah keris di atas pusara sang pemuda, kekasihnya itu.

Kisah itu disusun dalam tembang *Asmaradana,* dalam bahasa Kawi, yang terasa begitu hidup dan indah di mata para pendengarnya (Mohtar, 1972: 50-51). Di sini fenomena kalah-menang diungkapkan oleh sang penulis dengan menggunakan dialog antara Tamin, tokoh utama tadi, dan ayah tokoh utama yang menyesalkan kekalahan sang pemuda. Tamin menjawab: "Tapi ia menang dalam merebut hati putri raja itu" (Mohtar, 1972: 51).

Ada baiknya di sini dikemukakan contoh lain untuk melengkapi renungan demi renungan kita mengenai fenomena kalah-menang tersebut. Ada cerita dalam sebuah buku tipis, *Apologia*, berisi pidato pembelaan Socrates pada sidang pengadilan di Athena, pada 399 SM. Ketika itu Socrates berusia 70 tahun. Ia menghadapi tuduhan bahwa ia meracuni pemikiran kaum muda. Dalam sidang itu Socrates dijatuhi hukuman mati. Sang filsuf dianggap terbukti bersalah dengan komposisi suara 281 lawan 220 (Hasan 1977: 74). Tapi dalam pembelaannya, Socrates tegar dan tak gentar menghadapi tuduhan tersebut. Ia menyatakan bahwa "yang sedang menimpa diriku ini adalah baik, dan kelirulah mereka yang mengatakan bahwa maut itu sesuatu yang buruk". Bagi Socrates, maut hanyalah sebuah ketidaksadaran mutlak, seperti keadaan tidur yang sama sekali tak terganggu oleh mimpi. Maka dia percaya maut itu sebuah kenikmatan. Karena hakikatnya yang demikian itu, bagi Socrates mati adalah suatu anugerah (Hasan, 1973: 69).

Uraian ini disajikan untuk melengkapi argumen mengenai kalah-menang yang bersifat universal sekaligus provinsial, kuno sekaligus modern, global sekaligus lokal, jelas tapi absurd. Socrates minum racun dan mati. Adakah ini pertanda Socrates kalah dan para penuntutnya menang? Bagaimana kita bisa menyatakan Socrates kalah, padahal dia menyadari bahwa mati merupakan sebuah anugerah, yang membawa kenikmatan? Bila kita bertolak dari sini untuk membuat penajaman yang lebih nyata, dan mungkin lebih telak, maka agaknya sudah terbukti bahwa dari pengadilan tersebut Socrates bukan memperoleh hukuman, melainkan anugerah yang membuatnya merasa nikmat. Bagaimana mungkin orang yang memperoleh anugerah seperti itu disebut kalah?

Sampai di sini, kita masih memiliki corak penilaian yang lain dari tokoh yang lain lagi, yaitu Fahmi Idris, yang memandang kalah-menang dari perspektif yang berbeda sama sekali.

Dalam suatu esai berjudul "Kalah-Menang dalam Perjuangan" dikemukakan bahwa kalah-menang harus dilihat sebagai peristiwa rutin. Kita bisa kalah di satu titik, tapi kita bisa pula menang di titik lain. Di depan dua teman seperjuangan, dalam diskusi mengenai peristiwa terbaru, yaitu dikeluarkannya PP No. 109 Tahun 2012, yang membuat para pembela tembakau merasa kehilangan langkah untuk bertindak lebih lanjut, Fahmi Idris mengatakan: "Kalah itu juga baik. Sama baiknya dengan menang" (Sobary 2014: 91-92).

Bila dalam pembahasan mengenai kalah-menang di sini kita merasa dekat sekali, kita tidak akan merasa heran, karena hal itu memang merupakan gambaran nyata tentang diri kita, maksudnya tentang para pembela tembakau dan perjuangan membela tembakau itu sendiri. Di sini kalah-menang memang difilsafatkan juga sebagaimana terbukti bahwa yang disorot hakikat terdalamnya, bahwa kalah sama baiknya dengan menang. Tapi pandangan bahwa kita bisa kalah di satu titik dan bisa pula menang di titik yang lain, membuat kita mampu melihat sisi terang dari gelapnya fenomena "kalah". Apa yang semula terasa samar-samar dan simbolik mengenai kalah sama baiknya dengan menang, kini dibuat lebih jelas dan lebih dialektis, menjadi sejenis aba-aba untuk bertindak. Dengan demikian, kita menjadi optimistis, karena bila kita kalah di suatu tempat tak perlulah kita risau, karena kita tahu, di tempat lain yang boleh jadi tidak jauh sudah ditunggu oleh kemenangan. Aba-aba untuk bertindak itu, dengan demikian, juga berarti kita harus bergegas dan tak perlu membuang-buang waktu untuk meratapi kekalahan. Pada akhirnya, mungkin inilah yang diperlukan untuk memahami fenomena kalah-menang dalam tulisan ini.

Kalah-menang bukan untuk menjadi suatu renungan filsafat, melainkan harus dilihat sebagai panggilan untuk bertindak. Dengan kata lain, kalah-menang tidak berakhir menjadi sebuah 'definisi', melainkan menjadi program aksi. Kita bisa menyebutnya praksis, sebuah tindakan yang membebaskan kita dari keluh-kesah dan meratap yang tak perlu. Kita tak boleh lupa, bagi petani, perang belum selesai.

Masih ada satu pemikiran lagi yang hampir sama persis dengan sikap petani yang menyatakan bahwa bagi mereka—seperti disebut di atas—yang penting melawan tanpa mempedulikan bagaimana hasilnya. Melawan di situ terasa sebagai panggilan dharma hidup. Pramoedya Ananta Toer, dalam novelnya *Keluarga Gerilya* maupun dalam novel *Bumi Manusia* dan *Anak Semua Bangsa* menggambarkan dengan jelas perjuangan lebih penting daripada hasilnya, seperti ditampilkan oleh Saaman, tokoh utama di dalam novel *Keluarga Gerilya* tersebut. Dia tertangkap dan ditahan. Di sini tak mungkin digambarkan pokok-pokok terpenting dari novel itu. Tetapi cukuplah agaknya dikemukakan secara ringkas. Berkat simpati direktur penjara, Saaman ditawari untuk lari dari tahanan dengan jaminan ia tidak akan dikejar. Tapi tokoh pergerakan ini menolak. Direktur penjara berusaha membujuk terus, tapi Saaman tetap menolak. Tokoh ini lebih memilih dihukum tembak sebagai risiko perjuangan.

"Barangkali aku bisa memberikan pertolongan-pertolongan lain?" kata direktur penjara sungguh-sungguh menawarkan jasanya. "Tidak ada, Tuan, tapi kalau Tuan sudi mendengarkan perkataanku, aku akan bersenang hati kalau mayatku disucikan oleh penghulu Republik," hanya itu yang dimintanya (Toer, 1995: 183-184). Dalam novel ini Pramoedya sama sekali tak mengatakan—secara implisit sekalipun—bahwa hidup itu sebuah tragedi. Tapi dia jelas berpendapat bahwa hidup barulah bermakna bila ditempuh dengan perjuangan. Saaman memilih hidup yang lebih bermakna, dengan cara ksatria menerima hukuman mati, dan bukan melarikan diri dari hukuman tersebut. Adakah Saaman ini tokoh yang kalah dan tersingkir?

Kelihatannya bukan begitu cara menilainya. Mungkin selanjutnya perlu ditegaskan di sini bahwa Pramoedya bukan Socrates yang memiliki wawasan tentang maut yang demikian indah dan wawasan tentang hidup yang begitu transendental. Kelihatannya Pramoedya juga tak bicara mengenai heroisme. Sekali lagi, baginya hidup itu berjuang, tak peduli akan hasilnya. Bukankah ini pula yang dikatakan dan yang sekaligus merupakan sikap petani tembakau Temanggung?

Perjuangan Nyai Ontosoroh dan Minke, dalam novel *Bumi Manusia*, memperoleh makna secara mendalam dan terhormat bukan karena mereka meraih sukses gilang-gemilang, melainkan karena mereka membentur realitas yang tak terlawan. Mungkin penting disampaikan di sini untuk sekadar memberi latar belakang bahwa karena persengketaan dalam keluarga Mallema maka Annelis, putri Nyai Ontosoroh, istri Minke, harus dibawa ke Negeri Belanda. Nyai Ontosoroh maupun Minke mempertahankannya secara mati-matian, tetapi usaha mereka tak membawa hasil.

"Kita kalah, Ma," kata Minke.

"Kita telah melawan Nak, Nyo, sebaik-baiknya, sehormat-hormatnya."

(Toer, 2005: 534-535).

Bagi Pramoedya, pernyataan Nyai Ontosoroh itu menggambarkan sesuatu yang hebat. Perjuangan mereka untuk melakukan perlawanan itu begitu penting dibandingkan dengan hasilnya, karena hidup tanpa perjuangan tidak akan memiliki arti apapun. Perjuangan menjadi jauh lebih peting daripada hasilnya, apapun hasil yang diraih dalam perjuangan tersebut.

Novel *Anak Semua Bangsa* menggambarkan perjuangan Nyai Ontosoroh dan Minke berakhir dengan drama yang menggambarkan tragedi dalam kehidupan manusia. Annelis yang dipertahankan dengan segenap daya upaya itu meninggal di Negeri Belanda. Tidak ada yang bisa dilakukan dan tidak ada pula yang bisa disalahkan. Mereka merasa memperoleh pukulan sangat berat. Tapi Nyai Ontosoroh dan Minke berusaha untuk tetap tegar.

"Sebagaimana kita akan tetap terkenang pada hari ini, dia pun seumur hidup akan diburu-buru oleh kenangan hari ini, sampai matinya, sampai dalam kuburnya." Dan Minke berbisik: "Ya, Ma, kita sudah melawan, Ma, biarpun hanya dengan mulut." (Toer, 2011: 536).

Perang Belum Selesai

Sesudah pemikiran demi pemikiran kita kemukakan untuk menjelaskan fenomena kalah-menang tersebut, agaknya sekarang mulai menjadi jelas bahwa kalah-menang bukan urusan bahasa, bukan urusan filsafat. Kalah-menang di sini adalah urusan yang disebut *the art of political game*, yaitu sesuatu yang lebih riil daripada bahasa maupun filsafat, karena tak perlu lagi diuraikan di sini bahwa gerakan perlawanan petani itu sesuatu yang sangat riil, dengan pertaruhan besar menyangkut kelestarian dunia pertanian mereka, sekaligus nasib hari depan mereka sendiri. Adakah di dalam hidup ini yang lebih riil lagi dibanding sumber penghidupan manusia dan kehidupan manusia itu sendiri? Bagi petani, yang berjuang demi sesuatu yang riil ini, bila dalam *the art of political game* tadi masih dapat ditemukan suatu ruang untuk melakukan manuver lebih lanjut, maka kemenangan masih merupakan sebuah kemungkinan terbuka, meskipun boleh jadi sangat terbatas. Tetapi bila ruang yang dibayangkan untuk melakukan manuver itu sama sekali sudah tertutup, maka kemungkinan untuk menang pun dengan sendirinya sudah pula tertutup. Dengan kata lain, dalam situasi seperti itu maka kekalahanlah yang bakal kita temui.

Petani beranggapan bahwa perang belum selesai dan ruang untuk melakukan manuver masih terbuka. Ini merupakan tanda bahwa mereka bukan orang-orang yang sudah dikalahkan. Di dalam Socrates kemutlakan kata kalah dinisbikan—bahkan ditiadakan secara mutlak pula—oleh makna kematian sebagai anugerah yang dilengkapi kenikmatan. Logika serupa terdapat dalam kasus yang dihadapi oleh petani. Kata kalah bagi mereka ketika menghadapi keluarnya kebijakan resmi pemerintah dinisbikan—juga dihapuskan oleh cara pandang bahwa perang belum selesai—dan sikap tidak menyerah disertai kesediaan untuk melawan dan melawan terus dalam perang babak baru yang bakal terjadi pada suatu saat nanti. Pertanyaan tentang apakah petani merupakan pihak yang kalah mungkin tidak relevan. Melihat konstelasi politik yang berkembang di kalangan petani pertanyaan yang relevan agaknya menjadi semakin jelas bukan perkara kalah-menang, melainkan adakah petani berbahagia menghadapi dunianya dan prospek masa depan kehidupannya.

Ketika disebutkan kita kalah di suatu tempat dan menang di tempat yang lain, dan fenomena kalah-menang bukan untuk difilsafatkan melainkan panggilan untuk bertindak, maka jelas bahwa PP No. 109 yang disebut final itu belumlah final sebagaimana tampaknya. Peraturan itu tidak akan berhenti pada dirinya, melainkan akan diikuti oleh pelaksanaan. Di lapangan, dalam momentum ketika peraturan itu dilaksanakan, sekali lagi petani optimistis bahwa masih terbuka ruang untuk melakukan manuver baru. Pertarungan di lapangan itu merupakan suatu perang babak baru menyambung perang yang belum selesai tadi.

Apabila pada akhir analisis gerakan perlawanan petani ini ada hal-hal penting yang dianggap perlu dan harus dilakukan, maka perihal yang harus digarisbawahi itu pun sudah tampak nyata, yaitu kapasitas organisasi gerakan dan keterampilan mengorganisasikan perlawanan. Kedua hal yang berdekatan satu sama lain itu dapat dianggap sebagai aspek penting dalam gerakan petani tersebut. Kapasitas organisasi memungkinkan gerakan perlawanan berjalan dengan baik karena disiplin organisasi yang dipegang teguh dan dijadikan pedoman dalam gerakan perlawanan. Sementara itu, keterampilan mengorganisasikan gerakan tersebut terlihat jelas di dalam usaha menggalang sumber daya yang diperlukan maupun dalam membangun dan kemudian memanfaatkan jaringan yang luas dan fungsional untuk memfasilitasi gerakan perlawanan itu sendiri menjadi suatu gerakan yang efektif.

Pada pihak lain, sikap petani yang gigih, pantang menyerah, dan tidak berhenti melakukan perlawanan merupakan suatu aspek penting lain yang patut ditandai dengan garis tebal di bawahnya. Sikap untuk tetap melawan dan menganggap melawan sebagai kewajiban, memperlihatkan watak militan yang amat berharga. Kebijakan pemerintah yang sudah dianggap resmi dan final itu tak membuat petani menyerah. Perlawanan lebih lanjut dipandang perlu, dan harus dilakukan.

Sekali lagi bagi petani, perang belum lagi selesai. Dengan begitu menjadi semakin jelas bahwa mengajukan pertanyaan evaluatif mengenai adakah petani kalah atau menang dalam gerakan perlawanan tersebut merupakan evaluasi yang kelihatan terlalu terburu-buru. Untuk sebuah perang yang dianggap belum selesai, pertanyaan itu pada dasarnya jelas belum waktunya diajukan. Seperti dikemukakan di atas, pertanyaan yang lebih relevan di sini adalah: "Adakah para petani itu berbahagia menghadapi dunianya, yakni dunia gerakan perlawanan menghadapi tekanan hidup dari kekuatan-kekuatan besar di luar diri mereka?"

BAB VII

Kesimpulan: Perlawanan Politik dan Puitik

> "Batara Rama dan pasukan kera menyerang Alengka bukan terutama untuk merebut kembali Shinta yang diculik Rahwana, melainkan untuk misi jagat raya yang lebih besar: menata keadilan, dan tegaknya kemanusiaan."
> (Tradisi Sastra Lisan)

KITA telah sampai pada tahap akhir penulisan ini, yaitu tahap penutup, yang memerlukan beberapa pernyataan kunci untuk menandai pokok-pokok kesimpulan dari kesaksian kita mengenai apa yang sesungguhnya terjadi di lapangan. Ulasan mengenai bab demi bab yang melukiskan tahap permulaan, yang memberi kita gambaran umum tetapi ringkas mengenai latar belakang timbulnya perlawanan petani sampai pada perkembangannya lebih lanjut, menunjukkan ada tanda-tanda bahwa petani tak akan mundur dari garis perlawanan biarpun hanya setapak. Kita bahkan mencatat gejala lebih serius, yang menggambarkan bahwa perlawanan mereka terasa menjadi semakin memuncak, semakin mendalam, dengan ditandai kemarahan dan ketidaksabaran orang-orang yang merasa dunianya terancam. Tanda perlawanan yang semakin memuncak dan semakin mendalam itu disimbolkan secara ekspresif oleh sekitar 10 ribu petani yang mengisap kretek bersama-sama pada hari Kamis Kliwon, 26 April 2012, hari ketika deklarasi Laskar Kretek diselenggarakan.

Mengisap kretek saat itu, dalam momentum itu, bukanlah peristiwa biasa dan rutin sekadar memenuhi kebutuhan rutin pula. Sebaliknya, itu merupakan peristiwa politik yang patut dicatat sebagai pernyataan protes terbuka terhadap pemerintah pusat. Mengisap kretek sebagai sebuah peristiwa politik tak mustahil memiliki efek komunikasi politik yang besar, jauh melampaui batas-batas Kabupaten Temanggung. Suasana di lapangan pada hari pengerahan massa itu terasa semakin memanas dan pernyataan-pernyataan politik petani pun menjadi semakin keras meskipun harus dinyatakan pula bahwa pengerahan massa tersebut berlangsung tertib dan aman. Pada akhirnya perlawanan yang sudah berlangsung lama itu mencapai titik kulminasinya sesudah terbit kebijakan resmi pemerintah pusat yang tak bisa lagi diganggu gugat. Pintu perlawanan pun dengan sendirinya sudah tertutup. Pada gilirannya, untuk sementara waktu petani merasa frustrasi. Ini disebabkan, *pertama*, cita-cita perjuangan mereka membentur benteng tebal yang tak tertembus; *kedua*, sejak saat itu secara otomatis petani tidak lagi memiliki saluran untuk menyatakan sikap politik mereka.

Saat itu persoalan yang selama ini mereka hadapi mulai tampil lebih nyata dalam bayangan pemikiran mereka. Dunia kaum tani itu seperti tiba-tiba saja dihadapkan pada keruwetan yang bukan semata-mata merusak tatanan tradisi yang sudah mapan, melainkan juga menjadi sumber ancaman yang menakutkan. Suasana penuh ketakutan seperti itu belum pernah mereka alami sebelumnya. Bila keruwetan tersebut harus dibaca kembali dengan teliti dari titik paling awal, maka pada mulanya, tersebutlah sebuah masyarakat desa yang hidup dari pertanian tembakau yang menghasilkan tembakau ternama, yaitu tembakau Temanggung. Nama ini diperoleh dari daerah berhawa sejuk, Temanggung, yang disebut negeri tiga gunung, yaitu Gunung Sumbing, Gunung Sindoro, dan Gunung Perahu. Tembakau Temanggung yang bermutu tinggi membuat sebagian pedagang membawa tembakau dagangannya dari berbagai daerah ke Temanggung. Selanjutnya tembakau dari luar yang berkualitas rendah itu pun dinamai tembakau Temanggungan agar bisa dijual dengan harga lebih tinggi sebagaimana harga tembakau Temanggung itu sendiri. Usaha manipulasi yang tampaknya terpelihara dengan baik dan dibiarkan berlangsung terus ini menandakan bahwa tembakau Temanggung merupakan jaminan mutu yang sudah diakui, diterima oleh pabrik, dan dijaga dengan baik agar nama dan jaminan mutu itu tidak rusak.

Tata kehidupan dunia pertanian tembakau yang sudah mapan selama beberapa abad dan memberi jaminan kehidupan ekonomi dan rasa bangga secara kultural bagi para warganya, tanpa diduga-duga dihadapkan pada suatu ancaman yang membuat mereka resah. Di sini gambaran mengenai benturan kepentingan itu dapat dirumuskan menjadi suatu jalinan sebab-akibat yang mendorong terjadinya suatu konflik terbuka, yaitu bahwa bila kenyamanan dan hak-hak hidup kita terancam, tidak ada pilihan lain bagi kita kecuali melawan. Dengan demikian, menjadi jelas bahwa melawan bukan hanya sekadar merupakan kewajiban yang tak mungkin lagi dihindarkan, melainkan lebih daripada itu: melawan merupakan kebajikan hidup dan keluhuran budi yang mencerminkan apa yang mungkin dapat disebut panggilan hidup dan sikap yang berkembang dalam kebudayaan mereka.

Petani telah memutuskan dan memilih suatu sikap yang jelas untuk mempertahankan atau merebut kembali hak-hak hidup mereka yang terancam. Usaha mengembalikan kehidupan mereka ke dalam tatanan lama yang diliputi kemapanan yang tak terusik itu memerlukan perencanaan yang matang, organisasi modern yang memadai, dan kepemimpinan yang menimbulkan ketundukan dan ketaatan. Dengan kelengkapan seperti itulah petani bekerja dan mengatur gerakan perlawanan mereka. Kiranya akan menjadi suatu kesalahan besar bila ada anggapan yang menyebutkan bahwa petani tembakau Temanggung itu sedang melakukan pembangkangan. Mereka melawan dengan tujuan semata hendak menegaskan bahwa mereka tidak mau diatur dengan kebijakan yang proses legislasinya tidak demokratis, dan tidak melibatkan mereka yang akan turut bertanggung jawab memikul segenap kemungkinan risiko yang bakal terjadi. Bagi mereka hal ini merupakan tindakan melawan rasa ketidakadilan umum yang memang harus dilawan. Kebijakan yang mengatur kehidupan petani tembakau itu hendaknya secara terbuka melibatkan mereka dalam seluruh proses perencanaan dari tahap paling awal hingga akhir tanpa menyisakan sekecil apapun benih konflik yang akan menjadi persoalan masa depan bersama.

Kita sudah tahu bahwa petani yang merasa diabaikan itu akhirnya menyusun suatu gerakan perlawanan dengan baik, dengan menggunakan keterampilan mengorganisasikan perlawanan secara efektif, kepemimpinan yang ditaati, didukung sikap gigih dan militan yang penuh semangat petarung yang dapat diandalkan. Dukungan organisasi, kekuatan jaringan pembela tembakau, dan kepemimpinan tadi membuat mereka melawan dengan penuh semangat dan pantang menyerah. Petani sadar bahwa mereka begitu bersemangat, karena dalam perlawanan itu mereka bersenjatakan kebenaran.

Kekaguman Chairil Anwar pada Pangeran Diponegoro, yang diungkapkannya dalam sajak "Diponegoro", mungkin tak terlalu berlebihan bila di sini dipakai pula untuk menggambarkan sikap dan jiwa perlawanan petani, dengan ungkapan yang tak perlu diubah, bahwa di dalam perlawanannya itu pun "berselempang semangat yang tak bisa mati". Memang benar bahwa diterbitkannya kebijakan resmi pemerintah tersebut sungguh merupakan tamparan keras di pipi kiri mereka, akan tetapi hal ini sama sekali tak membuat mereka kehilangan vitalitas hidup untuk meneruskan perlawanan. Patut menjadi kesaksian kita di sini bahwa dalam perlawanan tersebut, di semua medan, dan dalam semua kesempatan, baik di Jakarta maupun di kampung halaman mereka sendiri di Temanggung, mereka melawan dengan baik, sebaik-baiknya, dan penuh kehormatan sebagaimana perlawanan Minke dan Nyai Ontosoroh yang sudah kita ulas dalam pembahasan terdahulu. Sudah pula kita ungkapkan sebelumnya bahwa Kepala Kepolisian Metropolitan Jakarta memiliki catatan khusus mengenai situasi psikologi politik dalam gerakan perlawanan petani tembakau yang tertib, sebaik-baiknya dan penuh rasa hormat tersebut, dengan suatu pujian yang jarang diberikannya pada gerakan yang mengerahkan massa di jalan-jalan yang diawasi polisi.

Sikap petani yang memperlihatkan bahwa bagi mereka yang penting melawan, dan melawan lagi tanpa mempedulikan akan bagaimana hasilnya, jelas merupakan suatu gejala yang menarik perhatian. Kita telah menyaksikan bahwa melawan telah diberi makna rohaniah sebagai panggilan dharma hidup ang begitu penting dan tak mungkin dilupakan, sehingga perlawanan itu bisa bisa disebut sebagai kebajikan hidup, tanpa memikirkan bagaimana hasilnya. Kita memahami hal ini begitu penting bukan terutama dilihat dari segi rohaniah dan semangat perjuangan mereka yang begitu tinggi, melainkan dari segi yang secara utuh bersifat material.

Dalam perlawanan ini pertaruhan terbesar—dan mungkin yang paling utama—jelas aspek material yang menyangkut kehidupan ekonomi, yaitu sandaran hidup satu-satunya yang mereka miliki. Bila aspek ketidakpastian hari depan kehidupan mereka pun harus diperhitungkan, yang tidak pasti itu bukan perkara lain kecuali dunia pertanian mereka yang terancam tadi. Dengan begitu, ketidakpastian masa depan itu menjadi terlihat oleh kita karena dunia pertanian mereka terancam. Bila tidak, maka hal itu tak akan terasa oleh kita karena sudah terbukti bahwa selama beberapa abad hidup dalam jaminan kemapanan, mereka tak pernah bicara mengenai ketidakpastian masa depan. Di sini sudah jelaslah kiranya bahwa dalam perlawanan ini hanya kondisi material yang berhubungan langsung dengan faktor produksi itulah yang berada dalam pertaruhan. Dalam konstelasi perlawanan politik yang penuh kehormatan, disertai semangat dan kegigihan pantang menyerah seperti ini, petani tak layak diabaikan, dan tak layak diposisikan sebagai pihak yang kalah. Dengan kata lain, suara petani, yang mencerminkan suara politis tersebut, layak didengar, layak dipertimbangkan, layak diberi tempat.

Petani melakukan perlawanan bukan semata untuk merebut kembali hak-hak hidup mereka sebagai wujud perjuangan politik untuk kesejahteraan yang hanya berlaku dalam suatu komunitas kecil—sekecil Kabupaten Temanggung—dibandingkan dengan seluruh wilayah republik ini. Tetapi tanpa disadari, tuntutan mereka untuk memperoleh keadilan dalam kebijakan publik itu dapat berkembang menjadi lebih luas, yaitu untuk memperjuangkan secara lebih substansial pelaksanaan demokrasi di negeri ini. Perjuangan untuk mewujudkan keadilan dalam kebijakan publik tersebut juga memiliki arti mengingatkan pemerintah untuk taat mewujudkan mandat konstitusi dalam menempatkan rakyat sebagai "raja" seperti halnya Batara Rama menyerang Alengka bukan sekadar untuk merebut kembali Dewi Shita, melainkan untuk menata keadilan dunia yang lebih luas.

Perlawanan petani itu sendiri sudah menunjukkan bahwa rakyat memang "raja". Perlawanan puitik yang dibingkai tradisi, artinya ditampung dalam wadah yang sudah teruji kearifannya, sudah mapan keadilannya, dan tak perlu ditanyakan lagi kebenarannya, cukup menjadi tanda bahwa mereka bukan "raja" lalim yang layak disanggah. Mereka telah melawan dengan keluhuran yang menampilkan pesona, seperti *aesthetic of art* dalam kidung, dalam mantra dan doa, maupun dalam berbagai simbolisme ritual dalam tradisi mereka. Perlawanan mereka tidak ditujukan untuk menang demi kepentingan mereka sendiri, melainkan untuk mengajak berdialog dan membangun suatu *discourse* di mana bisa ditemukan kemungkinan untuk menikmati "kemenangan" bersama—suatu jalan tengah yang bijak—tanpa ada pihak yang merasa kehilangan muka.

Sejauh ini kita belum tahu adakah pemerintah merasa menemukan suatu kesadaran bahwa perlawanan petani merupakan suara yang layak didengar. Dari pengalaman demi pengalaman selama bertahun-tahun melakukan perlawanan, para petani hanya menemukan satu hal, yaitu penguasa selalu tampak lebih sibuk mendengarkan suara mereka sendiri. Kita juga mencatat, hingga saat ini apa yang disebut kebijakan itu lebih bersifat mengatur dan menyambut kematian daripada mengatur dan menata kehidupan. Tak mengherankan bahwa sudah hampir 20 tahun petani tetap berjuang dengan kesabaran yang tetap terpelihara. Mereka menganggap "perang" belum selesai. Bagi mereka "perang" bukan pameran kekerasan, melainkan sebaliknya. Mereka mendemonstrasikan kelembutan yang disebut *aesthetic of art* tadi. Mereka "berperang" dengan "senjata" kidung yang puitik. Mereka "berperang" dengan mantra yang memancarkan religio-magisme yang mencekam. Mereka pun berperang dengan ritus yang menyajikan suasana kudus, dengan sajen yang menghubungkan dunia ini dengan dunia sana, dan yang menciptakan keyakinan bahwa apa yang manusiawi ini juga sekaligus bersifat ilahi.

Inilah perlawanan mereka. Di sini temuan-temuan yang berkebalikan dengan pemikiran Selo Sumardjan maupun Scott tadi kiranya tak perlu dibahas kembali. Tapi ada yang masih harus dikatakan: perjuangan kelas dalam teori Scott dan relasi kekuasaan dalam kajian ini menghasilkan temuan yang bertolak belakang. Yang satu, kajian Scott, menunjukkan bahwa perlawanan diwarnai sikap serba pura-pura, kajian ini memperlihatkan bahwa perlawanan serba dihayati dengan kesungguhan, dan mendalam oleh petani tembakau Temanggung. Selain itu, perlawanan di dalam kajian Scott bersifat prosaik, tanpa penjelasan terinci mengapa atau apa sebabnya prosaik, sedang kajian ini begitu jelas menggambarkan bahwa perlawanan itu suatu ekspresi puitik yang dibingkai oleh tradisi dan di dalamnya mengandung ruh kearifan dan *aesthetic of art* yang demikian jelas di dalam corak puisi maupun mantra, kidung dan tari, yang di sini disebut ekspresi puitik tadi. Jadi, sekali lagi perlu ditegaskan bahwa perlawanan petani dalam kajian Scott bersifat prosaik dan perlawanan dalam kajian ini kebalikannya: puitik.

Sebelum bagian penutup ini mencapai titik akhirnya, masih ada satu tugas lagi yang harus dikerjakan di sini, yaitu untuk membuat ungkapan mengenai perlawanan politik dan puitik menjadi lebih jelas, mengapa fenomena itu hadir dalam gerakan perlawanan petani, dan untuk apa. Setiap unsur perlawanan yang menggunakan medium puitik dalam gerakan perlawanan ini sudah hadir sejak lama, beberapa bahkan sudah tua sekali usianya, sebagaimana diperlihatkan oleh kutipan terhadap pernyataan *The Princes of Java* di atas. jauh lebih tua daripada gerakan perlawanan, jauh lebih tua pula dari kebijakan demi kebijakan yang mengatur kehidupan petani tembakau. Mantra, sajen, ziarah kubur, kidung dan seni tari, tak perlu diuraikan panjang lebar. Kita sudah tahu bahwa semua unsur kesenian tadi jauh lebih tua usianya dibanding kebijakan pemerintah di bidang tembakau. Di sini perlu ditegaskan bahwa mantra dibacakan dengan penuh suasana magis bukan demi kepentingan magis itu sendiri. Petani bermantra-mantra dengan menelusuri larik-larik puisi di dalamnya, bukan tanda bahwa mereka sedang menghafal mantra yang penuh magisme itu demi kepentingan yang bersifat magis, melainkan merupakan urusan politik. Jadi jelaslah kiranya bahwa dengan mantra petani melawan. Karena mantra tersusun dalam puisi maka jelas pula di sini bahwa petani melawan dengan puisi.

Dalam acara ziarah kubur, yaitu tradisi lama yang sudah beberapa abad dipraktikkan petani, di dalamnya terdapat doa-doa. Struktur doa itu pun sama dengan mantra; disusun dalam larik-larik puisi pula. Dalam konteks pergerakan, doa mereka bukan untuk yang lain kecuali untuk memperteguh perlawanan petani. Di sini pun jelas seperti kristal yang bening itu bahwa petani melawan dengan puisi. Di atas pentas kesenian, seorang petani berkidung, tapi isi dan semangatnya bukan untuk seni, melainkan untuk politik. Struktur kidung sama dengan mantra dan doa. Dengan begitu petani yang sedang berkidung di atas pentas tadi pokok pesannya adalah melawan. Jadi dengan kidung petani melawan. Akan tetapi dalam dunia perlawanan petani, doa juga dibaca untuk perlawanan. Seperti mantra, doa pun puisi. Dengan begitu petani melawan dengan puisi.

Sampai di sini sudah jelas bahwa melawan dengan puisi bukan dimaksudkan untuk lari dari dunia politik ke dunia seni. Tidak ada orang yang berani menegasikan bahwa bagi petani puisi itu juga politik. Maka, dalam urusan yang menyangkut perlawanan politik dan puitik, di dalamnya tidak ada unsur imitatif, meniru-niru, lamis, dan palsu untuk sekadar bergaya. Berpolitik melalui kesenian merupakan praktik kehidupan yang sudah lama mapan dalam tradisi mereka. Munculnya gerakan perlawanan yang juga menggunakan seni dalam perlawanan politik membuat kemapanan itu tampil seperti sesuatu yang baru, seolah baru diciptakan semalam. Perlu ditegaskan di sini bahwa perlawanan politik dan puitik bukan fenomena baru yang dipuitik-puitikkan, karena bagi petani, berpuisi merupakan bagian integral dari kehidupan tradisi mereka. Perlawanan politik dan puitik membuat politik petani menjadi lebih estetik dan terasa menjadi lebih halus, lebih indah.

Sampai di sini kita susun suatu pemikiran yang bersangkut-paut dengan birokrasi pemerintahan, dengan orang-orang yang ada di dalamnya dan apa yang mereka kerjakan. Pemikiran itu diambil terutama dari perlawanan petani terhadap kebijakan pemerintah tersebut untuk menjadi suatu *lesson learned*. Sejauh ini kita tidak tahu adakah pemerintah merasa memperoleh suatu pelajaran berharga, yang membuat mereka menjadi lebih memahami esensi demokrasi dalam birokrasi pemerintahan, terutama bahwa ada suara lain yang layak pula didengar selain suara mereka sendiri. Suara petani yang menyatakan bahwa aspek *legal drafting* dalam kebijakan tersebut bermasalah, tidak demokratis, dan tak melibatkan mereka sebagai pihak yang akan dikenai kebijakan mungkin merupakan suara kebenaran yang tak terbantah. Apakah kebenaran ini juga merupakan kebenaran bagi pemerintah? Meskipun mungkin pemikiran pemerintah berbeda cara pandangnya, setidaknya akan mungkin pula bahwa ada hal-hal yang patut dihormati dan diberi tempat dalam kebijakan yang akan datang. Dengan begitu ada nuansa politik yang lebih berpihak, mungkin pada kelompok-kelompok di dalam masyarakat, mungkin pada demokrasi, dan mungkin pula pada keadilan. Bagi pemerintah sudah tiba masanya untuk menyadari bahwa kekuasaan bukan dilaksanakan demi kekuasaan itu sendiri. Di sini kekuasaan diamalkan untuk mewujudkan kebajikan hidup melalui tatanan birokrasi agar ungkapan "kedaulatan untuk keadilan" dapat diwujudkan dalam kemuliaan politik.

Apa yang tampak dalam bagian-bagian pokok dari kebijakan sekarang menyadarkan kita bahwa kebijakan dibuat—sekali lagi—bukan untuk mengatur kehidupan petani menjadi lebih baik, melainkan mengatur secara perlahan-lahan kematian dunia pertanian tembakau kita. Mungkin pemerintah menjadi resah, atau bahkan tergugah untuk memberi jawaban terhadap persoalan ini, sehingga timbul kehendak politik untuk mencari jalan tengah yang adil dan bijaksana. Dengan demikian, jawaban yang mengandung konflik dan perdebatan tak diperlukan lagi. Mungkin pemerintah menjadi lebih terbuka dan lebih bertanggung jawab sehingga kebijakan yang terasa negatif seperti itu sudah tiba waktunya untuk ditinggalkan.

Petani menganggap perang belum selesai. Apakah pemerintah menangkap makna kegetiran, dan tanda kelelahan di balik pernyataan itu? Kita tidak tahu bagaimana pemerintah mengakomodasi dengan baik, sebaik-baiknya, seperti orangtua mengayomi anak-anaknya sendiri. Mungkin pemerintah memang lebih pintar daripada mereka, namun mungkinkah pemerintah lebih lapang dada dan lebih bijaksana daripada petani?

Renungan penutup ini memiliki tujuan yang jelas: perlawanan politik dan puitik ini lahir dari situasi politik di mana penguasa tidak akomodatif dan tak mau mendengar suara lain selain suaranya sendiri. Di sini perlawanan politik dan puitik seperti tak diharapkan berlanjut. Petani boleh menyatakan dengan segenap keberaniannya bahwa perang belum selesai. Tapi perang tidak akan terjadi lagi, perlawanan politik dan puitik pun tidak akan muncul kembali bila pemerintah sudah berlatih siang-malam untuk mendengar suara petani, bahkan untuk mendengar apa yang tak terdengar. Mendengar apa yang tak terdengar ini merupakan bagian dari seni tata pemerintahan yang baik dan akomodatif, yang disebut *good governance* itu. Mungkin di sini maksudnya pemerintah dengan sendirinya bekerja dengan baik dan penuh kehormatan, meskipun suara protes petani tak terdengar lagi. Kita tahu, bukankah pemerintah memang bekerja untuk memenuhi panggilan dharma hidup agar protes dan perlawanan, apapun coraknya, tak perlu ada lagi?

DAFTAR PUSTAKA

Buku

Abdullah, Taufik. (1971). *Schools and Politics: The Kaum Muda Movement in West Sumatra (1927-1933)*. Monograph series.

Atmosuwito, Subijantoro. (1989). *Perihal Sastra dan Religiusitas Dalam Sastra*. Bandung: Sinar Baru.

Adas, Michael. (1988). *Ratu Adil, Tokoh dan Gerakan Milenarian Menentang Kolonialisme Eropa*. Jakarta: Rajawali Press.

Alamsyah, Andi Rahman, ed. (2011). *Hitam-Putih Tembakau*. Depok: FISIP UI Press.

Alisjahbana, S.Takdir. (1984). *Perjuangan Tanggung Jawab dalam Kesusasteraan*. Jakarta: Pustaka Jaya.

Alisjahbana, S.Takdir. (1992). *Kalah dan Menang*. Jakarta: Dian Rakyat.

Amengkunagara III, Adipati Anom. (1986). *Serat Centhini (Suluk Tambangraras)*. Yogyakarta: Yayasan Centhini.

Anderson, Ben. (1988). *Revoloesi Pemoeda*. Jakarta: CV Muliasari.

Anwar, Chairil. (1963). *Kerikil Tajam dan Yang Terampas Dan Yang Putus*. Kuala Lumpur: BI-Karya Publication Limited.

Anwar, Chairil. (2012). *Aku Ini Binatang Jalang*. Jakarta: Gramedia Pustaka Utama.

Aziz, Iman & Ihsan, Ali Fauzi. (2012). *Gerakan Sosial Islam: Teori, Pendekatan dan Studi Kasus*.Yogyakarta: Gading Publising.

B.A. Diyono. (2009). *Serat Pakeliran Sedalu Natas Lampahan Semar Boyong*. Surakarta: CV Cendrawasih.

Badil, Rudy & Bekti, Sutrisno Luki. (2009). *Soe Hok-gie....sekali lagi, Buku Pesta dan Cinta di Alam Luntungan*. Jakarta: Kepustakaan Populer Gramedia.

Baidlowi, Ahmad dan Baehaqi, Imam. (2000). *Teori-Teori Sosiologi Modernitas Postmodernitas*. Yogyakarta: Pustaka Pelajar

Barthes, Roland. (2012). *Elemen-Elemen Semiologi*. Yogyakarta: Jalasutra.

_______________. (1982). *Empire of Signs*. New York: Farrar, Straus and Giroux Inc.

_______________. (2001). *Mythologies*. Paris: Jonathan Cape, Ltd.

_______________. (1985). *Petualangan Semiologi*. Yogyakarta: Pustaka Pelajar.

Benson, Paul. (1993). *Anthropology and Literature*. Urbana and Chicago: University of Illinois Press.

Boudreau, Vincent. (2001). *Grass Roots and Cadre in the Protest Movement*. Manila: Ateneo de Manila University Press.

Bowen, John R. (1991). *Sumatran Politics and Poetics*. USA: Yale University Press.

Buckley, Christopsher. (2006). *Thank You for Smoking*. New York: Random House, Inc.

Budhisantoso, S. dkk. (1991). *Ajaran Kepemimpinan dalam Naskah Serat Parta Wigena*. Jakarta: Departemen Pendidikan dan Kebudayaan.

Butalia, Urvashi. (1998). *The Other Side of Silence, Voice from the Partition of India*. London: Penguin Book Press.

Carey, Peter. (2011). *Kuasa Ramalan*. Jakarta: Kepustakaan Populer Gramedia.

Clifford, James. (1988). *Predicament Of Culture: Twentieth-Century Ethnography, Literature, and Art*. London: Harvard University Press.

Clifford and Marcus. (1986). *Writing Culture: The Poetics and Politics of Etnography*. London: University of California Press.

Daeng, Salimuddin, dkk. (2011). *Kriminalisasi Berujung Monopolisi*. Jakarta: Indonesia Berdikari.

De Rivero, Oswaldo.(2008). *Mitos Perkembangan Negara*. Yogyakarta: Pustaka Pelajar.

Dhakidae, Daniel. (1982). *Masyarakat Petani dan Kebudayaan*. Jakarta: CV Rajawali Press.

DM, Abhisam. (2011). *Membunuh Indonesia: Konspirasi Global Penghancuran Kretek*. Yogyakarta: Penerbit Kata-kata.

Diani, Mario and McAdam, Doug. (2003). *Social Movement and Networks*. New York: Oxford University Press.

Domenach, Jean-Marie, dkk. (1981). *Violence and Its Causes*. Paris: United Nation Press.

EA, Puthut., dkk. (2013). *Ekspedisi Cengkeh*. Yogyakarta: Inninawa & Layar Nusa.

Fauzi Noer. (2005). *Memahami Gerakan-Gerakan Rakyat Dunia Ketiga*. Yogyakarta: InsistPress.

___________. (2005). *Gerakan-Gerakan Rakyat Dunia Ketiga*. Yogyakarta: Resist Book.

Fitzpatrick, Tony. (2003). *After the New Social Democracy*. Manchester: Manchester Univesity press.

Foulcher, Keith. (1991). *Pujangga Baru: Kesusasteraan dan Nasionalisme di Indonesia 1933-1942*. Jakarta: Girimukti Pasaka.

Geertz, Clifford. (1973). *The Interpretation of Culture*. New York: Basic Books, Inc.

_____________. (1981). *Abangan, Santri, Priyayi dalam Masyarakat Jawa*. Jakarta: Pustaka Jaya.

_____________. (1992). *Tafsir Kebudayaan*. Yogyakarta: Kanisius.

Gorki, Maxim. (2000). *Pemogokan, Kumpulan Cerita Pendek dari Itali*. Yogyakarta: Yayasan Aksara Indonesia.

Guha, Ranajit & Spivak, Chakravorty Gayatri. (1988). *Selected Subaltern Studies*. New York: Oxford University Press.

Gunowiharjo, Ki Suratno. (1994). *Kempalan Balungan Lampahan Wayang Kulit Purwa*. Surakarta: CV Cendrawasih.

Haber, Paul Lawrence. (2000). *Power From Experience*. Pennsylvania: The Pennsylvania State University Press.

Hadi, Syamsul., dkk. (2012). *Reformasi dan Pelembagaan Kepentingan Asing dalam Ekonomi Indonesia*. Jakarta: Indonesia Berdikari.

Hamidi, Jazim & Abta, Asyhari. (2005). *Syiiran Kiai-Kiai*. Yogyakarta: Pustaka Pesantren.

Hanafi, Hassan, (1991). *Agama Ideologi dan Pembangunan*. Jakarta: P3M.

Handayani, Abmi., dkk. (2012). *Perempuan Berbicara Kretek*. Jakarta: Indonesia Berdikari.

Hardiman, F.Budi. (2009). *Kritik Ideologi*. Yogyakarta: Kanisius.

Hassan, Fuad, (1977). *Apologia: Pidato Pembelaan Socrates yang Diabadikan Plato*. Jakarta: Bulan Bintang.

Herjuno, dkk. (2012). *Tembakau, Negara dan Keserakahan Modal Asing*. Jakarta: Indonesia Berdikari.

Herlambang, Wijaya. (2013). *Kekerasan Budaya Pasca 1965: Bagaimana Orde Baru Melegitimasi Anti-Komunisme Melalui Sastra dan Film*. Serpong: Marjin Kiri.

Heywood, Andrew. (2012). *Political Ideologies*. New York: Palgrave Macmillan.

Hoed, H. Benny. (2011). *Semiotik dan Dinamika Sosial Budaya*. Depok: Komunitas Bambu.

Hoffer, Eric. (1988). *Gerakan Massa*. Jakarta: Yayasan Obor Indonesia.

Holt, Claire, (1972). *Culture and Politics in Indonesia*. London: Cornel University Press.

Idris, Fahmi. (2011). *Divine Kretek Rokok Sehat*. Jakarta: MBRI.

Ismail, Taufiq. (1993). *Tirani dan Benteng*. Jakarta: Yayasan Ananda.

Ife, Jim. (2010). *Human Rights from Bellow Achieving Rights Through Community Development*. London: Cambridge University Press.

Jassin, H.B. (1996). *Amir Hamzah: Raja Penyair Pujangga Baru*. Jakarta: Grasindo.

Kamajaya. (1991). *Lima Karya Pujangga Ranggawarsita*. Jakarta: Balai Pustaka.

Kartodirdjo, Sartono. (1984). *Pemberontakan Petani Banten 1888*. Jakarta: Pustaka Jaya.

__________________. (1978). *Protest Movements in Rural Java*. London: Oxford University Press.

Kholilurahman, KH. (2010). *Tembakau Madura*. Surabaya: Kencana Jaya Promosindo.

Korver A.P.E. (1985). *Sarekat Islam Gerakan Ratu Adil.* Jakarta: PT Grafitipers.

Langdon, Jonathan. (2009). *Democracy and Social Movement Learning in Ghana: Reflection on 15 Years of Learning in the Democratic Terrain by Ghanaian Activist-Educators.* The McGill University.

Lerner, Daniel. (1978). *Memudarnya Masyarakat Tradisionil.* Yogyakarta: Gadjah Mada University Press.

Lombard, Denys. (1996). *Nusa Jawa: Silang Budaya.* Jakarta: PT Gramedia Pustaka Utama.

Mangkudimedja, R.M. (1980). *Serat Pararaton Ken Arok 3.* Jakarta: Balai Pustaka.

Marcus E. George & Fischer, M.J. Michael. (1986). *Anthropology as Cultural Critique.* London: The University of Chicago Press.

Margana S., dkk. (2014). *Kretek Indonesia.* Yogyakarta: Sejarah FIB, UGM, PUSKINDO.

Mannheim, Karl. (1991). *Ideologi dan Utopia, Menyingkap Kaitan pikiran dan Politik.* Yogyakarta: Kanisius.

McAdam, Doug & Tarrow, Sydngey & Tilly, Charles. (2004). *Dynamics of Contention.* Cambridge: Cambridge University Press.

Meyer, David S., ed. et al. (2002). *Social Movements: Identity, Culture, and The State.* Oxford University Press, London.

Mien Djubhar & Tim Yayasan Soedjatmoko. (1995). *Historiografi Indonesia Sebuah Pengantar.* Jakarta: PT Gramedia Pustaka Utama.

Mirsel, Robert. (2006). *Teori Pergerakan Sosial.* Yogyakarta: Resist Book Press.

Mohtar, Toha (1972). *Pulang.* Bandung: Pustaka Jaya.

Mudjanattistomo, R.M., dkk. (1977). *Pedhalangan Ngayogyakarta, Gegaran Pamulangan Habirandha.* Yogyakarta: Yayasan Hanirandha.

Muhni, Djuretna A.Imam. (1994). *Moral dan Religi, Menurut Emile Durkheim dan Henry Bergson.* Yogyakarta: Kanisius.

Muljana, Slamet. (2005). *Runtuhnya Kerajaan Hindu-Jawa dan Timbulnya Negara-Negara Islam di Nusantara.* Yogyakarta: LKiS.

Nashir, Haedar. (2013). *Islam Syariat: Reproduksi Salafiyah Ideologis di Indonesia*. Bandung: Mizan Pustaka.

Oliver, Pamela and Marwell, Gerald. (1993). *The Critical Mass in Collective Action*. New York: Cambridge University Press.

Onghokham. (1983). *Rakyat dan Negara*. Jakarta: LP3ES.

__________. (1975). *A Disertation: The Residency of Madiun Priyayi and Peasant in the Nineteenth Century*. Yale University.

Overton, Mark. (1996). *Agriculture revolution in England: The Transformation of the Agrarian Economy*. Cambridge: Cambridge University Press.

Panda, Herman P. (2013). *Agama-Agama dan Dialog Antar-Agama Dalam Pandangan Kristen*. Yogyakarta: Ledalero.

Paz, Octavio.(1997). *Levi-Strauss Empu Antropologi Struktural*. Yogyakarta: LKiS.

__________. (1991). *The Other Voice (Suara Lain)*. Depok: Komodo Books.

Pinanjaya, Okta dan Sasongko, Waskito Giri. (2012). *Muslihat Kapitalis Global, Selingkuh Industri Farmasi dengan Perusahaan rokok AS*. Jakarta: Indonesia Berdikari.

Piven, Frances Fox and Cloward, Richard A. (1979). *Poor People Movements, Why They Succeed, How They Fail*. New York: Vintage Books.

Ras, J.J. (1985). *Bunga Rampai: Sastra Jawa Mutakhir*. Jakarta: Grafiti Pers.

Rendra. (1983). *Mempertimbangkan Tradisi*. Jakarta: Gramedia.

Ricoeur, Paul. (2014). *Teori Interpretasi: Membelah Makna dalam Anatomi Teks*. Jogyakarta: IRCiSod.

Roberts, Adam. (1969). *Civilian Resistance as a Nasional Defence*. Middlesex: Penguin Books.

Rumi, dkk. (2001). *Jiwa Yang Dimabuk Cinta*. Yogyakarta: Pohon Sukma.

Schechner, Richard. (1986). *The Antropology of Performance*. New York: PAJ Publication.

Scgechner, Richard, and Appel, Willa. (1990). *By Mean of Performance, Intercultural Studies of Theatre and Ritual*. New York: University Press, Cambridge.

Scott, James C. (1985). *Weapons of the weak.* US: Yale University, Yale.

______________. (1990). *Domination and the Arts of Resistance.* Yale University, Yale, US

______________. (2000). *Senjatanya Orang-Orang Yang Kalah.* Jakarta: Yayasan Obor Indonesia.

______________. (1976). *The Moral Economy of the Peasant.* US: Yale University.

______________. (1993). *Perlawanan Kaum Tani.* Jakarta: Yayasan Obor Indonesia.

Setiawan, Sigit Budhi & Yoandinas, Marlutfi. *Mereka yang Melampaui Waktu.* Yogyakarta: Pustaka Sempu & Layar Nusa.

Shanin, Teodor. (1979). *Peasants and Peasants Societies.* Middlesex: Penguin Book.

Shigetomi, Shinichi and Makino, Kumiko. (2009). *Protest and Social Movement in the Development World.* Cheltenham: Edward Elgar Publishing Limited.

Shiraishi, Takashi. (1990). *Zaman Bergerak, Radikalisme Rakyat di Jawa, 1912-1926.* Jakarta: Pustaka Utama Grafiti.

________________. (1986). *Islam and Communism: an Illumination of the People 's Movemnet in Java 1912-1026.* Cornell University, Disertation.

Simuh. (1999). *Sufisme Jawa: Transformasi Tasawuf Islam ke Mistik Jawa.* Yogyakarta: Yayasan Bentang Budaya.

Singh, Rajendra. (2001). *Social Movements: Old and New: A Post-Modernist Critique.* New Delhi: Sage Publication India Pvt, Ltd.

Sobary, Mohamad. (1996). *Kebudayaan Rakyat, Dimensi Politik dan Agama.* Yogyakarta: Yayasan Bentang Budaya.

_________________. (2014). *Semar Gugat di Temanggung.* Jakarta: Kepustakaan Populer Gramedia

Soe Hok Gie. (1997). *Orang-orang di Persimpangan Kiri Jalan.* Yogyakarta: Yayasan Bentang Budaya Press.

Soemardjan, Selo. (2009). *Perubahan Sosial di Yogyakarta.* Depok: Komunitas Bambu.

Sudarko, Ki. (2005.) *Serat Pedhalangan Gegrag Ngayogyakarta Lampahan Begawan Kilatbuwana.* Jakarta: CV Cendrawasih.

Sutodiwiryo, Yayuk Ruliah. (2008). *Achmad Yani Anak Emas yang Terhempas*. Yogyakarta: Galangpress.

Susanto, Hary. (1987). *Mitos Menurut Pemikiran Mircea Eliade*. Yogyakarta: Kanisius.

Steven, Mckenzie Sharon. (2009). *Active Voices, Composing a Rhetoric for Social Movement*. Albany: The State of University New York.

Strinati, Dominic. (2007). *Popular Culture*. Yogyakarta: Jejak.

Supadjar, Damardjati. (2005). *Wulang-Wuluk Jawa*. Yogyakarta: Damar Jati.

Taliwang, M. Hatta & Daeng, Salamuddin. (2011). *Indonesiaku Tergadai*. Jakarta: Institute Ekonomi Politik Soekarno Hatta.

Tarrow, Sidney. (1989). *Power in Movement: Social Movements and Contentious Politics*. London: Cambridge University Press.

Thompson, Lisa & Tapscott, Chris. (2010). *Citizenship and Social Movements*. London: Zed Book Press.

Thompson, B John. (2003). *Analisis Ideologi Kritik Wacana Ideologi-Ideologi Dunia*. Yogyakarta: IRCiSoD Press.

Thukul, Wiji. (2004). *Aku Ingin Jadi Peluru: Kumpulan Puisi*. Magelang: Indonesiatera.

Tilly, Charles. (2006). *Regimes and Repertoires*. London: The University of Chicago.

Toer, Pramoedya Ananta, (1994). *Keluarga Gerilya: Kisah Keluarga Manusia Dalam Tiga-Hari-Tiga-Malam*. Jakarta: Hasta Mitra.

__________. (2003). *Panggil Aku Kartini Saja*. Jakarta: Lentera Dipantara.

__________. (2005). *Bumi Manusia*. Jakarta: Lentera Dipantara.

__________. (2006). *Anak Semua Bangsa*. Jakarta: Lentera Dipantara.

Triwibowo, Darmawan. (2006). *Gerakan Sosial, Wahana Civil Society bagi demokratisasi*. Jakarta: LP3S Press.

Turner, Bryan. (2009). *Teori-teori Sosiologi Modernitas Postmodernitas*. Jakarta: Pustaka Pelajar.

Turner, Victor. (1977). *The Ritual Process, Structure and Anti-Structure*. New York: Cornell University Press.

_____________. (1967). *The Forest of The Symbols.* New York: Cornell University.

_____________. (1987). *The Anthropology of Performance.* New York: PAJ Publication

_____________. (1969). *The Ritual Process.* New York: Cornell University.

Weber, M. (1947). *The theory of social and economic organization.* New York: Free.

Weiss, Meredith and Hassan, Saliha. (2011). *Social Movements in Malaysia from Moral Stiglitz, Sen, and Fitoussi: Mengukur Kesejahteraan.* Yogyakarta: Marjin Kiri.

Wilkinson, Steven I. (2004). *Violence and Votes.* Cambridge: The University of Cambridge Press.

Wolanin, Adam. (1978). *Rites, Ritual System and Their Interpretation in The Writing of Victor W. Turner.* Roma: Pontificiae University Gregorianae.

Zagorin, Perez. (1982). *Rebels and Rulers 1500-1660.* New York: Cambridge University press.

Zamhuri. (2011). *Hukum dan ancaman Keberlangsungan Industri Rokok.* Kudus: Kampus UMK Gondangmanis.

Jurnal

Gale, P. Richard. (1986). *Social Movements and the state: The environmental Movement.* pp 202-204.

Lucas, Anton and Warren, Carol. (2003). *The State, the People and Their Mediator.* Volume 76 (October *2003),* 87-126.

Mayer, John, (1991). "The 'Voice of the Voiceless'". *Fornight,* No. 300, Nov, 1991. http://jstor.org/stable/25553126

Sumber Internet

Bloomberg Initiative To Reduce Tobacco Use Grants Program, http://tobaccocontrolgrants.org/, diakses pada tanggal 18 April 2015, 13:36

LAMPIRAN

Lampiran 1

Data Budidaya Komoditas Tembakau 2010

Kecamatan	Luas Area (Ha)	Jumlah (Kg/Ha)
Parakan	812,00	470,00
Bulu	1.629,00	667,72
Temanggung	461,00	427,77
Tembarak	1.142,00	455,94
Kranggan	-	-
Pringsurat	-	-
Kaloran	-	-
Kandangan	35,00	700
Kedu	400,00	550,00
Ngadirejo	1.924,20	629,00
Jumo	300,00	498,50
Candiroto	572,00	325,00
Tretep	1.525,00	350,00
Kledung	1.994,00	300,00
Gemawang	-	-
Bejen	-	-
Bansari	1.215,00	510,41
Tlogomulyo	1.232,00	420,00
Selopampang	411,95	402,91
Wonoboyo	929,00	330,00

Tahun 2011

Kecamatan	Luas Area (Ha)	Jumlah (Kg/Ha)
Parakan	925,00	630,00
Bulu	1.613,00	635,00
Temanggung	1.905,50	654,00
Tembarak	995,00	645,01
Kranggan	-	-
Pringsurat	-	-
Kaloran	-	-
Kandangan	36,00	625,00
Kedu	116,00	635,00
Ngadirejo	1.988,00	640,00
Jumo	350,00	635,00
Candiroto	580,00	640,00
Tretep	1.525,00	640,00
Kledung	1.988,00	645,00
Gemawang	-	-
Bejen	-	-
Bansari	1.235,00	650,00
Tlogomulyo	1.213,00	645,00
Selopampang	325,00	645,02
Wonoboyo	900,00	640,00

Lampiran 2

Rekapitulasi Laporan Komoditas Perkebunan 2010

Kecamatan	Luas Area (Ha)	Harga Pasar (Rp/Kg)
Parakan	812,00	60.000
Bulu	1.629,00	65.000
Temanggung	461,00	65.000
Tembarak	1.142,00	35.000
Kranggan	-	-
Pringsurat	-	-
Kaloran	-	-
Kandangan	35,00	45.000
Kedu	400,00	45.000
Ngadirejo	1.924,20	75.000
Jumo	300,00	45.000

Kecamatan	Luas Area (Ha)	Harga Pasar (Rp/Kg)
Candiroto	572,00	60.000
Tretep	1.525,00	35.000
Kledung	1.994,00	65.000
Gemawang	-	-
Bejen	-	-
Bansari	1.215,00	-
Tlogomulyo	1.232,00	30.000
Selopampang	411, 95	5.000
Wonoboyo	929, 00	60.000

Tahun 2011

Kecamatan	Luas Area (Ha)	Harga Pasar (Rp/Kg)
Parakan	925,00	110.000
Bulu	1.613,00	110.000
Temanggung	1.905,50	110.000
Tembarak	995,00	110.000
Kranggan	-	-
Pringsurat	-	-
Kaloran	-	-
Kandangan	36,00	110.000
Kedu	116,00	110.000
Ngadirejo	1.988,00	110.000
Jumo	350,00	110.000
Candiroto	580,00	110.000
Tretep	1.525,00	110.000
Kledung	1.988,00	110.000
Gemawang	-	-
Bejen	-	-
Bansari	1.235,00	110.000
Tlogomulyo	1.213,00	110.000
Selopampang	325,00	110.000
Wonoboyo	900,00	110.000

Lampiran 3

PERATURAN PEMERINTAH REPUBLIK INDONESIA
NOMOR 109 TAHUN 2012
TENTANG
PENGAMANAN BAHAN YANG MENGANDUNG ZAT ADIKTIF BERUPA PRODUK TEMBAKAU BAGI KESEHATAN
DENGAN RAHMAT TUHAN YANG MAHA ESA PRESIDEN REPUBLIK INDONESIA,

Menimbang: bahwa untuk melaksanakan ketentuan Pasal 116 Undang-Undang Nomor 36 Tahun 2009 tentang Kesehatan, perlu menetapkan Peraturan Pemerintah tentang Pengamanan Bahan Yang Mengandung Zat Adiktif Berupa Produk Tembakau Bagi Kesehatan;

Mengingat:
1. Pasal 5 ayat (2) Undang-Undang Dasar Negara Republik Indonesia Tahun 1945;
2. Undang-Undang Nomor 36 Tahun 2009 tentang Kesehatan (Lembaran Negara Republik Indonesia Tahun 2009 Nomor 144, Tambahan Lembaran Negara Republik Indonesia Nomor 5063);

MEMUTUSKAN:

Menetapkan: PERATURAN PEMERINTAH TENTANG PENGAMANAN BAHAN YANG MENGANDUNG ZAT ADIKTIF BERUPA PRODUK TEMBAKAU BAGI KESEHATAN.

BAB I
KETENTUAN UMUM
Pasal 1

Dalam Peraturan Pemerintah ini yang dimaksud dengan:
1. Zat Adiktif adalah bahan yang menyebabkan adiksi atau ketergan-

tungan yang membahayakan kesehatan dengan ditandai perubahan perilaku, kognitif, dan fenomena fisiologis, keinginan kuat untuk mengonsumsi bahan tersebut, kesulitan dalam mengendalikan penggunaannya, memberi prioritas pada penggunaan bahan tersebut daripada kegiatan lain, meningkatnya toleransi dan dapat menyebabkan keadaan gejala putus zat.

2. Produk Tembakau adalah suatu produk yang secara keseluruhan atau sebagian terbuat dari daun tembakau sebagai bahan bakunya yang diolah untuk digunakan dengan cara dibakar, dihisap, dan dihirup atau dikunyah.
3. Rokok adalah salah satu Produk Tembakau yang dimaksudkan untuk dibakar dan dihisap dan/atau dihirup asapnya, termasuk rokok kretek, rokok putih, cerutu atau bentuk lainnya yang dihasilkan dari tanaman nicotiana tabacum, nicotiana rustica, dan spesies lainnya atau sintetisnya yang asapnya mengandung nikotin dan tar, dengan atau tanpa bahan tambahan.
4. Nikotin adalah zat, atau bahan senyawa pyrrolidine yang terdapat dalam nicotiana tabacum, nicotiana rustica dan spesies lainnya atau sintetisnya yang bersifat adiktif dapat mengakibatkan ketergantungan.
5. Tar adalah kondensat asap yang merupakan total residu dihasilkan saat Rokok dibakar setelah dikurangi Nikotin dan air, yang bersifat karsinogenik.
6. Iklan Niaga Produk Tembakau yang selanjutnya disebut Iklan Produk Tembakau, adalah iklan komersial dengan tujuan memperkenalkan dan/atau memasyarakatkan barang kepada khalayak sasaran untuk mempengaruhi konsumen agar menggunakan Produk Tembakau yang ditawarkan.
7. Promosi Produk Tembakau adalah kegiatan pengenalan atau penyebarluasan informasi suatu Produk Tembakau untuk menarik minat beli konsumen terhadap Produk Tembakau yang akan dan sedang diperdagangkan.
8. Sponsor Produk Tembakau adalah segala bentuk kontribusi langsung atau tidak langsung, dalam bentuk dana atau lainnya, dalam berbagai kegiatan yang dilakukan oleh lembaga atau perorangan dengan tujuan mempengaruhi melalui Promosi Produk Tembakau

atau penggunaan Produk Tembakau.

9. Label adalah setiap keterangan mengenai Produk Tembakau yang berbentuk gambar, tulisan, kombinasi keduanya, atau bentuk lain yang disertakan pada Produk Tembakau, dimasukkan ke dalam, ditempatkan pada, atau merupakan bagian Kemasan Produk Tembakau.
10. Kemasan adalah bahan yang digunakan untuk mewadahi dan/atau membungkus Produk Tembakau baik yang bersentuhan langsung dengan Produk Tembakau maupun tidak.
11. Kawasan Tanpa Rokok adalah ruangan atau area yang dinyatakan dilarang untuk kegiatan merokok atau kegiatan memproduksi, menjual, mengiklankan, dan/atau mempromosikan Produk Tembakau.
12. Setiap Orang adalah orang perseorangan atau badan, baik yang berbentuk badan hukum maupun tidak berbadan hukum.
13. Pemerintah Pusat yang selanjutnya disebut Pemerintah adalah Presiden Republik Indonesia yang memegang kekuasaan Pemerintah Negara Republik Indonesia sebagaimana dimaksud dalam Undang-Undang Dasar Negara Republik Indonesia Tahun 1945.
14. Pemerintah Daerah adalah gubernur, bupati, atau walikota dan perangkat daerah sebagai unsur penyelenggara pemerintahan daerah.
15. Menteri adalah menteri yang menyelenggarakan urusan pemerintahan di bidang kesehatan.
16. Kepala Badan adalah kepala badan yang tugas dan tanggung jawabnya di bidang pengawasan obat dan makanan.

Pasal 2

(1) Penyelenggaraan pengamanan penggunaan bahan yang mengandung Zat Adiktif berupa Produk Tembakau bagi kesehatan diarahkan agar tidak mengganggu dan membahayakan kesehatan perseorangan, keluarga, masyarakat, dan lingkungan. (2) Penyelenggaraan pengamanan sebagaimana dimaksud pada ayat (1) bertujuan untuk:

a. melindungi kesehatan perseorangan, keluarga, masyarakat, dan lingkungan dari bahaya bahan yang mengandung

karsinogen dan Zat Adiktif dalam Produk Tembakau yang dapat menyebabkan penyakit, kematian, dan menurunkan kualitas hidup;
b. melindungi penduduk usia produktif, anak, remaja, dan perempuan hamil dari dorongan lingkungan dan pengaruh iklan dan promosi untuk inisiasi penggunaan dan ketergantungan terhadap bahan yang mengandung Zat Adiktif berupa Produk Tembakau;
c. meningkatkan kesadaran dan kewaspadaan masyarakat terhadap bahaya merokok dan manfaat hidup tanpa merokok; dan
d. melindungi kesehatan masyarakat dari asap Rokok orang lain.

Pasal 3

Peraturan Pemerintah ini mengatur mengenai:
a. Produk Tembakau;
b. tanggung jawab Pemerintah dan Pemerintah Daerah;
c. penyelenggaraan;
d. peran serta masyarakat; dan
e. pembinaan dan pengawasan.

BAB II
PRODUK TEMBAKAU

Pasal 4

Produk Tembakau yang diatur dalam Peraturan Pemerintah ini meliputi Rokok dan Produk Tembakau lainnya yang penggunaannya terutama dengan cara dibakar dan dihisap dan/atau dihirup asapnya, yang mengandung Zat Adiktif dan bahan lainnya yang berbahaya bagi kesehatan.

Pasal 5

(1) Selain Produk Tembakau sebagaimana dimaksud dalam Pasal 4, Produk Tembakau yang mengandung nicotiana tabacum, nicotiana rustica, dan spesies lainnya dan/atau hasil olahannya termasuk pembuatan sintetis yang jenis dan sifatnya sama atau serupa dengan

yang dihasilkan oleh *Nicotiana species* dan penggunaannya dengan cara dibakar dan dihisap dan/atau dihirup asapnya termasuk dalam ketentuan Peraturan Pemerintah ini.

(2) Ketentuan lebih lanjut mengenai Produk Tembakau sebagaimana dimaksud pada ayat (1) diatur dengan Peraturan Menteri.

BAB III
TANGGUNG JAWAB
PEMERINTAH DAN PEMERINTAH DAERAH

Pasal 6

(1) Pemerintah dan Pemerintah Daerah sesuai kewenangannya bertanggung jawab mengatur, menyelenggarakan, membina, dan mengawasi pengamanan bahan yang mengandung Zat Adiktif berupa Produk Tembakau bagi kesehatan.

(2) Pemerintah dan Pemerintah Daerah bertanggung jawab atas ketersediaan akses terhadap informasi dan edukasi atas pengamanan bahan yang mengandung Zat Adiktif berupa Produk Tembakau bagi kesehatan.

Pasal 7

(1) Pemerintah dan Pemerintah Daerah mendorong kegiatan penelitian dan pengembangan dalam rangka pengamanan bahan yang mengandung Zat Adiktif berupa Produk Tembakau bagi kesehatan.

(2) Pemerintah dan Pemerintah Daerah mendorong pelaksanaan diversifikasi Produk Tembakau.

BAB IV
PENYELENGGARAAN
Bagian Kesatu
Umum

Pasal 8

Penyelenggaraan pengamanan bahan yang mengandung Zat Adiktif berupa Produk Tembakau bagi kesehatan meliputi:

a. produksi dan impor;

b. peredaran;
c. perlindungan khusus bagi anak dan perempuan hamil; dan
d. Kawasan Tanpa Rokok.

Bagian Kedua
Produksi dan Impor

Pasal 9

Setiap orang yang memproduksi dan/atau mengimpor Produk Tembakau wajib memiliki izin sesuai dengan ketentuan peraturan perundang-undangan

Pasal 10

(1) Setiap orang yang memproduksi Produk Tembakau berupa Rokok harus melakukan pengujian kandungan kadar Nikotin dan Tar per batang untuk setiap varian yang diproduksi.
(2) Ketentuan mengenai pengujian sebagaimana dimaksud pada ayat (1) tidak berlaku terhadap Rokok klobot, Rokok klembak menyan, cerutu, dan tembakau iris.
(3) Pengecualian sebagaimana dimaksud pada ayat (2) tidak berlaku apabila perkembangan teknologi telah mampu melakukan pengujian kandungan kadar Nikotin dan Tar terhadap Rokok klobot, Rokok klembak menyan, cerutu, dan tembakau iris.

Pasal 11

(1) Pengujian sebagaimana dimaksud dalam Pasal 10 dilakukan di laboratorium yang sudah terakreditasi sesuai dengan ketentuan peraturan perundang-undangan.
(2) Hasil pengujian kandungan kadar Nikotin dan Tar sebagaimana dimaksud pada ayat (1) dilaporkan kepada Kepala Badan.

Pasal 12

(1) Setiap orang yang memproduksi Produk Tembakau dilarang menggunakan bahan tambahan kecuali telah dapat dibuktikan secara ilmiah bahan tambahan tersebut tidak berbahaya bagi kesehatan.
(2) Bahan tambahan yang dapat digunakan pada produksi Produk

Tembakau sebagaimana dimaksud pada ayat (1) ditetapkan dengan Peraturan Menteri.

(3) Setiap orang yang memproduksi Produk Tembakau yang menggunakan bahan tambahan yang berbahaya bagi kesehatan sebagaimana dimaksud pada ayat (1) dikenakan sanksi administratif oleh Menteri berupa penarikan produk atas biaya produsen.

Pasal 13

(1) Setiap orang yang memproduksi dan/atau mengimpor Produk Tembakau berupa Rokok putih mesin dilarang mengemas kurang dari 20 (dua puluh) batang dalam setiap Kemasan.

(2) Ketentuan sebagaimana dimaksud pada ayat (1) tidak berlaku bagi Produk Tembakau selain Rokok putih mesin.

(3) Setiap orang yang memproduksi dan/atau mengimpor Produk Tembakau berupa Rokok putih mesin dengan Kemasan kurang dari 20 (dua puluh) batang dalam setiap Kemasan sebagaimana dimaksud pada ayat (1) dikenakan sanksi administratif sesuai dengan ketentuan peraturan perundang-undangan.

Pasal 14

(1) Setiap orang yang memproduksi dan/atau mengimpor Produk Tembakau ke wilayah Indonesia wajib mencantumkan peringatan kesehatan.

(2) Peringatan kesehatan sebagaimana dimaksud pada ayat (1) berbentuk gambar dan tulisan yang harus mempunyai satu makna.

(3) Peringatan kesehatan sebagaimana dimaksud pada ayat (2) tercetak menjadi satu dengan Kemasan Produk Tembakau.

Pasal 15

(1) Setiap 1 (satu) varian Produk Tembakau wajib dicantumkan gambar dan tulisan peringatan kesehatan yang terdiri atas 5 (lima) jenis yang berbeda, dengan porsi masing-masing 20% (dua puluh persen) dari jumlah setiap varian Produk Tembakaunya.

(2) Ketentuan sebagaimana dimaksud pada ayat (1), tidak berlaku bagi industri Produk Tembakau nonPengusaha Kena Pajak yang total jumlah produksinya tidak lebih dari 24.000.000 (dua puluh empat

juta) batang per tahun.

(3) Industri Produk Tembakau sebagaimana dimaksud pada ayat (2) wajib mencantumkan paling sedikit 2 (dua) jenis gambar dan tulisan peringatan kesehatan yang ditetapkan dalam Peraturan Menteri.

Pasal 16

Ketentuan lebih lanjut mengenai gambar dan tulisan peringatan kesehatan sebagaimana dimaksud dalam Pasal 14 dan Pasal 15 diatur dengan Peraturan Menteri setelah berkoordinasi dengan menteri yang menyelenggarakan urusan pemerintahan di bidang keuangan.

Pasal 17

(1) Gambar dan tulisan peringatan kesehatan sebagaimana dimaksud dalam Pasal 15 dicantumkan pada setiap Kemasan terkecil dan Kemasan lebih besar Produk Tembakau.

(2) Setiap Kemasan sebagaimana dimaksud pada ayat (1) mencantumkan 1 (satu) jenis gambar dan tulisan peringatan kesehatan.

(3) Ketentuan sebagaimana dimaksud pada ayat (1) tidak berlaku bagi Rokok klobot, Rokok klembak menyan, dan cerutu Kemasan batangan.

(4) Pencantuman gambar dan tulisan sebagaimana dimaksud pada ayat (1) harus memenuhi persyaratan sebagai berikut:

a. dicantumkan pada bagian atas Kemasan sisi lebar bagian depan dan belakang masing-masing seluas 40% (empat puluh persen), diawali dengan kata "Peringatan" dengan menggunakan huruf berwarna putih dengan dasar hitam, harus dicetak dengan jelas dan mencolok, baik sebagian atau seluruhnya;

b. gambar sebagaimana dimaksud pada huruf a harus dicetak berwarna; dan

c. jenis huruf harus menggunakan huruf Arial bold dan font 10 (sepuluh) atau proporsional dengan Kemasan, tulisan warna putih di atas latar belakang hitam.

(5) Gambar dan tulisan peringatan kesehatan sebagaimana dimaksud pada ayat (4) tidak boleh tertutup oleh apapun sesuai dengan ketentuan peraturan perundang-undangan.

Pasal 18

Setiap orang yang memproduksi dan/atau mengimpor Produk Tembakau tanpa mencantumkan peringatan kesehatan berupa gambar dan tulisan sebagaimana dimaksud dalam Pasal 14, Pasal 15, dan Pasal 17 dikenakan sanksi sesuai dengan ketentuan peraturan perundang-undangan.

Pasal 19

Setiap orang yang memproduksi dan/atau mengimpor Produk Tembakau berupa Rokok wajib mencantumkan informasi kandungan kadar Nikotin dan Tar sesuai hasil pengujian sebagaimana dimaksud dalam Pasal 11 pada Label setiap Kemasan dengan penempatan yang jelas dan mudah dibaca.

Pasal 20

Pencantuman informasi tentang kandungan kadar Nikotin dan Tar sebagaimana dimaksud dalam Pasal 19 wajib ditempatkan pada sisi samping setiap Kemasan Produk Tembakau, dibuat kotak dengan garis pinggir 1 mm (satu milimeter), warna kontras antara warna dasar dan tulisan, ukuran tulisan paling sedikit 3 mm (tiga milimeter), sehingga dapat terlihat dengan jelas dan mudah dibaca.

Pasal 21

Selain pencantuman informasi tentang kadar Nikotin dan Tar sebagaimana dimaksud dalam Pasal 20, pada sisi samping lainnya dari Kemasan Produk Tembakau wajib dicantumkan:

a. pernyataan, "Dilarang menjual atau memberi kepada anak berusia di bawah 18 tahun dan perempuan hamil"; dan
b. kode produksi, tanggal, bulan, dan tahun produksi, serta nama dan alamat produsen.

Pasal 22

Pada sisi samping lainnya dari Kemasan Produk Tembakau sebagaimana dimaksud dalam Pasal 20 dapat dicantumkan pernyataan, "tidak ada batas aman" dan "mengandung lebih dari 4000 zat kimia berbahaya serta lebih dari 43 zat penyebab kanker".

Pasal 23

Setiap orang yang memproduksi dan/atau mengimpor Produk Tembakau tanpa mencantumkan informasi kandungan kadar Nikotin dan Tar sebagaimana dimaksud dalam Pasal 19, Pasal 20, dan Pasal 21 dikenakan sanksi administratif sesuai dengan ketentuan peraturan perundang-undangan.

Pasal 24

(1) Setiap produsen dilarang untuk mencantumkan keterangan atau tanda apapun yang menyesatkan atau kata-kata yang bersifat promotif.

(2) Selain larangan sebagaimana dimaksud pada ayat (1), setiap produsen dilarang mencantumkan kata "Light", "Ultra Light", "Mild", "Extra Mild", "Low Tar", "Slim", "Special", "Full Flavour", "Premium", atau kata lain yang mengindikasikan kualitas, superioritas, rasa aman, pencitraan, kepribadian, ataupun kata-kata dengan arti yang sama.

(3) Ketentuan sebagaimana dimaksud pada ayat (2) tidak berlaku bagi Produk Tembakau yang sudah mendapatkan sertifikat merek sesuai dengan ketentuan peraturan perundang-undangan.

(4) Setiap orang yang memproduksi dan/atau mengimpor Produk Tembakau yang mencantumkan keterangan atau tanda apapun yang menyesatkan atau kata-kata yang bersifat promotif sebagaimana dimaksud pada ayat (1) dikenakan sanksi sesuai dengan ketentuan peraturan perundang-undangan.

Bagian Ketiga
Peredaran

Pasal 25

Setiap orang dilarang menjual Produk Tembakau:

a. menggunakan mesin layan diri;

b. kepada anak di bawah usia 18 (delapan belas) tahun; dan

c. kepada perempuan hamil.

Pasal 26

(1) Pemerintah melakukan pengendalian Iklan Produk Tembakau.

(2) Pengendalian Iklan Produk Tembakau sebagaimana dimaksud pada ayat (1) dilakukan pada media cetak, media penyiaran, media teknologi informasi, dan/atau media luar ruang.

Pasal 27

Pengendalian Iklan Produk Tembakau sebagaimana dimaksud dalam Pasal 26, antara lain dilakukan sebagai berikut:

a. mencantumkan peringatan kesehatan dalam bentuk gambar dan tulisan sebesar paling sedikit 10% (sepuluh persen) dari total durasi iklan dan/atau 15% (lima belas persen) dari total luas iklan;
b. mencantumkan penandaan/tulisan "18+" dalam Iklan Produk Tembakau;
c. tidak memperagakan, menggunakan, dan/atau menampilkan wujud atau bentuk Rokok atau sebutan lain yang dapat diasosiasikan dengan merek Produk Tembakau;
d. tidak mencantumkan nama produk yang bersangkutan adalah Rokok;
e. tidak menggambarkan atau menyarankan bahwa merokok memberikan manfaat bagi kesehatan;
f. tidak menggunakan kata atau kalimat yang menyesatkan;
g. tidak merangsang atau menyarankan orang untuk merokok;
h. tidak menampilkan anak, remaja, dan/atau wanita hamil dalam bentuk gambar dan/atau tulisan;
i. tidak ditujukan terhadap anak, remaja, dan/atau wanita hamil;
j. tidak menggunakan tokoh kartun sebagai model iklan; dan
k. tidak bertentangan dengan norma yang berlaku dalam masyarakat.

Pasal 28

Selain memenuhi ketentuan sebagaimana dimaksud dalam Pasal 27, Iklan Produk Tembakau di media cetak wajib memenuhi ketentuan sebagai berikut:

a. tidak diletakkan di sampul depan dan/atau belakang media cetak, atau halaman depan surat kabar;

b. tidak diletakkan berdekatan dengan iklan makanan dan minuman;
c. luas kolom iklan tidak memenuhi seluruh halaman; dan
d. tidak dimuat di media cetak untuk anak, remaja, dan perempuan.

Pasal 29

Selain pengendalian Iklan Produk Tembakau sebagaimana dimaksud dalam Pasal 27, iklan di media penyiaran hanya dapat ditayangkan setelah pukul 21.30 sampai dengan pukul 05.00 waktu setempat.

Pasal 30

Selain pengendalian Iklan Produk Tembakau sebagaimana dimaksud dalam Pasal 27, iklan di media teknologi informasi harus memenuhi ketentuan situs merek dagang Produk Tembakau yang menerapkan verifikasi umur untuk membatasi akses hanya kepada orang berusia 18 (delapan belas) tahun ke atas.

Pasal 31

Selain pengendalian Iklan Produk Tembakau sebagaimana dimaksud dalam Pasal 27, iklan di media luar ruang harus memenuhi ketentuan sebagai berikut:

a. tidak diletakkan di Kawasan Tanpa Rokok;
b. tidak diletakkan di jalan utama atau protokol;
c. harus diletakkan sejajar dengan bahu jalan dan tidak boleh memotong jalan atau melintang; dan
d. tidak boleh melebihi ukuran 72 m^2 (tujuh puluh dua meter persegi).

Pasal 32

Dalam rangka memenuhi akses ketersediaan informasi dan edukasi kesehatan masyarakat, Pemerintah dan Pemerintah Daerah menyelenggarakan iklan layanan masyarakat mengenai bahaya menggunakan Produk Tembakau.

Pasal 33

Ketentuan lebih lanjut mengenai Iklan Produk Tembakau diatur dengan peraturan instansi yang menyelenggarakan urusan pemerintahan di bidang penyiaran.

Pasal 34

Ketentuan lebih lanjut mengenai Iklan Produk Tembakau di media luar ruang diatur oleh Pemerintah Daerah.

Pasal 35

(1) Pemerintah melakukan pengendalian Promosi Produk Tembakau.

(2) Ketentuan pengendalian Promosi Produk Tembakau sebagaimana dimaksud pada ayat (1) dilakukan sebagai berikut:

a. tidak memberikan secara cuma-cuma, potongan harga, hadiah Produk Tembakau, atau produk lainnya yang dikaitkan dengan Produk Tembakau;

b. tidak menggunakan logo dan/atau merek Produk Tembakau pada produk atau barang bukan Produk Tembakau; dan

c. tidak menggunakan logo dan/atau merek Produk Tembakau pada suatu kegiatan lembaga dan/atau perorangan.

Pasal 36

(1) Setiap orang yang memproduksi dan/atau mengimpor Produk Tembakau yang mensponsori suatu kegiatan lembaga dan/atau perorangan hanya dapat dilakukan dengan ketentuan sebagai berikut:

a. tidak menggunakan nama merek dagang dan logo Produk Tembakau termasuk *brand image* Produk Tembakau; dan

b. tidak bertujuan untuk mempromosikan Produk Tembakau.

(2) Sponsor sebagaimana dimaksud pada ayat (1) dilarang untuk kegiatan lembaga dan/atau perorangan yang diliput media.

Pasal 37

Setiap orang yang memproduksi dan/atau mengimpor Produk Tembakau yang menjadi sponsor dalam bentuk tanggung jawab sosial perusahaan hanya dapat dilakukan dengan ketentuan sebagai berikut:

a. tidak menggunakan nama merek dagang dan logo Produk Tembakau termasuk brand image Produk Tembakau; dan

b. tidak bertujuan untuk mempromosikan Produk Tembakau.

Pasal 38

Ketentuan lebih lanjut mengenai tata cara pengendalian Sponsor Produk Tembakau sebagaimana dimaksud dalam Pasal 36 dan Pasal 37 diatur oleh Pemerintah Daerah.

Pasal 39

Setiap orang dilarang menyiarkan dan menggambarkan dalam bentuk gambar atau foto, menayangkan, menampilkan atau menampakkan orang sedang merokok, memperlihatkan batang Rokok, asap Rokok, bungkus Rokok atau yang berhubungan dengan Produk Tembakau serta segala bentuk informasi Produk Tembakau di media cetak, media penyiaran, dan media teknologi informasi yang berhubungan dengan kegiatan komersial/iklan atau membuat orang ingin merokok.

Pasal 40

Setiap orang yang mengiklankan dan/atau mempromosikan Produk Tembakau tidak sesuai dengan ketentuan sebagaimana dimaksud dalam Pasal 27, Pasal 28, Pasal 29, Pasal 30, Pasal 31, Pasal 35, Pasal 36, Pasal 37, dan Pasal 39, dikenakan sanksi administratif oleh Menteri dan/atau menteri terkait berupa:

a. penarikan dan/atau perbaikan iklan;
b. peringatan tertulis; dan/atau
c. pelarangan sementara mengiklankan Produk Tembakau yang bersangkutan pada pelanggaran berulang atau pelanggaran berat.

Bagian Keempat
Perlindungan Khusus Bagi Anak Dan Perempuan Hamil

Pasal 41

Penyelenggaraan perlindungan anak dan perempuan hamil terhadap bahan yang mengandung Zat Adiktif berupa Produk Tembakau, dilaksanakan secara terpadu dan komprehensif melalui kegiatan pencegahan, pemulihan kesehatan fisik dan mental serta pemulihan sosial.

Pasal 42

Kegiatan pencegahan sebagaimana dimaksud dalam Pasal 41 dilakukan dalam rangka memberi pemahaman kepada anak dan perempuan hamil mengenai dampak buruk penggunaan Produk Tembakau.

Pasal 43

(1) Kegiatan pemulihan kesehatan fisik dan mental sebagaimana dimaksud dalam Pasal 41 ditujukan untuk memulihkan kesehatan baik fisik maupun mental anak dan ibu hamil akibat penggunaan bahan yang mengandung Zat Adiktif berupa Produk Tembakau.

(2) Pemulihan sebagaimana dimaksud pada ayat (1) dilakukan melalui kegiatan antara lain:
   a. pemeriksaan fisik dan mental;
   b. pengobatan;
   c. pemberian terapi psikososial;
   d. pemberian terapi mental; dan/atau
   e. melakukan rujukan.

(3) Pemulihan sebagaimana dimaksud pada ayat (2) dilakukan oleh tenaga kesehatan yang berkompeten.

Pasal 44

(1) Kegiatan pemulihan sosial sebagaimana dimaksud dalam Pasal 41 ditujukan untuk memulihkan dan mengembangkan kemampuan anak yang mengalami disfungsi sosial akibat penggunaan bahan yang mengandung Zat Adiktif berupa Produk Tembakau agar dapat melaksanakan fungsi sosial secara wajar.

(2) Kegiatan pemulihan sosial sebagaimana dimaksud pada ayat (1) dilakukan melalui rehabilitasi sosial dalam bentuk antara lain:
   a. motivasi dan diagnosis psikososial;
   b. perawatan dan pengasuhan;
   c. pelatihan vokasional dan pembinaan kewirausahaan;
   d. bimbingan mental spiritual;
   e. bimbingan fisik;
   f. bimbingan sosial dan konseling psikososial;
   g. pelayanan aksesibilitas;
   h. bantuan dan asistensi sosial;

i. bimbingan resosialisasi;
j. bimbingan lanjut; dan/atau
k. melakukan rujukan.

(3) Ketentuan lebih lanjut mengenai rehabilitasi sosial sebagaimana dimaksud pada ayat (2) diatur dengan peraturan menteri yang menyelenggarakan urusan pemerintahan di bidang sosial.

Pasal 45

Setiap orang yang memproduksi dan/atau mengimpor Produk Tembakau dilarang memberikan Produk Tembakau dan/atau barang yang menyerupai Produk Tembakau secara cuma-cuma kepada anak, remaja, dan perempuan hamil.

Pasal 46

Setiap orang dilarang menyuruh anak di bawah usia 18 (depalan belas) tahun untuk menjual, membeli, atau mengonsumsi Produk Tembakau.

Pasal 47

(1) Setiap penyelenggaraan kegiatan yang disponsori oleh Produk Tembakau dan/atau bertujuan untuk mempromosikan Produk Tembakau dilarang mengikutsertakan anak di bawah usia 18 (delapan belas) tahun.
(2) Setiap orang yang menyelenggarakan kegiatan yang disponsori Produk Tembakau sebagaimana dimaksud pada ayat (1) yang mengikutsertakan anak di bawah usia 18 (delapan belas) tahun dikenakan sanksi oleh pejabat Pemerintah Daerah sesuai dengan kewenangannya.

Pasal 48

(1) Dalam rangka memberikan perlindungan kepada anak terhadap bahaya bahan yang mengandung Zat Adiktif berupa Produk Tembakau, Pemerintah dan Pemerintah Daerah wajib menyediakan posko pelayanan selama 24 (dua puluh empat) jam.
(2) Posko pelayanan sebagaimana dimaksud pada ayat (1) dapat beru-

pa *hotline service* atau *call center*.

Bagian Kelima
Kawasan Tanpa Rokok

Pasal 49

Dalam rangka penyelenggaraan pengamanan bahan yang mengandung Zat Adiktif berupa Produk Tembakau bagi kesehatan, Pemerintah dan Pemerintah Daerah wajib mewujudkan Kawasan Tanpa Rokok.

Pasal 50

(1) Kawasan Tanpa Rokok sebagaimana dimaksud dalam Pasal 49 antara lain:
   a. fasilitas pelayanan kesehatan;
   b. tempat proses belajar mengajar;
   c. tempat anak bermain;
   d. tempat ibadah;
   e. angkutan umum;
   f. tempat kerja; dan
   g. tempat umum dan tempat lain yang ditetapkan.
(2) Larangan kegiatan menjual, mengiklankan, dan mempromosikan Produk Tembakau tidak berlaku bagi tempat yang digunakan untuk kegiatan penjualan Produk Tembakau di lingkungan Kawasan Tanpa Rokok.
(3) Larangan kegiatan memproduksi Produk Tembakau tidak berlaku bagi tempat yang digunakan untuk kegiatan produksi Produk Tembakau di lingkungan Kawasan Tanpa Rokok.
(4) Pimpinan atau penanggung jawab tempat sebagaimana dimaksud pada ayat (1) wajib menerapkan Kawasan Tanpa Rokok.

Pasal 51

(1) Kawasan Tanpa Rokok sebagaimana dimaksud dalam Pasal 50 huruf f dan huruf g menyediakan tempat khusus untuk merokok.
(2) Tempat khusus untuk merokok sebagaimana dimaksud pada ayat (1) harus merupakan ruang terbuka yang berhubungan langsung dengan udara luar.

Pasal 52

Pemerintah Daerah wajib menetapkan Kawasan Tanpa Rokok di wilayahnya dengan Peraturan Daerah.

BAB V
PERAN SERTA MASYARAKAT

Pasal 53

(1) Masyarakat dapat berperan serta dalam rangka pengamanan bahan yang mengandung Zat Adiktif berupa Produk Tembakau bagi kesehatan untuk mewujudkan derajat kesehatan yang optimal.
(2) Peran serta sebagaimana dimaksud pada ayat (1) dapat dilakukan oleh perorangan, kelompok, badan hukum atau badan usaha, dan lembaga atau organisasi yang diselenggarakan oleh masyarakat.

Pasal 54

Peran serta masyarakat sebagaimana dimaksud dalam Pasal 53 dilaksanakan melalui:

a. pemikiran dan masukan berkenaan dengan penentuan kebijakan dan/atau pelaksanaan program pengamanan bahan yang mengandung Zat Adiktif berupa Produk Tembakau bagi kesehatan;
b. penyelenggaraan, pemberian bantuan, dan/atau kerjasama dalam kegiatan penelitian dan pengembangan pengamanan bahan yang mengandung Zat Adiktif berupa Produk Tembakau bagi kesehatan;
c. pengadaan dan pemberian bantuan sarana dan prasarana bagi penyelenggaraan pengamanan bahan yang mengandung Zat Adiktif berupa Produk Tembakau bagi kesehatan;
d. keikutsertaan dalam pemberian bimbingan dan penyuluhan serta penyebarluasan informasi kepada masyarakat berkenaan dengan penyelenggaraan pengamanan bahan yang mengandung Zat Adiktif berupa Produk Tembakau bagi kesehatan; dan
e. kegiatan pengawasan dan pelaporan pelanggaran yang ditemukan dalam rangka penyelenggaraan pengamanan bahan yang mengandung Zat Adiktif berupa Produk Tembakau bagi kesehatan.

Pasal 55

Peran serta masyarakat dalam rangka penyelenggaraan upaya pengamanan bahan yang mengandung Zat Adiktif berupa Produk Tembakau bagi kesehatan dilaksanakan sesuai dengan ketentuan peraturan perundang-undangan.

Pasal 56

Dalam rangka meningkatkan peran serta masyarakat, Pemerintah dan Pemerintah Daerah bekerja sama dengan lembaga terkait lainnya untuk menyebarluaskan informasi dan edukasi penyelenggaraan pengamanan bahan yang mengandung Zat Adiktif berupa Produk Tembakau bagi kesehatan.

BAB VI
PEMBINAAN DAN PENGAWASAN
Bagian Kesatu
Pembinaan

Pasal 57

Menteri, menteri terkait, Kepala Badan, dan Pemerintah Daerah sesuai dengan kewenangannya melakukan pembinaan atas penyelenggaraan pengamanan Produk Tembakau sebagai Zat Adiktif bagi kesehatan dengan:

a. mewujudkan Kawasan Tanpa Rokok;
b. mencegah perokok pemula dan melakukan konseling berhenti merokok;
c. memberikan informasi, edukasi, dan pengembangan kemampuan masyarakat untuk berperilaku hidup sehat;
d. bekerja sama dengan badan/atau lembaga internasional atau organisasi kemasyarakatan untuk menyelenggarakan pengamanan Produk Tembakau sebagai Zat Adiktif bagi kesehatan sesuai dengan ketentuan peraturan perundang-undangan; dan
e. memberikan penghargaan kepada orang atau badan yang telah berjasa dalam membantu penyelenggaraan pengamanan Produk Tembakau sebagai Zat Adiktif bagi kesehatan.

Pasal 58

(1) Menteri, menteri terkait, Kepala Badan, dan Pemerintah Daerah melakukan upaya pengembangan dalam rangka diversifikasi Produk Tembakau yang penggunaannya akan membawa manfaat bagi kesehatan.
(2) Diversifikasi sebagaimana dimaksud pada ayat (1) dapat dilakukan dengan melibatkan peran serta masyarakat sebagai upaya melindungi kelestarian tanaman tembakau.

Bagian Kedua
Pengawasan

Pasal 59

(1) Menteri, menteri terkait, Kepala Badan, dan Pemerintah Daerah melakukan pengawasan atas pelaksanaan upaya pengamanan bahan yang mengandung Zat Adiktif berupa Produk Tembakau bagi kesehatan sesuai dengan tugas dan fungsi masing-masing.
(2) Dalam rangka pengawasan sebagaimana dimaksud pada ayat (1), Menteri, menteri terkait, Kepala Badan, dan Pemerintah Daerah dapat mengambil tindakan administratif terhadap pelanggaran ketentuan dalam Peraturan Pemerintah ini sesuai dengan ketentuan peraturan perundang-undangan.

Pasal 60

(1) Pengawasan terhadap Produk Tembakau yang beredar, promosi, dan pencantuman peringatan kesehatan dalam iklan dan Kemasan Produk Tembakau dilaksanakan oleh Kepala Badan.
(2) Pengawasan sebagaimana dimaksud pada ayat (1) dilaksanakan oleh Kepala Badan dan berkoordinasi dengan instansi terkait.
(3) Dalam melakukan pengawasan Produk Tembakau yang beredar, iklan, dan promosi sebagaimana dimaksud pada ayat (1), Kepala Badan dapat mengenai sanksi administratif berupa:
    a. teguran lisan;
    b. teguran tertulis;
    c. penarikan produk;
    d. rekomendasi penghentian sementara kegiatan; dan/atau

e. rekomendasi penindakan kepada instansi terkait sesuai dengan ketentuan peraturan perundang-undangan.

(4) Rekomendasi sebagaimana dimaksud pada ayat (3) huruf d dan huruf e harus dilaksanakan oleh instansi penerima rekomendasi dalam jangka waktu paling lama 30 (tiga puluh) hari kerja.

(5) Ketentuan lebih lanjut mengenai pelaksanaan pengawasan Produk Tembakau yang beredar, pencantuman peringatan kesehatan dalam iklan dan Kemasan Produk Tembakau, dan promosi diatur oleh Kepala Badan.

BAB VII
KETENTUAN PERALIHAN

Pasal 61

Setiap orang yang memproduksi dan/atau mengimpor Produk Tembakau harus menyesuaikan dengan ketentuan Pasal 14, Pasal 15, dan Pasal 17 paling lambat 18 (delapan belas) bulan terhitung sejak Peraturan Pemerintah ini diundangkan.

Pasal 62

(1) Setiap orang yang mempromosikan dan/atau mengiklankan Produk Tembakau harus menyesuaikan dengan ketentuan Pasal 27, Pasal 28, Pasal 29, Pasal 30, Pasal 31, dan Pasal 35 paling lambat 12 (dua belas) bulan terhitung sejak Peraturan Pemerintah ini diundangkan.

(2) Setiap orang memproduksi, mengimpor, dan/atau mengedarkan Produk Tembakau yang menjadi sponsor suatu kegiatan harus menyesuaikan dengan ketentuan Pasal 36, dan Pasal 37 paling lambat 12 (dua belas) bulan terhitung sejak Peraturan Pemerintah ini diundangkan.

BAB VIII
KETENTUAN PENUTUP

Pasal 63

Pada saat Peraturan Pemerintah ini mulai berlaku, semua peraturan pelaksanaan dari Peraturan Pemerintah Nomor 19 Tahun 2003 tentang

Pengamanan Rokok Bagi Kesehatan (Lembaran Negara Republik Indonesia Tahun 2003 Nomor 36, Tambahan Lembaran Negara Nomor 4276) dinyatakan masih tetap berlaku sepanjang tidak bertentangan dengan ketentuan dalam Peraturan Pemerintah ini.

Pasal 64

Pada saat Peraturan Pemerintah ini mulai berlaku, maka Peraturan Pemerintah Nomor 19 Tahun 2003 tentang Pengamanan Rokok Bagi Kesehatan (Lembaran Negara Republik Indonesia Tahun 2003 Nomor 36, Tambahan Lembaran Negara Nomor 4276), dicabut dan dinyatakan tidak berlaku.

Pasal 65

Peraturan Pemerintah ini mulai berlaku pada tanggal diundangkan. Agar setiap orang mengetahuinya, memerintahkan pengundangan Peraturan Pemerintah ini dengan penempatannya dalam Lembaran Negara Republik Indonesia.

Ditetapkan di Jakarta
pada tanggal 24 Desember 2012
PRESIDEN REPUBLIK INDONESIA,

ttd.

DR. H. SUSILO BAMBANG YUDHOYONO

Diundangkan di Jakarta

pada tanggal 24 Desember 2012,
MENTERI HUKUM DAN HAK ASASI MANUSIA REPUBLIK INDONESIA,

ttd.

AMIR SYAMSUDIN

Lampiran 4

KONVENSI KERANGKA PENGENDALIAN TEMBAKAU (FCTC) WHO DALAM SIDANG UMUM KESEHATAN DUNIA (WORLD HEALTH ASSEMBLY) KE-56

Pembukaan

Para Pihak dalam Konvensi ini,

Memastikan untuk memberikan prioritas terhadap hak mereka untuk menjaga kesehatan masyarakat,

Mengakui bahwa meluasnya epidemi yang disebabkan tembakau merupakan masalah global yang memiliki konsekuensi serius terhadap kesehatan masyarakat yang menuntut adanya kerjasama internasional seluas mungkin dan partisipasi semua negara untuk melakukan respon internasional yang efektif, tepat dan komprehensif.

Merenungkan kepedulian masyarakat internasional akan dampak buruk dari konsumsi tembakau dan menghisap asap tembakau terhadap kesehatan, masalah sosial, ekonomi dan lingkungan di seluruh dunia.

Sungguh-sungguh peduli terhadap peningkatan konsumsi dan produksi rokok dan produk dari tembakau lainnya di seluruh dunia, terutama di negara-negara berkembang, juga beban yang dibebankan olehnya terhadap negara-negara berkembang tersebut, para keluarga dan sistem kesehatan masyarakat

Mengakui bahwa bukti-bukti ilmiah yang tak terbantahkan telah meyakinkan bahwa konsumsi tembakau dan menghisap asap rokok dapat menyebabkan kematian, penyakit dan disabilitas, dan bahwa ada janka waktu yang panjang antara saat menghisap asap tembakau dan mengkonsumsi produk tembakau lain dengan munculnya penyakit-penyakit yang terkait dengan tembakau,

Mengakui juga bahwa rokok dan beberapa produk tembakau lain telah direkayasa secara canggih guna menciptakan dan menjaga ketergantungan, dan banyak unsur yang terkandung di dalamnya serta asap yang mereka dihasilkan secara farmakologis bersifat aktif, beracun, mutagenik (bisa mengakibatkan mutasi genetic) dan pembawa kanker, dan kecanduan tembakau secara khusus digolongkan sebagai salah satu penyakit berdasarkan klasifikasi-klasifikasi penyakit utama di tingkat internasional,

Mengakui adanya bukti ilmiah yang terang-benderang bahwa asap tembakau berpengaruh sangat buruk bagi kesehatan janin dalam kandungan dan pertumbuhan bagi anak-anak,

Amat peduli dengan meningkatnya jumlah anak-anak dan remaja yang merokok dan mengkonsumsi produk tembakau lain di seluruh dunia, khususnya dengan semakin dininya usia anak yang mulai merokok,

Terperingatkan oleh peningkatan jumlah perokok dan konsumsi produk-produk tembakau lainnya di kalangan perempuan dan anak-anak gadis di seluruh dunia dan terus mengingat akan perlunya keterlibatan perempuan di segala tingkat pengabilan kebijakan dan pelaksanaannya serta perlunya strategi pengendalian tembakau yang dikhususkan untuk jender tertentu,

Amat peduli dengantingginya tingkat merokok dan konsumsi produk tembakau lainnya di kalangan masyarakat adat,

Sungguh-sungguh peduli terhadap dampak dari berbagai bentuk iklan, promosi dan sponsorship yang ditujukan untuk mendorong penggunaan produk-produk tembakau,

Mengakui perlu adanya tindakan bersama untuk menghapus segala bentuk perdagangan illegal rokok dan produk tembakau lainnya, termasuk penyelendupan, manufaktur illegal dan pemalsuan,

Menyadari bahwa pengendalian tembakau pada semua tingkatan dan terutama di negara-negara berkembang dan negara-negara yang ekonominya dalam transisi memerlukan sumberdaya kekuangandan sumberdaya teknis yang memadai yang sebanding dengan kebutuhan untuk menjalankan aktivitas pengendalian tembakau di masa kini dan masa datang,

Memahami perlunya mengembangkan mekanisme yang tepat guna mengatasi dampak jangka panjang dan dampak ekonomi dari keberhasilan strategi pengurangan permintaan akan tembakau,

Mempertimbangkan masalah sosial dan ekonomi dalam jangka menengah dan panjang yang mungkin diakibatkan program pengendalian tembakau di negara-negara sedang berkembang dan negara-negara yang ekonominya sedang mengalami transisi, dan memahami kebutuhan mereka akan bantuan keuangan dan teknis dalam konteks strategi pembangunan yang berkelanjutan yang dirancang dalam kerangka nasional.

Menyadari adanya pekerjaan penting terkait pengendalian tembakau yang sedang dijalankan oleh banyak Negara dan menghargai kepemimpinan Organisasi Kesehatan Dunia (WHO) dan juga usaha-usaha yang ditempuh oleh organisasi-organisasi dan badan-badan Perserikatan Bangsa-Bangsa lainnya serta organisasi-organisasi antar negara yang bersekala internasional dan regional dalam mengembangkan upaya-upaya pengendalian tembakau,

Menekankan perlunya kontribusi khusus oleh organisasi-organisasi nonpemerintah dan anggota masyarakat sipil lainnya yang tidak berafiliasi dengan industri tembakau, termasuk organisasi-organisasi profesi di bidang kesehatan, organisasi perempuan, pemuda, kelompok pembela lingkungan hidup dan perlindungan konsumen, serta lembaga-lembaga akademis dan pelayanan kesehatan, guna melakukan langkah pengendalian tembakau berskala nasional dan internasional dan vitalnya partisipasi mereka dalam langkah pengendalian tembakau dalam skala nasional dan internasional,

Menyadari perlunya kewaspadaan terhadap segala upaya oleh industri tembakau untuk melemahkan atau menentang langkah-langkah pengendalian tembakau dan perlunya informasi atas semua kegiatan industri tembakau yang menimbulkan dampak negatif terhadap langkah pengendalian tembakau,

Mengingat Pasal 12 Konvenan Internasional tentang Hak-Hak Ekonomi, Sosial dan Budaya, yang disahkan melaui Sidang Umum PBB pada tanggal 16 Desember 1966, yang menyatakan bahwa adalah merupakan hak setiap orang untuk menikmati standar kesehatan fisik dan mental setinggi mungkin,

Mengingat pula pembukaan Konstitusi Organisasi Kesehatan Dunia (WHO) yang menyatakan bahwa menikmati standar kesehatan setinggi mungkin adalah salah satu hak dasar bagi setiap umat manusia tanpa memandang ras, agama, keyakinan politik, serta kondisi ekonomi dan sosialnya,

Menetapkan untuk mempromosikan langkah-langkah pengendalian tembakau berdasarkan pertimbangan keilmuan, teknis dan ekonomis yang saat ini berlaku dan relevan,

Mengingat bahwa Konvensi tentang Penghapusan Segala Bentuk Diskriminasi terhadap Perempuan, yang disahkan melalui Sidang Umum Perserikatan Bangsapada tangggal 18 Desember 1979, yang mewajibkan Negara-Negara Anggota Konvensi tersebut untuk mengambil langkah-langkah yang tepat guna menghapuskan diskriminasi terhadap perempuan di bidang layanan kesehatan,

Mengingat lebih lanjut bahwa Konvensi tentang Hak-Hak Anak yang disahkan melalui Sidang Umum Perserikatan Bangsa-Bangsa pada tanggal 20 November 1989, mewajibkan Negara-negara Anggota Konvensi tersebut untuk mengakui hak anak-anak untuk menikmati standar kesehatan setinggi mungkin, *Telah menyetujui* hal-hal berikut ini:

BAGIAN I
PENDAHULUAN

Pasal 1

Penggunaan Istilah

Khusus untuk Konvensi ini:

(a) "Perdagangan Illegal" berarti setiap praktik atau perilaku yang dilarang oleh hukum untuk memproduksi, mengapalkan, menerima, memiliki, mendistribusikan, menjual atau membeli termasuk semua praktik dan upaya yang dimaksudkan untuk membantu aktivitas tersebut;

(b) "organisasi integrasi ekonomi regional" artinya suatu organisasi yang terdiri dari beberapa negara berdaulat, yang Negara-Negara Anggotanya telah melimpahkan wewenang dalam serangkain hal, meliputi wewenang untuk membuat keputusan yang mengikat Negara-Negara Anggotanya[1];

---

1 Jika dimungkinkan, negara bisa dianggap sama dengan organisasi integrasi ekonomi regional.

(c) "iklan dan promosi tembakau" artinya setiap bentuk komunikasi, rekomendasi atau tindakan komersial dengan tujuan, berdampak atau serupa dengan berdampak berupa pempromosian suatu produk tembakau atau penggunaan tembakau baik langsung ataupun tidak langsung;

(d) "pengendalian tembakau" artinya serangkaian strategi terhadap persediaan, permintaan dan pengurangan dampak bahaya yang ditujukan untuk meningkatkan kesehatan suatu penduduk melalui penghapusan atau pengurangan konsumsi mereka atas produk tembakau dan pengaruh mereka dari asap rokok;

(e) "industri tembakau" artinya perusahaan pembuat rokok, distributor partai besar dan pengimpor produk-produk tembakau;

(f) "produk tembakau" artinya produk yang baik secara keseluruhan ataupun sebagian terbuat dari daun tembakau sebagai bahan bakunya yang diproduksi untuk dihisap, dikunyah, atau dihirup;

(g) "sponsorship tembakau" artinya segala bentuk sumbangan terhadap suatu acara, kegiatan atau perorangan dengan tujuan, dampak atau serupa dengan dampak berupa pempromosian suatu produk tembakau atau penggunaan tembakau baik secara langsung ataupun tidak langsung;

Pasal 2

Hubungan antara Konvensi ini dan perjanjian-perjanjian atau perangkat hukum lainnya

1. Dalam rangka melindungi kesehatan umat manusia dengan lebih baik lagi, Para Pihak disarankan untuk menerapkan langkah-langkah melebihi dari yang diharuskan oleh Konvensi ini beserta protokol-protokolnya, dan tak ada ketentuan dalam perangkat hukum manapun yang melarang salah satu Pihak perjanjian ini untuk menerapkan syarat-syarat yang lebih ketat lagi selama konsisten dengan ketentuan perangkat hukum tersebut dan sejalan dengan hukum internasional.
2. Konvensi ini beserta protocol-protokolnya tidak akan mempengarhui hak Para Pihak untuk tergabung dalam perjanjian-perjanjian bilateral atau multilateral, termasuk

perjanjian-perjanjian regional dan subregional, yang menyangkut masalah-masalah yang relevan atau merupakan perjanjian tambahan terhadap Konvensi ini beserta protocol-protokolnya, selama perjanjian tersebut selaras dengan tanggungjawab mereka sebagaimana diatur oleh Konvensi ini beserta protokol-protokolnya. Para Pihak yang terlibat perjanjian semacam itu harus mengkomunikasikan perjanjian tersebut dengan Konferensi Para Pihak melalui Sekretariat.

BAGIAN II: TUJUAN, PRINSIP-PRINSIP PEMANDU DAN KEWAJIBAN UMUM

Pasal 3

Tujuan

Tujuan Konvensi dan protokolernya adalah melindungi generasi sekarang dan generasi masa depan dari dampak buruk terhadap kesehatan, sosial, lingkungan hidup dan ekonomi yang disebabkan oleh konsumsi tembakau dan menghisap asap tembakau dengan menyediakan sebuah kerangka untuk melakukan langkah-langkah pengendalian tembakau yang kontinyu dan substansial agar diimplementasikan oleh Para Pihak di tingkat nasional, regional dan internasional dalam rangka mengurangi prevelensi penggunaan tembakau dan penghisapan asap tembakau.

Pasal 4

Prinsip-Prinsip Pemandu

Agar tujuan Konvensi ini beserta tujuan protokol-protokolnya tercapai dan guna mengimplementasikan ketentuan-ketentuannya, Para Pihak perlu dipandu, *inter alia*, oleh serangkaian prinsip berikut ini:

1. Setiap orang harus mendapat informasi mengenai dampaknya terhadap kesehatan, sifat dasarnya yang adiktif dan resiko kematian yang diakibatkan oleh mengkonsumsi tembakau dan menghisap asap rokok serta aturan-aturan legislatif, eksekutif, administrative, dan aturan lainnya haruslah dirumuskan pada tingkat pemerintahan

yang sesuai untuk melindungi semua orang dari asap tembakau.

2. Diperlukan komitmen politik yang kuat untuk membangun dan mendukung langkah-langkah multipihak yang komprehensif dan respon-respon terkoordinasi pada tingkat nasional, regional dan internasional, dengan mempertimbangkan:
   (a) perlunya melakukan langkah-langkah untuk melindungi semua orang dari asap tembakau;
   (b) perlunya melakukan langkah-langkah untuk mencegah orang mulai merokok, mempromosikan dan mendukung upaya berhenti merokok, dan mengurangi konsumsi produk-produk tembakau dalam berbagai bentuk;
   (c) perlunya melakukan upaya untuk mempromosikan partisipasi perorangan dan kelompok masyarakat adat dalam membangun, mengimplementasikan dan mengevaluasi program-program pengendalian tembakau yang dari segi sosial dan budaya sesuai dengan kebutuhan dan perspektif mereka; dan
   (d) perlunya melakukan uoaya untuk mengatasi resiko yang sifatnya spesifik jender ketika membangun strategi-strategi pengendalian tembakau.
3. Kerjasama internasional, khususnya alih teknologi, transfer pengetahuan dan bantuan keuangan dan penyediaan tenaga ahli yang terkait, untuk menguatkan dan mengimplementasikan program-program pengendalian tembakau agar efektif, dengan mempertimbangkan budaya lokal, beserta mempertimbangkan faktor-faktor sosial, ekonomi, politik dan hukum, adalah bagian penting dari Konvensi ini.
4. Langkah-langkah dan respon-respon multisektoral yang komprehensif untuk mengurangi konsumsi terhadap semua produk tembakau di tingkat nasional, regional dan internasional merupakan hal yang sangat esensial untuk mencegah, sesuai dengan dengan prinsip-prinsip mengenai kesehatan masyarakat, timbulnya penyakit, disabilitas dan kematian prematur, akibat mengkonsumsi produk tembakau dan menghisap asap tembakau.
5. Hal-hal terkait tanggungjawab hukum, sebagaimana diatur oleh setiap Pihak untuk yurisdiksi masing-masing, merupakan bagian

penting dari pengendalian tembakau yang komprehensif.

6. Pentingnya bantuan teknis dan keuangan untuk membantu transisi ekonomi para petani dan pekerja di perkebunan tembakau di wilayah Pihak negara-negara yang sedang berkembang dan Pihak-pihak yang ekonominya sedang mengalami transisi yang mana sumber kehidupan mereka akan terkena dampak serius oleh program pengendalian tembakau, haruslah dinilai dan diatasi dalam konteks strategi pembangunan berkelanjutan secara nasional.
7. Partisipasi masyarakat sipil merupakan hal yang sangat penting guna mencapai tujuan Konvensi ini dan beserta protokol-protokolnya.

Pasal 5

Kewajiban Umum

1. Setiap Pihak harus secara komprehensif mengembangkan, mengimplementasikan, memperbaharui secara berkala dan mereview strategi-strategi, rencana-rencana dan program-program pengendalian tembakau multisektoral di tingkat nasional sebagaimana diatur oleh Konvensi ini beserta prokol-protokolnya.
2. Untuk mencapai tujuan, setiap Pihak, sesuai dengan kemampuan masing-masing:
   (a) Membangun atau menguatkan dan mendanai sebuah mekanisme koordinasi nasional atau *focal points* pengendalian tembakau; dan
   (b) Menetapkan dan mengimpleentasikan aturan-aturan legislatif eksekutif, administratif dan/atau aturan-aturan lainnya dan bekerjasama, jika diperlukan, dengan Pihak-pihak lainnya untuk mengembangkan kebijakan-kebijakan yang cocok untuk mencegah dan mengurangi konsumsi tembakau, kecanduan nikotin dan menghisap asap tembakau.
3. Di dalam merancang dan mengimplementasikan kebijakan kesehatan masyarakat mereka yang sesuai dengan pengendalian tembakau, Para Pihak harus melakukan tindakan untuk melindungi kebijakan-kebijakan dari pengaruh kepentingan komersial dan kepentingan melekat industri tembakau lainnya sesuai dengan hukum

nasional masing-masing.

4. Para Pihak harus bekerja sama di dalam merumuskan aturan-aturan, prosedur dan pedoman untuk mengimplementasikan Konvensi dan protokol-protokol yang mereka menjadi anggotanya.
5. Para Pihak harus bekerjasama, jika diperlukan, dengan organisasi-organisasi antarpemerintah di tingkat regional dan internasional dan badan-badan lain yang memiliki kompetensi guna mencapai tujuan Konvensi dan protokol-protokol yang mereka menjadi anggotanya.
6. Para Pihak harus, dengan cara dan sumberdaya yang mereka miliki, bekerjasama untuk memperoleh sumber dana melalui mekanisme-mekanisme pendanaan bilateral dan multilateral agar implementasi Konvensi ini berjalan efektif.

BAGIAN III
ATURAN-ATURAN UNTUK MENGURANGI PERMINTAAN TEMBAKAU

Pasal 6

*Aturan Mengenai Harga dan Perpajakan (*Price and Tax Mesaures*)*
untuk Menurunkan Permintaan terhadap Tembakau

1. Para Pihak menyadari bahwa aturan harga dan perpajakan merupakan sarana yang efektif dan penting untuk menurunkan konsumsi oleh berbagai segmen penduduk, khususnya di kalangan anak-anak muda.
2. Tanpa mengesampingkan kedaulatan Para Pihak untuk menetapkan dan membangun kebijakan perpajakan masing-masing, setiap Pihak harus memperhatikan tujuan pembangunan kesehatan nasional terkait dengan pengendalian tembakau dan menerapkan atau melanjutkan, jika diperlukan, langkah-langkah yang meliputi hal-hal berikut ini:

   (a) menerapkan kebijakan perpajakan dan, bila perlu, kebijakan harga, produk-produk tembakau sedemikian hingga bisa membantu tujuan-tujuan pembangunan kesehatan yang dimaksudkanuntuk mengurangi konsumsi tembakau; dan

(b) melarang atau membatasi, jika diperlukan, penjualan kepada dan/atau importasi oleh pelawat yang membawa produk-produk tembakau yang bebas pajak dan bea masuk.

3. Para Pihak harus mengumumkan tarif pajak produk-produk tembakau dan laporan mengenai trend-trend konsumsi tembakau secara periodik kepada Konferensi Para Pihak, sesuai dengan pasal 21.

Pasal 7

*Aturan Non-Harga (*Non-price measures*) untuk mengurangi permintaan terhadap tembakau*

Para Pihak menyadari bahwa aturan-aturan non-harga yang komprehensif merupakan sarana yang efektif dan penting untuk mengurangi konsumsi tembakau. Setiap Pihak harus memberlakukan dan menerapkan aturan-aturan legislatif, eksekutif, administratif dan aturan lainnya yang diperlukan untuk mengimplekentasikan kewajiban-kewajibannya sebagaimana diatur pasal 8-13 dan harus bekerjasama satu sama lainnya, jika diperlukan, baik langsung maupun badan-badan internasional yang yang berkompeten untuk mengimplementasikan aturan-aturan tersebut. Konferensi Para Pihak akan mengusulkan panduan-panduan yang sesuai untuk mengimplementasikan ketentuan-ketentuan dalam pasal-pasal tersebut di atas.

Pasal 8

Perlindungan dari pengaruh asap rokok

1. Para Pihak menyadari bahwa bukti ilmiah telah menunjukkan bukti tak terbantahkan bahwa pengaruh asap rokok dapat mengakibatkan kematian, penyakit dan disabilitas.
2. Setiap Pihak harus memberlakukan dan menerapkan di wilayah hukum negara masing-masing sebagaimana diatur oleh hukum negara masing-masing dan secara aktif mempromosikan di wilayah hukum negara lainnya akan perlunya pemberlakukan dan implementasi aturan-aturan legislatif, eksekutif, administratif dan bentuk aturan lainnya, guna menyediakan perlindungan dari asap tembakau di tempat-tempat kerja dalam ruang, kendaraan-kendaraan umum, tempat-tempat publik dalam ruang, dan, jika diperlukan, di tempat-

tempat umum lainnya.

Pasal 9

Peraturan mengenai kandungan produk-produk tembakau

Konferensi Para Pihak, ketika berkonsultasi dengan badan-badan internasional yang kompeten, harus mengusulkan pedoman untuk menguji dan mengukur kandungan dan emisi produk-produk tembakau, dan mengusulkan peraturan mengenai kandungan dan emisi tersebut. Setiap Pihak harus, bila telah disetujui oleh lembaga-lembaga nasional yang kompeten, memberlakukan dan menerapkan aturan-aturan legislatif, eksekutif dan administratif atau aturan lain mengenai pengujian dan pengukuran, dan untuk peraturan tersebut.

Pasal 10

Peraturan mengenai pembukaan informasi produk tembakau

Setiap Pihak harus, sesuai dengan hukum nasional masing-masing, memberlakukan dan menerapkan aturan-aturan legislatif, eksekutif, administratif atau aturan lainnya yang efektif yang isinya mensyaratkan pabrik dan pengimpor produk-produk tembakau untuk membuka informasi mengenai kandungan dan emisi produk-produk tembakau di hadapan badan-badan pemerintah yang berwenang.Setiap Pihak lebih jauh harus memberlakukan dan menerapkan langkah-langkah yang efektif guna mendorong pembukaan informasi kepada publik mengenai racun yang terkandung dalam produk-produk tembakau dan emisi yang mungkin dihasilkan oleh produk-produk tersebut.

Pasal 11

Kemasan dan pelabelan produk-produk tembakau

1. Setiap Pihak harus, dalam kurun waktu 3 tahun setelah pemberlakuan Konvensi ini bagi negara Pihak, memberlakukan dan menerapkan, sesuai dengan hukum nasional masing-masing, langkah-langkah yang efektif guna memastikan bahwa:
   (a) Kemasan dan pelabelan produk tembakau tidak berisi promosi

produk tembakau dengan cara yang sengaja disalahkan, menyesatkan, bohong atau sengaja membuat kesan keliru mengenai kharakteristik, dampaknya terhadap kesehatan, bahaya atau emisi, termasuk menggunakan segala terminologi, penjelasan, merk, slogan, atau penanda lainnya yang baik langsung maupun tidak langsung sehingga menciptakan kesan keliru seolah-olah suatu produk tembakau tertentu kurang berbahaya dibanding produk tembakau lainnya. Hal semacam ini meliputi penggunaan terminologi semacam "rendah tar", "light", "ultra-light", atau "mild"; dan

(b) Setiap unit pak atau kemasan produk tembakau dan semua kemasan dan label luar prdouk-produk tersebut juga harus bermuatan peringatan kesehatan yang menjelaskan bahaya dari menggunakan produk tembakau, dan mungkin meliputi pula pesan-pesan lain yang sesuai. Peringatan-peringatan dan pesan-pesan tersebut:
    (i) harus disetujui oleh lembaga nasional yang berwenang,
    (ii) harus berotasi,
    (iii) harus besar, jelas, kelihatan dan mudah terbaca,
    (iv) Sebaiknya meliputi 50% atau lebih area display utama tetapi tidak boleh kurang 30% dari are adisplay utama.
    (v) Dimungkinkan dalam bentuk atau disertai gambar atau grafis foto.

2. Setiap unit pak dan kemasan produk-produk tembakau dan kemasan dan label luar produk-produk semacam itu harus, sebagai tambahan terhadap peringatan sebagaimana ditentukan dalam paragraph 1 (b) Pasal ini, berisi informasi mengenai kandungan-kandungan yang relevan dan emisi produk-produk tembakau sebagaimana ditentukan oleh badan-badan nasional yang ada.
3. Setiap Pihak harus mensyarakatkan bahwa peringatan dan informasi tekstual yang disebutkan dalam paragraf 1 (b) dan paragraf 2 Pasal ini dimunculkan dalam setiap unit pak dan kemasan produk-produk tembakau dan di semua kemasan dan label luar produk-produk semacam itu dalam bahasa utama atau bahasa-bahasa utama yang berlaku di negara masing-masing.

4. Khusus untuk pasal ini, istilah "kemasan dan label luar" produk-produk tembakau berlaku untuk semua kemasan dan label yang digunakan dalam penjualan eceran produk tersebut.

Pasal 12

Pendidikan, komunikasi, pelatihan dan penyadaran masyarakat

Setiap pihak harus mempromosikan dan menguatkan penyadaran masyarakat menganai masalah-masalah pengendalian tembakau, dengan menggunakan semua sarana yang tersedia dan sesuai. Untuk itu, setiap Pihak harus memberlakukan dan menerapkan aturan-aturan legislative, eksekutif, administrative dan aturan lainnya untuk mempromosikan:

(a) Akses seluas-luasnya terhadap program-program pendidikan dan penyadaran masyarakat mengenai resiko terhadap kesehatan termasuk pula sifat adiktif dari mengkonsumsi produk-produk tembakau dan menghisap asap tembakau;

(b) Penyadaran masyarakat mengenai resiko terhadap kesehatan dari mengkonsumsi tembakau dan menghisap asap tembakau, dan mengenai manfaat berhenti menggunakan tembakau dan gaya hidup bebas tembakau sebagaimana diatur di Pasal 14;

(c) Akses publik, sesuai hukum nasional yang berlaku, terhadap seluas-luasnya informasi mengenai industri tembakau yang relevan dengan tujuan Konvensi ini;

(d) Program-program pelatihan, kepekaan dan penyadaran yang efektif dan sesuai mengenai pengendalian tembakau yang ditujukan untuk orang-irang tertentu seperti pekerja kesehatan, pekerja komunitas, pekerja sosial, kaum profesional media, pendidik, pembuat kebijakan, administrator dan orang-orang yang memiliki kepedulian dengan masalah tersebut;

(e) Kesadaran dan partisipasi publik dan lembaga-lembaga swasta dan organisasi-organisasi nonpemerintahan yang tak berafiliasi dengan industri tembakau dalam rangka membuat dan melaksanakan program-program dan strategi-strategi pengendalian tembakau; dan

(f) Penyadaran masyarakat dan akses terhadap informasi mengenai dampak buruk produksi dan konsumsi tembakau bagi kesehatan, ekonomi, dan lingkungan hidup.

Pasal 13

Iklan, promosi dan sponsorship tembakau

1. Para Pihak menyadari bahwa pelarangan iklan, promosi dan sponsorship secara komprehensif bisa mengurangi konsumsi produk-produk tembakau.
2. Setiap Pihak harus, sesuai dengan konstitusi dan prinsip-prinsip konstitusi di negara masing-masing, melakukan pelarangan komprehensif terhadap semua iklan, promosi dan sponsorship tembakau. Hal ini harus meliputi, dengan berdasarkan pada kerangka legal dan teknis yang ada di negara Pihak, pelarangan komprehensif iklan, promosi dan sponsorship lintas negara yang berasal dari wilayah negara masing-masing. Dalam hal ini, dalam jangka waktu lima tahun sejak berlakunya Konvensi ini bagi negara Pihak, setiap Pihak harus membuat aturan-aturan legislatif, eksekutif, administratif dan aturan lainnya dan oleh karenanya harus membuat laporan mengenai kesesuaian aturan-aturan tersebut dengan Pasal 21,
3. Salah satu Pihak yang tidak dalam posisi tidak boleh melakukan pelarangan komprehensif berdasarkan konstitusi atau prinsip-prinsip konstitusi negaranya harus menerapkan pembatasan-pembatasan semua iklan, promosi dan sponsorship tembakau. Ini harus meliputi, berdasarkan kerangka hukum dan teknis yang ada di negara Pihak, pembatasan-pembatasan dan pelarangan komprehensif terhadap iklan, promosi, dan sponsorship yang berasal dari wilayah negaranya yang bersifat lintas-negara. Dalam hal ini, setiap Pihak harus membuat aturan-aturan legislatif, eksekutif, administratif dan aturan lainnya yang sesuai dan oleh karenanya harus membuat laporan mengenai kesesuaian aturan-aturan tersebut dengan Pasal 21.
4. Setidak-tidaknya, dan dengan syarat sesuai dengan konstitusi dan prinsip-prinsip konstitusional yang berlaku di negara masing-masing, setiap Pihak harus:
   (a) Melarang semua bentuk iklan, promosi dan sponsorship tembakau yang mempromosikan suatu produk tembakau dengan semua sarana yang bersifat sengaja disalahkan, sesat atau menipu atau seolah sengaja membuat kesan keliru mengenai sifat,

dampaknya terhadap kesehatan, bahaya dan emisi [produk tembakau];

(b) mensyaratkan bahwa pesan kesehatan atau peringatan-peringatan lainnya yang dianggap perlu disertakan dalam semua iklan, jika dipandang perlu, juga dalam promosi dan sponsorship;

(c) membatasi penerapan berbagai insentif baik langsung maupun tidak langsung yang mendorong publik membeli produk tembakau;

(d) mensyaratkan, jika [di suatu negara Pihak] tidak ada pelarangan komprehensif, pembukaan informasi mengenai pengeluaran iklan, promosi dan sponsorship oleh industri tembakau kepada otoritas-otoritas pemerintah yang relevan yang belum dilarang. Otoritas-otoritas tersebut dimungkinkan memutuskan untuk membuka data-data tersebut tersedia kepada publik, selama sesuai dengan hukum nasional yang berlaku, dan kepada Konferensi Para Pihak, sesuai dengan Pasal 21;

(e) Melaksanakan pelarangan komprehensif, atau jika suatu Pihak dalam posisi tidak menerapkan pelarangan komprehensif karena karena alasan konstitusi atau prinsip-prinsip konstitusional yang berlaku di negaranya, membatasi iklan, promosi dan sponsorship tembakau di radio, televisi, media cetak, jika dipandang sesuai, di media lainnya, seperti internet, dalam jangka lima tahun; dan

(f) melarang, atau jika salah satu Pihak tidak dalam posisi melarang karena alasan konstitusi atau prinsip-prinsip konstitusional yang berlaku di negaranya harus membatasi, sponsorship tembakau untuk even-even, kegiatan-kegiatan internasional atau para partisipan dalam even/kegiatan internasional tersebut.

5. Para Pihak dibolehkan untuk menerapkan aturan-aturan yang melebihi dari kewajiban yang dirumuskan pada Paragraf 4 di atas.
6. Para Pihak harus bekerjasama dalam mengembangkan teknologi-teknologi dan sarana lain yang diperlukan untuk memfasilitasi penghapusan iklan lintas negara.

7. Para pihak yang menerapkan pelarangan bentuk-bentuk tertentu iklan, promosi dan sponsorship tembakau memiliki hak kedaulatan untuk melarang bentuk-bentuk iklan, promosi dan sponsorship yang terlarang tersebut yang berasal dari negara lain yang masuk ke wilayah negaranya dan memiliki hak menerapkan hukuman yang sama sebagaimana berlaku untuk iklan, promosi dan sponsorhip domestik yang berasal dari wilayah negaranya berdasarkan pada hukum nasional masing-masing. Paragraf ini tidak mengendorse ataupun menyetujui suatu bentuk hukuman tertentu.
8. Para Pihak wajib mempertimbangkan elaborasi atas suatu protokol yang merancang aturan-aturan mengenai pelarangan komprehensif iklan, promosi dan sponsorship tembakau lintas negara yang sesuai yang memerlukan adanya kolaborasi internasional.

Pasal 14

Langkah-langkah pengurangan permintaan terkait dengan pecandu tembakau dan usaha berhenti merokok

1. Setiap pihak harus mengembangkan dan menyebarkan pedoman yang sesuai, komprehensif dan terintegrasi yang dibuat berdasaran bukti-bukti ilmiah dan praktik-praktik terbaik, dengan mempertimbangkan kondisi nasional dan prioritas masing-masing, dan wajib melakukan langkah-langkah yang efektif guna mempromosikan untuk berhenti menggunakan produk tembakau dan melakukan perawatan-perawatan yang memadahi terhadap pecandu rokok.
2. Untuk itu, setaip Pihak harus berusaha keras untuk:
   (a) Merancang dan mengimplementasikan program-program yang efektif yang ditujukan untuk mempromosikan berhenti menggunakan produk-produk tembakau, di lokasi-lokasi seperti lembaga-lembaga pendidikan, fasilitas-fasilitas layanan kesehatan, tempat-tempat kerja dan di arena-arena olahraga;
   (b) Memasukkan diagnose dan perawatan bagi pecandu tembakau dan layanan-layanan konseling untuk berhenti merokok dalam program, rencana dan strategi kesehatan dan pendidikan nasional, dengan melibatkan partisipasi para pekerja kesehatan, pekerja komunitas dan pekerja sosial jika dipandang sesuai;

(c) Menguatkan program fasilitas layanan kesehatan dan pusat-pusat rehabilitasi guna menyediakan layanan diagnose, konseling, pencegahan dan perawatan pecandu tembakau;

(d) Berkolaborasi dengan Pihak-Pihak lain untuk memfasilitasi guna menciptakan aksesabilitas dan keterjangkauan harga bagi perawatan para pecandu rokok serta produk-produk farmasi sesuai Pasal 22. Produk-produk tersebut dan juga unsur-unsurnya dapat juga meliputi obat-obatan, produk-produk yang digunakan untuk pengobatan dan diagnosa, jika dipandang sesuai.

BAGIAN IV
ATURAN-ATURAN YANG BERKAITAN DENGAN PENGURANGAN PERSEDIAAN TEMBAKAU

Pasal 15

Perdagangan ilegal produk-produk tembakau

1. Para Pihak mengakui bahwa penghapusan segala bentuk perdagangan illegal produk-produk tembakau, termasuk penyelundupan, manufakturing illegal dan pemalsuan, dan pembuatan dan penerapan hukum nasional, sebagai pelengkap perjanjian-perjanjian subregional, regional dan global, merupakan komponen penting pengendalian tembakau.
2. Setiap Pihak harus meberlakukan dan menerapkan aturan-aturan legislative, eksekutif, administratif atau aturan-aturan lainnya untuk memastikan bahwa semua unit pak dan kemasan-kemasan produk tembakau dan semua kemasan luar produk-produk tersebut ditandai untuk membantu Para Pihak lainnya guna memastikan asal negara produk tembakau, and mengacu hukum nasional masing-masing dan perjanjian-perjanjian bilateral dan multilateral yang relevan, membantu Para Pihak lainnya guna memastikan titik pengiriman dan untuk memonitor, mendokumentasi dan mengontrol pergerakan produk-produk tembakau beserta status legalnya. Sebagai tambahan, setiap Pihak harus:

(a) mensyarakatkan bahwa setiap unit pak dan kemasan produk-produk tembakau yang diperuntukkan bagi penjualan borongan maupun eceran bagi pasar domestik masing-masing haruslah memuat pernyataan: "Penjualan hanya dibolehkan di (masukkan nama negara, subnasional, regional atau federal)" atau bermuatan penanda-penanda lain yang efektif yang menunjukkan tujuan akhir pengiriman atau penanda yang bisa membantu pihak berwenang memastikan apakah suatu produk dapat dijual secara legal di pasar domestik tertentu; dan

(b) mempertimbangkan, jika dipandang perlu, membangun rejim *tracking and tracing* yang akan lebih bisa mengamankan sistem dan membantu investigasi perdagangan illegal.

3. Setiap Pihak harus mensyaratkan informasi pada kemasan dan penanda sebagaimana diatur khusus di Pasal ini harus ditulis dalam bentuk yang mudah dibaca dan/atau ditulisan dalam bahasa atau bahasa-bahasa utama masing-masing yang berlaku.
4. Dengan berpandangan menghapuskan perdagangan illegal produk-produk tembakau, setiap Pihak harus:
   (a) memonitor dan mengumpulkan data perdagangan produk-produk tembakau lintas negara, termasuk perdagangan illegal, dan pertukaran informasi diantara kantor-kantor bea, pajak dan otoritas lainnya, jika dipandang perlu, dan mengacu hukum nasional masing-masing dan perjanjian-perjanjian bilateral dan multilateral yang relevan;
   (b) Mengesahkan dan memperkuat legislasi, yang disertai hukuman dan pemulihan yang memadahi, terhadap perdagangan illegal produk-produk tembakau, termasuk pemalsuan penyelundupan rokok;
   (c) Mengambil langkah-langkah yang sesuai untuk memastikan semua alat produksi rokok dan produk tembakau illegal serta rokok dan produk tembakau palsu dan hasil selundupan yang telah disita agar dihancurkan, jika memungkinkan menggunakan metode yang ramah lingkungan, atau dibuang menurut tatacara yang diatur oleh hukum nasional masing-masing.
   (d) memberlakukan dan menerapkan aturan-aturan untuk memonitor, mendokumentasi dan mengontrol penyimpanan dan distribusi produk-produk tembakau yang disita atau atau pergerakannya ditahan oleh otoritas pajak atau bea masuk di wilayah

yurisdiksi masing-masing; dan

(e) Menerapkan aturan-aturan yang memadahi agar memungkinkan penyitaan hasil perdagangan illegal produk-produk tembakau.

5. Informasi yang dikumpulkan sebagaimana diatur sub paragraf 4(a) dan 4(d) Pasal ini harus, jika dipandang perlu, disediakan dalam bentuk agregat oleh Para Pihak dalam laporan periodik masing-masing kepada Konferensi Para Pihak, sebagaimana diatur Pasal 21.
6. Para Pihak harus, jika dipandang perlu dan sesuai dengan hukum nasional masing-masing, mempromosikan kerjasama antar lembaga pemerintahan, dan juga dengan organisasi-organisasi antara pemerintahan di tingkat regional dan internasional yang relevan dalam bidang penyidikan, penuntutan, dan peradilan, dalam kerangka penghapusan perdagangan produk-produk tembakau illegal. Tekanan khusus harus diberikan kepada kerjasama di tingkat regional dan subregional untuk memerangi perdagangan tembakau illegal.
7. Setiap pihak harus berupaya semampu mungkin untuk memberlakukan dan menerapkan aturan-aturan lebih jauh yang meliputi lisensi, jika dipandang perlu, kontrol dan regulasi produksi dan distribusi produk-produk tembakau dalam rangka mencegah perdagangan illegal.

Pasal 16

Penjualan kepada dan oleh anak-anak di bawah umur

1. Setiap Pihak harus memberlakukan dan menerapkan aturan-aturan legislatif, eksekutif, administratif dan aturan-aturan lainnya pada tingkatan pemerintahan yang sesuai untuk melarang penjualan produk-produk tembakau kepada anak-anak di bawah umur dengan batasan umur sebagaimana ditentukan peraturan daerah, hukum nasional atau delapan belas tahun. Aturan ini bisa pula meliputi:

(a) mensyarakatkan semua penjual produk-produk tembakau memasang sebuah penanda yang jelas dan mencolok di dalam tempat penjualan mereka yang isinya larangan menjual tembakau kepada anak-anak dan, jika mereka ragu dengan umur pembeli, diwajibkan meminta pembeli menunjukkan bukti bahwa ia sudah memasuki usia legal membeli tembakau;

(b) Melarang penjualan tembakau yang bisa diambil langsung oleh pembeli, semisal di rak toko;

(c) Melarang produksi dan penjualan permen, snak, mainan atau obyek lain yang menyerupai produk-produk tembakau yang menarik bagi anak-anak;

(d) Memastikan bahwa mesin-mesin penjualan tembakau otomatis di wilayah hukum masing-masing tidak dapat diakses anak-anak dan tidak mempromosikan penjualan tebakau kepada anak-anak.

2. Setiap pihak harus melarang atau mempromosikan pelarangan pembagian produk-produk tembakau gratis kepada masyarakat dan khususnya kepada anak-anak.
3. Setiap pihak harus semampu mungkin melarang penjualan rokok ketengan atau dalam kemasan kecil yang bisa meningkatkan kemampuan anak-anak untuk membeli produk tersebut.
4. Para pihak haruslah menyadari bahwa dalam rangka meningkatkan efektivitasnya, aturan-aturan untuk mencegah penjualan produk-produk tembakau kepada anak-anak haruslah, jika dipandang perlu, diterapkan dengan cara memadukan dengan ketentuan-ketentuan lain yang diatur dalam Konvensi ini.
5. Pada saat menandatangani, meratifikasi, mengakseptasi, menyetujui atau mengaksesi Konvensi ini atau setelah melakukan tindakan-tindakan tersebut, salah satu Pihak dibolehkan, dengan membuat sebuah deklarasi mengikat, menunjukkan komitmennya untuk melarang penggunaan mesin penjualan tembakau otomatis di wilayah yurisdiksinya atau, jika dipandang perlu, melakukan pelarangan total mesin penjualan tembakau otomatis.
6. Setiap Pihak harus memberlakukan dan menerapkan peraturan-peraturan legislatif, eksekutif, administratif dan peraturan lainnya yang efektif, termasuk menerapkan denda kepada para penjual dan distributor, dalam rangka memastikan agar mereka patuh dengan kewajiban-kewajiban yang diatur dlaam paragraf 1-5 Pasal ini.
7. Setiap partai sebaiknya, jika dipandang perlu, memberlakukan dan menerapkan aturan-aturan legislatif, eksekutif, administratif dan

aturan-aturan lainnya untuk melarang penjualan produk-produk tembakau oleh anak-anak di bawah umur bedasarkan batasan umur yang ditentukan oleh peraturan daerah, hukum nasional atau delapan belas tahun.

Pasal 17

Kdetentuan mengenai dukungan bagi alternative kegiatan yang secara ekonomis viable

Para Pihak, dengan bekerjasama satu sama lainnya dan dengan organisasi-organisasi antar pemerintah regional dan internasional yang kompeten, harus mempromosikan, jika dipandang perlu, alternatif-alternatif yang secara ekonomis viabel bagi para pekerja pabrik tembakau, petani tembakau dan, kemungkinan juga, kepada para penjual produk-produk tembakau.

BAGIAN V
PERLINDUNGAN TERHADAP LINGKUNGAN HIDUP

Pasal 18

Perlindungan terhadap lingkungan hidup dan terhadap kesehatan manusia

Dalam memenuhi kewajiban-kewajiban sebagaimana diatur dalam Konvensi ini, para Pihak sepakat untuk memberikan perhatian terhadap perlindungan bagi lingkungan hidup dan kesehatan manusia yang berkaitan dengan lingkungan hidup yang disebabkan oleh penanaman dan manufaktur tembakau di dalam teritori masing-masing.

BAGIAN VI
PERSOALAN TERKAIT TANGGUNGJAWAB HUKUM

Pasal 19

Tanggung jawab Hukum

1. Untuk tujuan pengendalian tembakau, para Pihak mempertimbangkan untuk mengambil tindakan-tindakan legislatif atau mempromosikan hukum yang berlaku di negara masing-masing, jika

dipandang merupakan keharusan, mengatur adanya tanggungjawab hukum pidana dan perdata, termasuk pula ganti rugi jika dipandang perlu.

2. Para Pihak harus bekerjasama satu sama lainnya untuk melakukan pertukaran informasi melalui Konferensi Para Pihak mengenai hal-hal yang diatur dalam Pasal 21 yang meliputi:

(a) informasi mengenai dampak kesehatan dari mengkonsumsi produk-produk tembakau dan menghisap asap tembakau sebagaimana diatur dalam Pasal 20.3 (a); dan

(b) informasi mengenai legislasi dan peraturan-peraturan yang berlaku dan juga yurisprudensi-yurisprudensi yang relevan.

3. Para pihak harus, bila dipandang perlu dan saling sepakat, dalam batasan legislasi, kebijakan-kebijakan, praktik-praktik hukum dan kesepakatan dalam traktat-traktat yang ada, mengusahakan bantuan satu sama lainnya dalam proses peradilan terkait dengan tanggungjawab hukum perdata dan pidana yang konsisten dengan Konvensi ini.

4. Konvensi ini tidak akan berdampak atau membatasi hak-hak Para Pihak untuk mengakses peradilan di setiap negara Pihak satu dengan Pihak lainnya jika mereka memiliki hak tersebut.

5. Konferensi Para Pihak dibolehkan mempertimbangkan, jika mungkin, pada tahap permulaan, untuk membahas kerja-kerja yang tengah dilakukan oleh forum-forum internasional yang relevan, atas isu-isu terkait dengan tanggungjawab hukum yang meliputi pendekatan-pendekatan internasional lainnya terhadap masalah ini dan dengan cara-cara yang sesuai mendukung, jika diminta, Para Pihak membuat aktivitas-aktivitas legislatif atau aktivitas lainnya mengenai hal-hal yang diatur daam dengan Pasal ini.

BAGIAN VII
KERJASAMA KEILMUAN DAN TEKNIS SERTA PENGKOMUNIKASIAN INFORMASI

Pasal 20

Riset, pengawasan dan pertukaran informasi

1. Para Pihak bertanggungjawab untuk mengembangkan dan mempromosikan riset nasional dan bertanggungkawab untuk mengkoordinasikan program-program riset pada tingkat regional dan internasional di bidang pengendalian tembakau. Untuk mencapai hal ini, para Pihak harus:
   (a) Memprakarsai dan bekerjasama, baik secara langsung ataupun melalui organisasi-organisasi antar pemerintah di tingkat internasional dan regional yang kompeten, dalam menjalankan riset dan asasmen-asasmen ilmiah, dan maka mempromosikan dan mendorong riset mengenai determinan-determinan dan akibat-akibat dari mengkonsumsi tembakau dan menghisap asap rokok jiuga riset untuk mengidentifikasi tanaman-tanaman alternatif bagi tembakau; dan
   (b) mempromosikan dan menguatkan pelatihan dan dukungan bagi semua pihak yang terlibat dalam aktivitas-aktivitas pengendalian tembakau, termasuk riset, implementasi dan evaluasi, dengan dukungan organisasi-organisasi antar pemerintah di tingkat regional dan internasional dan badan-badan lain yang kompeten.
2. Para pihak akan menguatkan, jika dipandang perlu, program-program nasional, regional dan global untuk melakukan pengawasan terhadap magnitut, pola, determinan dan akibat dari mengkonsumsi tembakau dan menghisap asap tembakau. Untuk mencapai hal ini, Para Pihak harus mengintegrasikan program-program pengawasan tembakau kedalam program-program pengawasan kesehatan tingkat nasional, regional dan global sehingga datanya bisa dikomparasikan dan dapat dianalisis di tingkat regional dan internasional, jika dipandang perlu.
3. Para Pihak menyadari pentingnya bantuan keuangan dan teknis dari organisasi-organisasi antar pemerintah di tingkat internasional dan regional dan dari badan-badan lainnya. Setiap pihak akan berusaha sungguh-sungguh untuk:
   (a) Secara bertahap membangun sebuah sistem nasional untuk melakukan pengawasan epidemiologi konsumsi tembakau dan indikator-indikator terkait sosial, ekonomi dan kesehatan;

(b) bekerjasama dengan organisasi-organisasi antar pemerintah internasional dan regional dan badan-badan lainnya yang kompeten; termasuk lembaga-lembaga pemerintah dan nonpemerintah, dalam pengawasan dan pertukaran informasi mengenai indikator-indikator yang disebutkan dalam paragraf 3 (a) Pasal ini di tingkat regional dan global; dan
(c) bekerjasama dengan Organisasi Kesehatan Dunia dalam membuat panduan umum dan prosedur-prosedur untuk menentukan pengumpulan, analisa dan penyebaran data yang diperoleh dari pengawasan terhaap hal-hal yang terkait dengan tembakau.

4. Para pihak harus, sesuai dengan hukum nasional masing-masing, mempromosikan dan memfasilitasi pertukaran informasi ilmiah, tehnis, sosio-ekonomi, komersial, dan legal yang sudah tersedia bagi publik dan informasi mengenai praktik-praktik yang dilakukan oleh industri tembakau dan budidaya tanaman tembakau, yang relevan dengan Konvensi ini, dan untuk itu harus memperhatikan dan memenuhi kebutuhan khusus Pihak-Pihak negara yang sedang berkembang dan negara yang sedang mengalami transisi ekonomi. Setiap pihak harus berusaha semampu mungkin untuk:
(a) secara bertahap membangun dan memelihara basis data mengenai hukum dan regulasi yang dimutakhirkan mengenai pengendalian tembakau dan, bila dipandang perlu, informasi tentang penegakan hukum dan aturan tersebut, dan juga yurisprudensi-yurisprudensi yang berlaku, dan bekerjasama dalam pengembangan program-program pengendalian tembakau di tingkat regional dan global;
(b) secara bertahap membangun dan memelihara data yang dimutakhirkan yang diperoleh dari program pengawasan sebagaimana diatur pada paragraf 3 (a) Pasal ini; dan
(c) bekerjasama dengan organisasi-organisasi internasional yang kompeten untuk secara bertahap membangun dan memelihara sebuah sistem gobal untuk secara regular mengumpulkan dan menyebarkan informasi mengenai produksi tembakau, manufaktur dan aktivitas industri tembakau yang berdampak terhadap Konvensi ini atau aktivitas-aktivitas pengendalian

tembakau.

5. Para Pihak seharusnya bekerjasama melalui lembaga-lembaga antara pemerintah regional dan internasional dan lembaga keuangan dan pembangunan yang mana Pihak-Pihak tersebut menjadi anggotanya, untuk mempromosikan dan mendorong penyediaan sumber daya-sumberdaya teknsi dan keuangan bagi Skretariat guna mebantu Pihak-pihak dari negara yang sedang berkembang dan negara-negara yang sedang mengalami transisi ekonomi untuk memenuhi usaha-usaha mereka untuk mengadakan riset, pengawasan dan pertukaran informasi.

Pasal 21

Pelaporan dan pertukaran informasi

1. Setiap Pihak harus menyerahkan laporan-laporan periodik mengenai implementasi Konvensi ini kepada Konferensi Para Pihak melalui Skretariat, yang seharusnya meliputi hal-hal berikut ini:
   (a) informasi mengenai langkah-langkah legislatif, eksekutif, administratif dan langkah lainnya yang dilakukan untuk mengimplementasikan Konvensi ini:
   (b) informasi, jika dipandang perlu, mengenai keterbatasan dan hambatan-hambatan yang dihadapi dalam mengimplementasikan Konvensi ini, dan mengani langkah-langkah yang ditempuh untuk mengatasi hambatan-habatan tersebut:
   (c) informasi, bila dipandang perlu, mengenai bantuan kekuangan dan teknis yang disediakan atau diperoleh untuk menjalankan aktivitas-aktivitas mengendalian tembakau;
   (d) informasi mengenai pengawasan dan riset sebagaiana diatur dalam Pasal 20; dan
   (e) informasi yang diatur dalam Pasal 6.3, 13.2, 13.3, 13.4(d), 15.5 dan 19.2.
2. Frekuensi dan format laporan terseut oleh semua Pihak ditentukan oleh Konferensi Para Pihak. Setiap Pihak harus membuat laporan permulaan dalam kurun waktu dua tahun setelah berlakunya Konvensi ini bagi Pihak tersebut.
3. Konferensi Para Pihak, dengan mengacu Pasal 22 dan 26, harus mengupayakan rencana Pihak-pihak negara yang sedang berkem-

bang dan negara-negara dalam transisi ekonomi, atas permintaan mereka, agar mereka bisa memenuhi kewajiban sebagaimana diatur oleh Pasal ini.

4. Pelaporan dan pertukaran informasi berdasarkan Konvensi ini harus tunduk pada hukum nasional masing-masing dalam hal kerahasiaan dan privasi. Para Pihak akan menjaga, sebagaimana disetujui bersama, informasi konfidensial yang dipertukarkan.

Pasal 22

Kerjasama bidang keilmuan, teknis dan hukum dan penyediaan tenaga ahli terkait

1. Para Pihak harus bekerjasama baik langsung maupun melalui badan-badan internasional yang berkompeten untuk memperkuat kapasitas mereka dalam memenuhi kewajiban-kewajiban yang ditimbulkan oleh Konvensi ini, dengan memperhatikan kebutuhan-kebutuhan Pihak-Pihak dari negara-negara yang sedang berkembang dan negara-negara yang sedang mengalami transisi ekonomi. Kerjasama tersebut harus mempromosikan transfer keahlian di bidang teknis, keilmuan dan hukum dan alih tehnologi, bilamana disetujui bersama, untuk membangun dan menguatkan strategi-strategi, rencana-rencana dan program-program pengendalian tembakau yang ditujukan, *inter alia*:
   (a) memfasilitasi pengembangan, transfer dan akuisisi teknologi, pengetahuan, skill, kapasitas dan keahlian terkait pengendalian tembakau;
   (b) penyediaan ahli teknis, keilmuan, legal dan bidang lainnya untuk membangun dan menguatkan strategi-strategi, rencana-rencana dan program-program pengendalian tembakau, yang ditujukan untuk implementasi Konvensi ini melalui, *inter alia*:
      (i) bantuan, atas permintaan, untuk pembangunan pondasi legislative yang kuat serta program-program teknis, termasuk program pencegahan orang mulai merokok, promosi berhenti merokok, dan perlindungan dari asap tembakau;
      (ii) membantu, bila dipandang perlu, para buruh tembakau dalam mengembangkan alternative-alternatif mata penca-

harian yangs ecara ekonomis dan legal viabel dengan cara-cara yang secara ekonomis viabel; dan

(iii) membantu, jika dipandang perlu, para petani tembakau dalam mengganti dengan tanaman lain yang secara ekonomis viabel;

(c) mendukung program-program pelatihan dan sensitifisasi [terhadap isu-isu tembakau] bagi para personal-personal yang tepat sebagaimana diatur dalam Pasal 12;

(d) penyediaan, jika dipandang perlu, ateri-materi, peralatan dan bahan-bahan yang diperlukan, serta dukungan logistic, bagi strategi-strategi, rencana-rencan dan program-program pengendalian tembakau;

(e) identifikasi metode-metode pengendalian tembakau, termasuk treatmen komprehensif bagi kecanduan tembakau.

(f) promosi, jika dipandang perlu, riset untuk untuk meningkatkan keterjangkuan treatmen secara komprehensif terhadap kecanduan nikotin.

2. Konferensi Para Pihak harus mempromosikan dan memfasilitasi transfer keahlian teknis, keilmuan dan legal dan alih teknologi dengan dukungan dana yang terjamin sebagaimana diatur Pasal 26.

BAGIAN VIII
RANCANGAN KELEMBAGAAN DAN SUMBERDAYA KEUANGAN

Pasal 23

Konferensi Para Pihak

1. Dengan ini sebuah Konferensi Para Pihak didirikan. Sesi pertama Konferensi ini harus diselenggarakan tidak lebih dari satu tahun setelah berlakunya Konvensi ini. Konferensi akan menentukan tempat dan waktu sesi-sesi reguler berikutnya pada sesi pertama.
2. Sesi luar biasa Konferensi Para Pihak dimungkinkan diselenggarakan di diluar waktu konferensi regular apabila dipandang sebagai keharusan oleh Konferensi, atau atas permohonan tertulis oleh salah satu Pihak, dengan syarat,

setidaknya enam bulan sebelumnya permohonan tersebut telah dikomunikasikan kepada para pihak oleh Sekretariat Konvensi, dan harus mendapat dukungan oleh sedikitnya sepertiga dari jumlah Para Pihak.

3. Konferensi Para Pihak harus mengesahkan Tata Cara sidang berdasarkan konsensus pada Sesi Pertama;
4. Konferensi Para Pihak harus mengesahkan aturan keuangan untuk konferensi tersebut dan tatakelola kekuangan bagi badan-badan dibawahnya yang mungkin didirikan serta aturan mengenai keuangan bagi Sekretariat berdasarkan consensus. Pada setiap sesi biasa, konferensi harus mengesahkan sebuah anggaran untuk periode keuangan sampai sesi biasa berikutnya.
5. Konferensi Para Pihak harus secara regular melakukan review terhadap implementasi Konvensi ini dan mengambil keputusan yang diperlukan guna mempromosikan implementasi-implementasinya yang efektif dan dimungkinkan mengesahkan prokol-protokol, *annex*, dan amandemen-amandemen terhadap Konvensi ini, berdasar Pasal 28, 29 dan 33. Untuk itu, Konferensi tersebut harus:
   (a) mempromoskan dan memfasilitasi pertukaran informasi sebagaimana diatur dalam Pasal 21;
   (b) mempromosikan dan mengarahkan pengembangan dan perbaikan secara berkala terhadap metodologi-metodologi riset dan pengumpulan data yang yang relevan bagi implementasi Konvensi ini, sebagai tambahan terhadap hal yang diatur dalam Pasal 20.
   (c) mempromosikan, bila dipandang perlu, pengembangan, implementasi dan evaluasi terhadap strategi-strategi, rencana-rencana dan program-program, serta kebijakan-kebijakan, legislasi dan upaya-upaya lainnya.
   (d) membahas laporan yang disampaikan oleh Para Pihak terkait dengan Pasal 21 dan mengesahkan laporan reguler mengenai implementasi Konvensi ini;
   (e) mempromosikan memfasilitasi pengerahan sumber-sumber keuangan guna mengimplementasikan Konvensi ini sebagaimana diatur Pasal 26;

(f) mendirikan badan-badan pendukung apabila dipandang sebagai keharusan dalam mencapai tujuan Konvensi ini;
(g) meminta, bila dipandang perlu, jasa dan kerja sama dari, dan informasi yang disediakan oleh, organisasi-organisasi dan badan-badan perserikatan Bangsa-Bangsa dan organisasi-organisasi antara pemerintah lainnya di tingkat regional dan internasional dan organisasi dan badan-badan nonpemerintah yang kompeten dan relevan sebagai sarana untuk memperkuat implementasi Konvensi ini; dan
(h) membahas tindakan-tindakan lain, apabila dipandang perlu, sebagai upaya mencapai sasaran Konvensi ini dengan mengacu pada pengalaman-pengalaman yang diperoleh dari usaha-usaha mengimplementasikan Konvensi ini.

6. Konferensi Para Pihak harus menentukan kriteria-kriteria peserta peninjau dengan dituangkan pada tata-cara Konferensi ini.

Pasal 24

Sekretariat

1. Konferensi Para Pihak akan menetapkan skretariat permanen dan mengatur fungsi-fungsinya. Konferensi Para Pihak harus mengusahakan semampu mungkin menyelesaikan hal itu pada sesi pertama.
2. Sebelum secretariat permanen ditetapkan dan didirikan, fungsi-fungsi kesekretariatan Konvensi ini akan ditangani oleh Organisasi Kesehatan Dunia.
3. Fungsi-fungsi kesekretariatan harus:
   (a) merancang sesi-sesi Konferensi Para Pihak dan badan-badan pendukung dan memberi mereka layanan yang diminta;
   (b) meneruskan laporan-laporan yang diterima sebagaimana diatur Konvensi ini;
   (c) memberikan dukungan kepada Para Pihak, khususnya negara-negara yang sedang berkembang dan yang sedang mengalami transisi ekonomi, atas dasar permintaan, berupa kompilasi dan komunikasi informasi-informasi yang disyaratkan oleh ketentuan-ketentuan dalam Konvensi ini;
   (d) menyediakan laporan-laporan kegiatan yang diatur Konvensi

ini berdasarkan arahan melalui Konferensi Para Pihak dan menyampaikan laporan-laporan tersebut kepaa Konferensi Para Pihak;

(e) memastikan, berdasarkan arahan Konferensi Para Pihak, koordinasi-koordinasi yang merupakan keharusan dengan organisasi-organisasi antar pemerintahan di tingkat regional dan internasional dan badan-bandan lain yang kompeten;

(f) menandatangani, berdasarkan arahan Konferensi Para Pihak, berkas-berkas administratif ataupun kontrak-kontrak yang mungkin diperlukan untuk serah-terima tanggungjawabnya;

(g) menjalankan fungsi-fungsi secretariat lainnya yang ditetapkan oleh Konvensi ini atau oleh protokol-protokolnya atau fungsi-fungsi lain yang mungkin ditetapkan oleh Konferensi Para Pihak.

Pasal 25

Hubungan antara Konferensi Para Pihak dengan organisasi-orqanisasi antar pemerintah

Agar terjalin kerjasama teknis dan keuangan guna mencapai tujuan Konvensi ini, Konferensi Para Pihak dapat meminta kerjasama organisasi-organisasi antar pemerintah tingkat internasional dan regional yang kompeten termasuk lembaga-lembaga keuangan dan pembangunan.

Pasal 26

Sumberdaya keuangan

1. Para pihak menyadari pentingnya peran yang dimainkan sumberdaya keuangan dalam mencapai sasaran Konvensi ini.
2. Setiap Pihak harus menyediakan dukungan dana bagi aktivitas nasional masing-masing yang dimaksudkan untuk mencapai sasaran Konvensi ini, sesuai dengan rencana, prioritas dan program-program nasional masing-masing.
3. Para Pihak harus mempromosikan, bila dipandang perlu, pemanfaatan jalur-jalur bilateral, regional, subregional dan multilaeral lainnya untuk menyediakan dana bagi pembuatan dan penguatan program-program pengendalian tembakau komprehensif multisektoral dari negara-negara byang sedang erkembang dan negara-

negara yang sedang dalam transisi ekonomi. Oleh karena itu, alternatif-alternatif terhadap produksi tembakau yang secara ekonomis viabel, termasuk diversifikasi tanaman harus diarahkan dan didukung dalam konteks pembangunan strategi pembangunan nasional yang berkelanjutan.

4. Pihak-pihak yang memiliki perwakilan di dalam organisasi antar pemerintah tingkat regional dan internasional yang relevan, dan lembaga-lembaga keuangan dan pembangunan harus mendorong lembaga-lembaga tersebut untuk memberikan bantuan keuangan bagi Pihak-pihak negara yang sedang berkembang dan negara-negara yang sedang mengalai transisi ekonomi untuk membantu mereka agar dapat memenuhi kewajiban-kewajiban sebagai mana diatur Konvensi ini; tanpa membatasi hak-hak untuk berpartisipasi dalam organisasi-organisasi tersebut.
5. Para pihak setuju:
   (a) untuk membantu Para Pihak dalam memenuhi kewajiban-kewajiban mereka sebagaimana diatur Konvensi ini, semua sumberdaya yang relevan yang sifatnya masih berupa potensi maupun yang sudah tersedia, baik dalam bentuk keuangan, teknis, atau yang lainnya, baik yang sifatnya publik maupun privat, yang dapat digunakan untuk aktivitas-aktivitas pengendalian tembakau, haruslah dimobilisasi dan dimanfaatkan demi kemaslahatan semua Pihak, khususnya bagi negara-negara yangs sedang berkembang dan negara-negaa yang sedang mengalai transisi ekonomi;
   (b) Sekretariat harus memberi informasi Pihak-Pihak negara-negara yang sedang berkembang dan negara yang sedang mengalai transisi ekonomi, berdasarkan permintaan, mengenai sumberdaya-sumberdaya keuangan yang tersedia untuk memfasilitasi implementasi tanggungjawab mereka sebagaimana diatur oleh Konvensi ini;
   (c) Konferensi Para Pihak dalam sesi pertama harus mereview sumber-sumber dan mekanisme-mekanisme pemberian bantuan baik yang sifatnya sudah tersedia maupun yang potensial berdasarkan sebuah studi yang dilakukan oleh Skretariat dan informasi-informasi lain yang relevan, dan menilai

ketercukupannya; dan

(d) Hasil review tersebut haruslah dijadikan pertimbangan oleh Konferensi Para Pihak dalam menentukan perlunya untuk meluaskan mekanisme-mekanisme pendanaan dan mendirikan dana global sukarela ataupun mekanisme-mekanisme keuangan lain yang sesuai guna memperoleh sumberdaya keuangan tambahan, apabila dibutuhkan, bagi Pihak-pihak negara yang sedang berkembang atau negara-negara yang sedang mengalami transisi ekonomi.

BAGIAN IX
PENYELESAIAN SENGKETA

Pasal 27

Penyelesaian sengketa

1. Apabila terjadi perselisihan antara dua atau lebih Pihak berkaitan dengan interpretasi atau aplikasi Konvensi, Pohak yang terlibat sengketa mengupayakan penyelesaian perselisihan lewat jalur diplomasi dengan cara perundingan atau cara-cara damai lainnya yang mereka pilih, meliputi *good office* [perundingan dengan penengah pihak ketiga], mediasi, dan konsiliasi. Kegagalan menyelesaikan sengketa melalui jalur *good office*, mediasi atau konsiliasi tidak membebaskan pihak-pihak yang terlibat sengketa dari tanggungjawab untuk terus mengupayakan penyelesaian..
2. Ketika meratifikasi, mengaksepsi, menyetujui, secara formal mengesahkan atau menerima Komnvensi ini, atau setelah melakukan hal itu, suatu Negara atau suatu organisasi integrasi ekonomi regional dimungkinkan mendeklarasikan secara tertulis yang ditujukan Desipatori yang menyatakan bahwa, jika terjadi sengketa yang tidak dapat diselesaikan berdasarkan paragraf 1 Pasal ini, akan menerima, sebagai kewajiban, sebuah arbitrase *ad hoc* menurut prosedur yang akan ditetapkan berasarkan konsesus dalam Konferensi Para Pihak.
3. Peraturan dalam Pasal ini berlaku juga bagi tiap protokol bila terjadi sengketa antara Pihak-Pihak penandatangan protokol-protokol, kecuali ditentukan lain di dalam protokol-protokol tersebut.

BAGIAN X
PENGEMBANGAN KONVENSI

Pasal 28

Amandemen terhadap Konvensi

1. Setiap Negara Anggota dapat mengusulkan amandemen terhadap Konvensi. Usulan amandemen tersebut akan dibahas dalam Konferensi Para Pihak.
2. Amandemen terhadap Konvensi ini ditetapkan melalui Konferensi Para Pihak. Naskah usulan-usulan amandemen Konvensi ini harus dikomunikasikan kepada para Pihak oleh Sekretariat paling tidak enam bulan sebelum sesi yang akan menetapkan amandemen tersebut berlangsung. Sekretariat juga harus mengkomunikasikan usulan-usulan amandemen kepada para Penandatangan Konvensi ini dan, sebagai informasi, kepada Depositori Konvensi ini.
3. Para Pihak harus mengambil segala langkah guna mencapai adanya kesepakatan melalui consensus terhadap setiap usulan amandemen Konvensi ini. Apabila semua upaya mencapai consensus sudah ditempuh dan gagal, dan tak ada kemufakatan yang tercapai, amandemen akan ditetapkan dengan cara terakhir berupa pemungutan suara dengan sistem mayoritas tiga-perempat dari para Pihak yang hadir dan memberikan suara yang dilakukan pada sesi Konferensi. Khusus untuk Pasal ini, yang dimaksud dengan Pihak yang hadir dan memberi suara adalah Para Pihak yang menghadiri konferensi ini dan memberikan suaranya saat pemungutan berisi pilihan setuju atau tidak setuju. Segala penetapan amandemen akan dikomunikasikan oleh Sekretariat kepada Depositari, yang akan membagikan hasil amandemen tersebut kepada semua Pihak untuk diaksepsi.
4. Berkas-berkas aksepsi terhadap amandemen harus disimpan oleh Depositari. Sebuah amandemen yang ditetapkan menurut paragraf 3 Pasal ini akan berlaku bagi para Pihak yang sudah mengaksepsi pada hari ke sembilan puluh sejak Depositari menerima berkas aksepsi dari setidaknya dua per tiga Pihak Konvensi ini.
5. Amandemen mengikat bagi semua Pihak pada hari ke sembilan puluh sejak Pihak terakhir menyerahkan berkas aksepsinya terhafap

amandemen tersebut kepada Depositari.

Pasal 29

Pemberlakuan dan amendemen terhadap Annex *Konvensi Ini*

1. *Annex* Konvensi ini dan amandemennya harus diusulkan, ditetapkan dan berkekuatan mengikat berdasar prosedur sebagaimana diatur dalam Pasal 28.
2. *Annex* Konvensi ini merupakan bagian integral dan, kecuali ditentukan lain, enjadi acuan Konvensi ini dan pada saat bersamaan juga merupakan referensi terhadap annex yang lain.
3. *Annex* haruslah sebatas berisi suatu daftar, formulir, atau materi-materi deskriptif lainnya seputar masalah prosedur, keilmuan dan administratif.

BAGIAN XI
KETENTUAN PENUTUP

Pasal 30

Reservasi

Tidak boleh ada reservasi terhadap Konvensi ini.

Pasal 31

Pengunduran Diri

1. Setelah dua tahun sejak tanggal Konvensi ini mengikat terhadap salah satu Pihak, Pihak tersebut dapat mengundurkan diri dari Konvensi ini dengan cara mengirimkan pemberitahuan tertulis kepada Depositari.
2. Pengunduran diri tersebut akan berlaku satu tahun setelah tanggal penerimaan pemberitahuan pengunduran diri oleh Depositari, atau dimungkinkan berlalu pada tanggal setelahnya apabila dinyatakan dalam pemberitahuan pengunduran diri.

Pasal 32

Hak Suara

1. Setiap Pihak Konvensi ini memiliki satu hak suara, kecuali bagi yang diatur dalam paragraf 2 Pasal ini.

2. Organisasi-organisasi integrasi ekonomi regional, terkait dengan kompetensi mereka, memiliki jumlah suara yang sama dengan jumlah anggota negaranya yang menjadi Pihak Konvensi ini. Organisasi seperti itu tidak memiliki hak suara jika ada anggota-anggotanya yang menggunakan hak suara sendiri, dan berlaku sebaliknya.

Pasal 33

Protokol-Protokol

1. Setiap Pihak dapat mengusulkan protokol-protokol. Proposal tersebut akan dibahas melalui Konferensi Para Pihak.
2. Konferensi Para Pihak dapat menetapkan protokol-protokol konvensi ini. Dalam menetapkan protokol-protokol tersebut segala daya upaya diarahkan untuk mencapai konsesus.Namun apabila segala daya upaya untuk mencapai konsesus telah ditempuh dan gagal, dan tak ada kemufakatan yang diperoleh, protokol tersebut akan ditetapkan dengan cara terakhir berupa pemungutan suara dengan sistem mayoritas tiga-perempat dari jumlah Pihak yang hadir dan memberikan suara pada sesi Konferensi. Khusus untuk Pasal ini, yang dimaksud Para Pihak yang hadir dan memberikan suara artinya Para Pihak yang menghadiri konferensi ini dan ikut memberikan suaranya saat pemungutan yang berupa pilihan setuju atau tidak setuju.
3. Semua naskah usulan prokol harus dikomunikasikan kepada Para Pihak oleh Sekretariat setidaknya enam bulan sebelum digelar sesi yang akan mengesahkan usulan tersebut.
4. Hanya Pihak Konvensi ini yang boleh menjadi Pihak pada protokol-protokol konvensi ini.
5. Setiap protokol Konvensi ini mengikat hanya terhadap Para Pihak Protokol dimaksud. Hanya Pihak dalam Protokol ini yang bisa mengambil keputusan khusus terhadap protokol yang dimaksud.

Pasal 34

Tanda tangan

Konvensi ini terbuka untuk ditandatangani oleh seluruh Anggota Organisasi Kesehatan Dunia dan setiap negara yang bukan Anggota

Organisasi Kesehatan Dunia tetapi anggota Perserikatan Bangsa-Bangsa dan oleh organisasi-organisasi integrasi ekonomi regional di kantor pusat Organisasi Kesehatan Dunia di Jenewa mulai tanggal 16 Juni 2003 sampai 22 Juni 2003, dan setelahnya di Kantor Pusat Perserikatan Bangsa-Bangsa di New York mulai 30 Juni 2003 sampai 29 Juni 2003.

Pasal 35

Ratifikasi, akseptasi, persetujuan, konfirmasi resmi atau aksesi

1. Konvensi ini harus diratifikasi, diakseptasi, disetujui, atau aksesi oleh Negara-negara dan dikonfirmasi secara resmi atau diaksesi oleh organisasi-organisasi integrasi ekonomi regional. Konvensi ini terbuka terhadap aksesi sejak sehari setelah tanggal penutupan penandatanganan Konvensi ini. Berkas-berkas ratifikasi, akseptasi, persetujuan, konfirmasi resmi atau aksesi akan disimpan oleh Depositari.
2. Setiap organisasi integrasi ekonomi regional yang menjadi Pihak Konvensi ini yang tidak ada salah satu Negara Anggotanya yang menjadi Pihak Konvensi ini akan terikat dengan semua kewajiban sebagaimana diatur oleh Konvensi ini. Dalam hal satu atau lebih Negara Anggota organisasi tersebut menjadi Pihak Konvensi ini, organisasi bersama-sama Negara-Negara anggotanya harus memutuskan kesepakatan mengenai tanggungjawab yang bersifat respektif guna memenuhi kewajiban-kewajiban sebagaimana diatur Konvensi ini. Dalam hal ini, organisasi-organisasi beserta Negara-Negara Anggotanya tidak memiliki hak secara konkuren yang mungkin ditimbulkan dari Konvensi ini.
3. Organisasi integrasi ekonomi regional harus, dengan berkas-berkas mengenai konfirmasi formal atau berkas-berkas aksesi mereka, mendeklarasikan derajat kompetensi mereka mengenai segala hal yang diatur dalam Konvensi ini. Organisasi-organisasi seperti ini harus pula memberikan informasi kepada Depositari, yang akan meneruskan informasi tersebut kepada Para Pihak, mengenai modifikasi-modifikasi terkait kompetensi mereka yang sifatnya substansial.

Pasal 36

Keberlakuan

1. Konvensi ini berlaku pada hari ke sembilanpuluh sejak tanggal diterimakanya berkas ratifikasi, akseptasi, persetajuan, konfirmasi resmi atau aksesi oleh Depostari.
2. Bagi setiap negara yang meratifikasi, mengaksepsi atau menyejui Konvens ini atau mengaksesi setelah terpenuhinya syarat-syarat keberlakuan sebagaimana diatur dalam paragraf 1 Pasal ini, Konvensi ini akan mengikat negara tersebut pada hari kesembilanpuluh setelah tanggal penerimaan berkas ratifikasi, aksepsi, persetujuan atau aksesi dari negara tersebut.
3. Bagi setiap organisasi integrasi ekonomi regional yang menyerahkan berkas-berkas konfirmasi resmi atau berkas aksesi setelah terpenuhinya syarat-syarat keberlakuan Konvensi ini sebagaimana diatur pada Pragraf 1 Pasal ini, Konvensi ini akan mengikat organisasi tersebut pada hari ke sembilan puluh sejak tanggal diterimannya berkas-berkas konfirmasi formal atau aksesi dari organisasi tersebut.
4. Khusus untuk pasal ini, segala berkas yang diserahkan oleh organisasi-organisasi integrasi ekonomi regional tidak akan dianggap sebagai lampiran dari berkas-berkas yang telah dimasukkan oleh Negara-Negara anggota organisasi tersebut.

Pasal 37

Depositari

Sekretari jenderal Perserikatan Bangsa-Bangsa menjadi Depositari Konvensi ini berikut amandemen-amandemen dan protokol dan *annex-annex* yang ditetapkan menurut Pasal 28, 29 dan 33.

Pasal 38

Naskah Otentik

Naskah asli Konvensi ini, baik yang berbahasa Arab, Cina, Inggris, Perancis, Rusia dan Spanyol sama-sama otentik, akan disimpan oleh Sekretaris Jenderal Perserikatan Bangsa-Bangsa.

DENGAN DISAKSIKAN oleh yang bertanda tangan di bawah ini, telah mendapat wewenang, telah menanda tangani Konvensi ini.

DIBUAT di JENEWA tanggal dua puluh satu bulan Mei tahun dua ribu tiga.

Sidang pleno ke 4, 21 Mei 2003

INDEKS

K

W

Z

TENTANG PENULIS

MOHAMAD Sobary sejak 2008 mengambil sikap tegas: pensiun. Ini pensiun dini, pensiun sebelum pensiun resmi. Sebelumnya, dia peneliti bidang kebudayaan dan agama di Lembaga Ilmu Pengetahuan Indonesia (LIPI). Selama lima setengah tahun, Maret 2000 hingga Juli 2005, memimpin Kantor Berita Nasional Antara, dia merasa dunia ini menyempit. Bukan karena globalisasi yang sangat *penetrating* didukung teknologi informasi modern, melainkan hidup dikapling-kapling menjadi kepingan kecil dan teknis untuk mengurusi birokrasi, yang di dalamnya terdapat beberapa orang ambisius terhadap jabatan yang siap menabrak moralitas dan etika dalam tata kehidupan birokrasi yang dibangun bersama-sama untuk ditaati dan dijaga dengan baik sebagai cita-cita bersama. Betapa melelahkannya menghadapi nafsu kekuasaan dan ambisi terhadap jabatan seperti itu

Tiga tahun setelah itu, 2006-2009, selama menjadi Direktur Eksekutif The Partnership for Governance Reform yang dikoordinasi oleh UNDP, ada suasana lebih segar, lebih kreatif. Tapi birokrasi, ya, birokrasi. Kesumpekan di dalamnya pada dasarnya serupa. Maka, dia kembali ke kerinduannya pada masa lalu, ketika baru mulai meniti karier tulis-menulis sejak sekolah menengah atas hingga masuk Universitas Indonesia, 1974. Itu zaman keemasan yang kaya akan kebebasan.

Pensiun dini itu baginya kembali ke zaman keemasan itu. Tugasnya, setiap minggu, sejak tahun 2010 menulis esai-esai. Buku kumpulan esainya yang diterbitkan KPG adalah *Semar Gugat di Temanggung* (2012), *Makamkan Dirimu di Tanah Tak Dikenal* (2012), dan *Mark Hanusz dan Pramoedya Ananta Toer* (2016).

Made in the USA
Monee, IL
04 November 2026

67377446R00203